教育部本科教学工程"财政学专业综合改革试点"（项目编号：ZG0340）资助项目
河南省哲学社会科学规划年度项目"全面建成小康社会后相对贫困治理长效机制与政策研究"（项目编号：2021BJJ018）阶段性研究成果

公共教育投入对贫困减缓的影响研究

李 茜 著

中国财经出版传媒集团
中国财政经济出版社

图书在版编目（CIP）数据

公共教育投入对贫困减缓的影响研究／李茜著．——北京：中国财政经济出版社，2021.10

ISBN 978 – 7 – 5223 – 0763 – 3

Ⅰ.①公… Ⅱ.①李… Ⅲ.①教育投资－扶贫－研究－中国 Ⅳ.①G526.72

中国版本图书馆 CIP 数据核字（2021）第 189495 号

责任编辑：彭　波　　　　　责任校对：张　凡
责任印制：史大鹏　　　　　封面设计：卜建辰

中国财政经济出版社 出版

URL：http://www.cfeph.cn

E – mail：cfeph@ cfeph.cn

（版权所有　翻印必究）

社址：北京市海淀区阜成路甲 28 号　邮政编码：100142
营销中心电话：010 – 88191522
天猫网店：中国财政经济出版社旗舰店
网址：https://zgczjjcbs.tmall.com
北京财经印刷厂印刷　各地新华书店经销
成品尺寸：170mm×240mm　16 开　12.75 印张　210 000 字
2021 年 10 月第 1 版　2021 年 10 月北京第 1 次印刷
定价：68.00 元
ISBN 978 – 7 – 5223 – 0763 – 3
（图书出现印装问题，本社负责调换，电话：010 – 88190548）
本社质量投诉电话：010 – 88190744
打击盗版举报热线：010 – 88191661　QQ：2242791300

前　言

贫困问题是世界各国共同面对的问题和挑战，消除贫困向来是国际社会要解决的共同目标，而贫困减缓也一直是世界各国以及世界组织的主要政策基点，联合国千禧年更是将贫困减缓列为八个目标的首位（UNDP，1996）。然而，根据世界银行2015年的统计数据，按照每人每天1.9美元的国际贫困标准，全世界目前依然有高达7.02亿人处于贫困状态。在我国，改革开放之后，大规模、有计划、有组织的扶贫开发实践，在短短的40多年中实现了脱贫，为世界减贫事业做出了重要贡献。但是随着扶贫攻坚的深入推进，中国减贫依然面临严峻压力和挑战，尤其是减贫速度趋缓，脱贫与返贫现象相互交织，相对贫困、多维贫困、城镇贫困等新型贫困问题和现象逐渐凸显。

作为人类发展史上的古老话题，理论界对于贫困的认识和讨论早已脱离经济学的单一领域，已升华为多学科共同研究的热点现象。不仅经济学致力于解决贫困问题，哲学、社会学、人类学以及发展学等多个学科对贫困问题也相当重视。贫困现象已经从最初的经济现象单一话题，拓展到了财富、权利、公平等多重话题，并具备了多维特征。现代社会认识的贫困已经不仅是收入的缺乏，更多的是一种知识缺乏与能力缺乏的综合表现。因此，单纯采用经济手段，从经济领域入手解决贫困问题，可能无法彻底有效地解决现代社会贫困。

扶贫先扶智，致贫先治愚。教育在消除贫困上具有特别重要的作用，教育产品不仅可以满足个体的教育需求，而且能满足社会的教育需求；不仅能解决个人发展问题，还有利于整体社会的经济发展和进步；不仅有利于当下贫困现象的缓解，还能阻断贫困代际传递，有利于彻底斩断贫困之源。提高贫困阶层和贫困群体的受教育水平，改善其人力资本状况，能够有效地解决由于知识缺乏和能力缺乏所导致的贫困。由此可见，教育产品在减贫中具有重大的作用，由于教育产品强烈的正外部效应的存在，教育的支出任务一直被认为是财政的主要责任。尤其是在发展中国家，教育产品的供给依赖于公共教育投入。因此，公共教育投入是人力资本提升的重要源泉和推动力，通过公共教育投入状况的完善来改善贫困阶层和贫困群体的人力资本状况，不仅是精准脱贫、教育精准脱贫的重要政策基础，也是社会的共同价值目标。

本书立足教育扶贫，采用多种分析方法，规范和实证分析相结合、定性和定量分析相结合，着重考察分析公共教育投入的减贫效应，完成了以下研究内容：第一，在梳理已有研究成果以及贫困产生的原因、贫困相关理论的基础上，阐释了教育减贫的理论依据和教育财政减贫的作用机制和理论基础；第二，对我国目前贫困现状进行了测度和分析，着重考察了我国贫困的成因和影响因素，并梳理总结了我国的总体反贫困政策以及教育反贫困政策，进一步的，对我国公共教育投入的规模、结构以及区域异质性进行了考察和分析；第三，通过三章的实证分析，分别从总量规模、支出结构以及空间视角分析了公共教育投入的减贫效应，并取得了一些实证分析的结果；第四，在前述定性和定量、规范和实证分析的基础上提出提高公共教育投入减贫效应的政策建议。全书的具体内容如下：

首先，理论分析部分。第一，考察了贫困内涵的动态演变，并对贫困的类型进行了全面的介绍；第二，回顾梳理了贫困减缓的相关理论，指出了人力资本减贫的理论依据；第三，分析了教育减贫的理论依据，分别从人力资本理论、基本需求理论、可行能力理论以及贫困文化理论阐述了教育减贫的必要性；第四，探讨了公共教育投入减贫的机理，探索了公共教育投入减贫的渠道，并分析了公共教育投入与经济增长以及人力资本之间的关系。

其次，现状分析部分。具体包括第二章对中国贫困基本情况的分析及减贫政策演化的梳理和第三章对公共教育投入现状的分析。第二章主要内容包括：第一，通过分析我国贫困人口、贫困地区的规模、特征及分布状况，考察贫困的发展变化趋势；第二，在考察我国反贫困政策变迁的基础上，利用世界银行 POVCAL net 在线贫困测量工具，测度了当前我国贫困的 FGT 指数，并利用测度结果，从总体上考察了我国的贫困变化状况；第三，对我国的反贫困、教育反贫困政策变迁进行全面回顾梳理，并总结了我国教育减贫政策成效。第三章内容包括：第一，考察公共教育投入绝对规模、相对规模的发展变化趋势；第二，对不同层级、类型的公共教育投入的结构状况进行了分析；第三，从区域视角出发，分析了我国公共教育投入的区域异质性。

再次，本书的实证分析部分。实证分析部分主要从三个角度展开，第一，对公共教育投入减贫的规模效应的实证分析。这一部分在测度出 FGT 贫困指数的结果的基础上，建立回归模型，分析了公共教育投入减贫的规模效应。具体来说，在第二章计算出的全国各省区市 FGT 指数的基础上，建立面板回归模型，构建双向固定效应模型，着重分析不同地区公共教育投入对贫困广度、贫困深度和贫困强度的具体效果，同时考察了公共教育投入减贫规模效应的区域异质性。第二，对公共教育投入减贫的结构效应的实证分析。这一章在规模视角分析公共教育投入的减贫效应的研究基础上，进一步拓展研究范围，从教育支出的不同类型出发，分析公共教育投入结构的减贫效应。将教育产品分为高等教育投入、基础教育投入和中等职业教育投入，以此为结构分析视角的基础，分析了不同类型、层级的教育支出的减贫效应；选取中国省级面板数据，构建固定效应模型对不同类型和层级的国家财政性教育经费支出的减贫效应进行对比和分析；构建面板门槛模型，考察分析了公共教育投入与贫困减缓之间的非线性关系。第三，对公共教育投入减贫空间效应的实证分析。在第四章和第五章实证分析的结果中，本书发现不同地区的公共教育投入规模、结构对贫困减缓均存在显著的差异。出现这种现象的原因可能在于区域的异质性，也有可能是相关研究忽视了贫困以及公共教育投入的空间相关性。因此，第六章从财政支出的"示范效应"和"竞争效应"出发，着重考察公共教育投入的空间效应：确定省区市之间的空间权重矩阵，构建贫困减缓与公共教育投入投入之间的空间计量模型，并纳入相关控制变量；对不同类型的空间面板模型进行回归分析，从中选择拟合效果最好的空间面板计量模型；在选择出的最优的空间计量模型基础上，考察分析公共教育投入对贫困减缓的空间溢出效应。

最后，本书的结论和提高公共教育投入减贫效应的政策建议。在前述章节规范和实证分析、定性和定量分析的基础上，本书提出了相应的政策建议。政策建议共有以下几个主要方面：第一，应持续扩大公共教育投入的规模，保障教育精准扶贫的物质基础。第二，应优化公共教育投入结构，提高公共教育投入的减贫效率。不仅需要优化教育层级的投入状况，需要优化区域间的教育资源配置，还需要注意增加职业技能方面的公共教育投入。第三，应完善教育财政体制，不仅需要对贫困地区、贫困群体进行政策的倾斜，还必须保障贫困者的受教育权利。第四，应着重提高教育的回报率，引导人们做出正确的教育投资决策。第五，应注意优化公共教育投入的空间布局。在更高的政府层级上统筹教育事业发展，建立地区间教育投入的协调联动机制，统筹各地区间的教育支出，提高教育减贫的空间关联带动效应，促进公共教育投入发挥更大的减贫效果。第六，有针对性地加大贫困地区的教育支出，通过发展贫困地区的教育事业，提高贫困群体的人力资本水平，实现治贫、治愚的减贫目标。第七，加强对贫困者的技能培训，并重视对贫困文化的破除。政府需要制订有针对性的、以提高农户各方面能力和素质为核心的教育减贫政策，帮助贫困者树立起扶贫的主体意识，充分发挥主观能动性，积极进行参与式的扶贫。在破除文化贫困的同时，实现贫困文化的消除。

作者

2021 年 5 月

目 录

导论 1

第一章 公共教育投入与贫困减缓的相关理论 29
    第一节 贫困与贫困减缓的相关理论 29
    第二节 教育减贫的理论依据 36
    第三节 公共教育投入减贫的机理分析 41
    本章小结 48

第二章 我国贫困基本情况及减贫政策演化 50
    第一节 我国贫困的现状考察 50
    第二节 贫困的测度 57
    第三节 我国教育反贫困政策及其评价 67
    本章小结 78

第三章 我国公共教育投入现状分析 79
    第一节 我国公共教育投入规模分析 79
    第二节 我国公共教育投入结构分析 86
    第三节 我国公共教育投入的区域异质性分析 91
    本章小结 99

第四章 公共教育投入减贫的规模效应分析 100
    第一节 全国层面公共教育投入减贫规模效应的实证分析 101
    第二节 区域层面公共教育投入减贫规模效应的实证分析 112
    本章小结 124

第五章 公共教育投入减贫的结构效应分析 …………………… 126
第一节 模型的构建 …………………………………………… 126
第二节 变量的选择和说明 …………………………………… 129
第三节 实证过程及结果分析 ………………………………… 133
本章小结 ……………………………………………………… 148

第六章 公共教育投入减贫的空间效应分析 …………………… 150
第一节 模型的介绍和设定 …………………………………… 151
第二节 实证估计结果及分析 ………………………………… 158
本章小结 ……………………………………………………… 169

第七章 提升公共教育投入减贫效应的政策研究 ……………… 170
第一节 扩大公共教育投入规模,优化公共教育投入结构 … 170
第二节 优化区域间教育资源,提高公共教育投入减贫效果 … 172
第三节 完善相关配套制度,充分发挥公共教育投入减贫功能 … 174

结论 ………………………………………………………………… 177
参考文献 …………………………………………………………… 180

导　　论

一、选题背景和研究意义

（一）选题背景

中国经过40多年的扶贫开发与努力，取得了反贫困的辉煌成绩，从1978年到2019年末，累计减贫超过7亿人。根据国家统计局发布的《中华人民共和国2019年国民经济和社会发展统计公报》显示，2019年末贫困发生率0.6%，比上年下降1.1个百分点（贫困发生率是指贫困人口占目标调查人口的比重）。按照每人每年2300元（2010年不变价）的贫困标准计算，2019年末贫困人口551万人，比上年末减少1109万人，扶贫效果显著[1]，中国减贫对全球减贫贡献率超过了70%[2]。但是随着扶贫攻坚的深入推进，中国减贫依然面临严峻压力和挑战，尤其是减贫速度趋缓，脱贫与返贫现象相互交织，相对贫困问题日益突出。

为了提高扶贫的效率，必须对贫困群体及其致贫原因有深刻认识，深入挖掘贫困现象，寻找致贫因素，更加有针对性地扶贫。只有这样，才能使贫困群体脱贫效果持久，并预防返贫。目前，对贫困的研究持续而深入，贫困的内涵也在各种深入研究中不断扩展。过去，收入水平是许多国家判断个体贫困与否的主要标准，也有部分国家使用与收入相关的消费能力作为判断个体贫困的指标，收入标准的优点和缺点都显而易见。诺贝尔经济学奖得主森（Amartya Sen）在20世纪90年代提出了能力贫困理论，将人们对贫困的认识推进了一

---

[1] 国家统计局. 中华人民共和国2019年国民经济和社会发展统计公报 [R]. 2020
[2] 国务院新闻办公室. 为人民谋幸福——新中国人权事业发展70年（白皮书）[R]. 2019

大步。能力贫困理论认为，凡是能提高能力的方法都可以减轻贫困。因此，根据现有贫困理论及方法，增加人的收入能力的政策选择进入各国政府的视野。根据森的理论，能够提高人的收入能力或可行能力的主要手段包括：教育、健康、基本生活设施等。在这几项中，教育与健康手段最受各国政府及理论界的重视。

作为干预式扶贫方法之一，教育在扶贫工作中具有十分重要的地位。教育可以通过提升人力资本，直接提升人们的收入能力。高质量的教育扶贫不仅可以阻断贫困的代际传递，还有助于提升贫困群众造血能力，同时也有助于扶贫效果持久，并防止返贫。联合国教科文组织就曾指出："教育是帮助人们摆脱贫困的最重要途径。教育不仅仅让人们拥有一份工作，更让人们工作稳定，工作条件和待遇良好，这也是经济获得更大发展、更长远发展的基础"（联合国教科文组织，2014）。

在我国精准扶贫的大背景下，教育扶贫也显得很有意义。2015年，习近平总书记提出"扶贫必扶智"的重要论断，提出贫困地区的孩子们接受良好教育，是扶贫开发的重要任务。2016年，教育部等六部门印发了《教育脱贫攻坚"十三五"规划》；2018年，教育部、国务院扶贫办又印发了《深度贫困地区教育脱贫攻坚实施方案（2018~2020年）》。这一系列的高层动向都显示出教育扶贫、教育脱贫已成为国家层面重要的政策导向。

教育脱贫目标的实现，离不开教育事业的健康发展。而我国的教育事业的发展主要依靠政府投入。那么，公共教育投入目前的支出状况如何？现行的公共教育投入是否有利于贫困减缓？目前公共教育投入水平的减贫效应如何？在已经实行的教育精准扶贫政策中，教育财政可以扮演什么样的角色，或者说教育财政如何扮演好扶贫、减贫的重要角色？这些都是精准扶贫、教育脱贫视角下必须关注的问题。

因此，考虑到精准扶贫、教育扶贫、教育脱贫的重要背景，结合贫困现象的复杂性和多重性，再加上我国贫困现象的新变化，有必要全面、系统地分析公共教育投入的减贫效应。

（二）研究意义

因此，从精准扶贫、教育扶贫的视角出发，本书从公共教育投入出发分析其减贫效应，具有重要的理论意义和现实意义。

1. 理论意义。

第一,充实了教育扶贫理论。目前国内学者对于教育扶贫的研究还大多处于定性分析阶段,较少有研究涉及定量的分析。大多数文献主要从教育扶贫的功能及作用方面探讨,也有文献从教育支出的减贫效应来讨论贫困问题。本书从公共教育投入角度出发,研究教育扶贫相关问题,对于丰富教育扶贫理论有一定的理论意义。

第二,有利于完善政策扶贫的理论和政策体系。由于贫困代际传递和贫困循环的存在,外部干预对贫困消除发挥着重要作用。而政府的干预是其中最重要的一种方式,目前我国的政策性减贫大部分是以促进经济增长为前提和主线进行的,但研究中不断发现,经济增长的减贫效果极易受到诸多外在因素的影响,导致其减贫效应在不断降低,因此,为了提高减贫的效果,有必要完善政策性减贫体系,教育支出作为财政支出的重要组成部分,不仅可以通过增加投入促进经济发展,同时还可以通过人力资本水平的提升间接促进经济,最终实现减贫。因此,对公共教育投入减贫效应的分析,有利于完善我国政策性扶贫体系。

2. 现实意义。

第一,对精准扶贫政策的有益补充。21世纪,世界范围内尤其是中国贫困率大幅下降,但剩余贫困人口却出现了新的贫困特点,主要表现在贫困顽固性强、贫困程度深、致贫原因多元化、空间分布分散且脱贫成本高等方面,这些新的贫困特点又导致了剩余贫困人口脱贫难度大、脱贫速度慢,并且极易返贫。同时,从目前中国贫困的现状来看,现行扶贫政策长期忽视收入维度以外的其他维度,导致扶贫效率持续降低。因此,从教育的角度探讨教育脱贫,对实现精准扶贫目标具有重要的现实意义。Myrdal(1970)指出,单一的反贫困战略不可能消除贫困,只有从经济、政治和文化等多重层次构建一套综合的反贫困战略才能消除贫困。

第二,有助于进一步提高公共教育投入减贫的效率。到2020年,现行标准下贫困现象完全消除的目标应该可以实现,因此大面积贫困和收入贫困已经不再是我国贫困的主要现象,但是相对贫困、多维贫困和城镇贫困还将长期存在。基于贫困的复杂性,教育减贫方式能够帮助贫困者提升人力资本水平,获得取得稳定收入的能力,同时还可以从侧面提升贫困者的各项能力,如健康、追求幸福的内在动力等,全面改善和提高劳动者素质。公共教育投入作为我国教育事业的主要投入来源,其资金利用效率的提高必然有助于贫困减缓。

二、文献综述

减贫一直是世界各国以及世界组织的主要政策基点,联合国千禧年更是将贫困减缓列为八个目标的首位(UNDP,1996)。为了实现贫困减缓的目标,世界各国的学者进行了大量的研究,得出了许多有益结论。本书尝试在回顾贫困因素的基础上,进一步对教育对贫困的影响以及公共教育投入对贫困的影响及其减贫效果进行相关的文献综述。

(一)减贫影响因素的研究

贫困是一个复杂的经济现象,按照经济学的一般理论,贫困是经济、社会、文化贫困落后现象的总称。贫困的存在和发展有历史和现实两个方面的诱因。随着对贫困现象认识的不断深入,对减贫影响因素的范围的认识也在不断拓展。结合世界反贫困战略的演变,发展经济学家对减贫因素的认识逻辑,大致是从生产函数的某一要素或者不同要素的不同组合进而过渡到制度、法律、权利等多维角度,来不断寻找减贫切入点(叶普万等,2005)。概括地说,在第二次世界大战后,主流经济学家的反贫困策略构建的基本思路为:"物质资本投入—人力资本投入—综合反贫困。"

一般来说,目前公认的减贫影响主要因素有:经济增长、收入分配、公共投入等。

1. 经济增长与贫困减缓。

在早期的反贫困政策制定中,都将经济增长作为主要的减贫因素加以考察,同时,学者们也已经达成了经济增长是减贫的决定性因素这一共识(Fields,1984;Dollar and Kraay,2002;王娟和张克中,2012)。目前,对经济增长与减贫关系的影响研究主要集中在以下几个方面。

(1)经济增长减贫方式选择。

20世纪50~60年代,许多政策制定者认为,贫困的主因是物质资本的短缺或匮乏,或者说物质资本是减贫的关键因素。根据经济增长减贫的主要逻辑,发展中国家要想摆脱贫困,首要和唯一的出路就是实现工业化,促进经济增长,提高物质资本的积累。

在理论上，首先将物质资本积累与贫困减缓联系起来的是经济学家罗丹（Paul Rosenstein – Rodan）的大推进理论（the Big Push），其反贫困政策主张是通过大规模的投资促进经济增长，最终实现贫困减缓。其理论出发点是：发展中国家物质基础薄弱，少量的投资或者有效投资不足都会使工业化目标无法实现，只有通过"大推进"式的投资，全面地、大规模地在各个工业部门进行投资，才能最终实现消除贫困的目标。与罗丹的理论类似的是美国经济学家罗斯托（W. W. Rostow）的"经济发展阶段论"。在实证上，麦迪森对22个发展中国家和地区1950~1965年的各要素对经济增长的贡献率进行了分析，结果表明，物质资本对经济增长的贡献率最高，达到55%（毕世杰，1999）。

除了全面扩大投资规模、投资率的促进经济增长方式之外，有一些经济学家开始考虑到发展中国家投资能力有限的现实，提出了应当集中有限的资本和资源，优先发展一部分产业部门或者地区，进而用这些优先发展起来的产业或地区所产生的外部效应或扩散效应，带动贫困地区发展，最终实现全面增长和消除贫困的目标理论。代表性的理论和学者有法国经济学家弗朗索瓦·佩鲁（Francois Perroux）的"发展极"理论和赫希曼（Albert Otto Hirschman）的"不平衡增长理论"，以及冈纳·缪尔达尔（Karl Gunnar Myrdal）的循环累积理论。

另外，随着对贫困现象的认识深入，部分经济学家开始重新思考生产函数的要素构成，并拓展经济增长减贫新思路，其代表人物是美国经济学家舒尔茨（Theodore W. Schultz），他认为生产函数中资本要素不应当仅仅包括物质资本要素，还应包括人力资本要素，不包括人力资本的资本概念是不完整的。物资资本的积累有助于经济增长，人力资本的积累也有助于经济的增长。在实证上，E. Denison（1979）通过对1948~1973年美国经济的增长的研究，得出约有40%的经济增长归因于人力资本的结论，有力地支持了舒尔茨的观点。另外，在舒尔茨的理论中，特别强调了教育投资对人力资本形成的重要作用，指出教育投资也具有生产性投资的性质（舒尔茨，1960）。

（2）经济增长减贫的作用机制。

经济增长减贫的作用机制已经得到了学术界的普遍认可，即经济增长带来的社会成员普遍的收入水平提高，将会最终消除贫困现象。因此，只要创造出一个有利于经济持续增长的环境便可消除贫困（Ahluwalia et al., 1979; Demery and Squire, 1996; Dollar and Kraay, 2002)。其减贫机制链条为："经济增长—收入增加—消除贫困。"

其理论支持来自经济学家库兹涅茨（Kuznets）著名的倒"U"假说。倒"U"假说的主要侧重点在于经济增长与不平等之间的关系，库兹涅茨在对美英等发达国家收入分配状况研究的基础上，认为发达国家的不平等状况经历了先恶化后改善的过程，同时，又横向对比发展中国家与发达国家收入分配情况，发现发达国家收入分配公平程度优于发展中国家。据此，库兹涅茨认为，伴随着经济增长，一国的收入分配将会经历先扩大后缩小的过程，即在经济发展初期收入差距会扩大，此时经济增长对反贫困的作用会很小。他认为，发展中国家的情形适合于收入分配差距扩大的阶段（库兹涅茨，1955，1963）。许多经济学家由库兹涅茨的观点出发，认为随着经济的增长，不平等问题即贫困问题会随之解决，经济学家钱纳里（1974）就认为"只有通过国民生产总值的增加，才有足够的东西供分配"；Dollar和Kraay（2002）认为反贫困政策的核心在于经济增长，经济增长会给所有的社会成员（包括穷人）都带来好处；李小云、于乐荣（2010）等运用2000~2008年中国省级数据分析了经济增长与贫困发生率之间的关系，认为经济增长对贫困有显著的减缓作用。在实践中，世界银行《2001年世界发展报告》对150个国家1980~1998年的数据分析结果表明，经济增长或收缩与贫困发生率具有显著关系，高速的经济增长不仅能够快速增加整个社会的整体财富状况，还能为贫困人口提供更多就业机会。

（3）经济增长减贫的效果。

学术界对经济增长与贫困的关系的研究众多，但结果却大相径庭。大体来说有以下两种观点：一是认为经济增长能够使所有人都受益，因而能够绝对地减少贫困（Ahluwalia, 1979; Fields, 1984; Demery & Squire, 1995; Dollar & Kraay, 2000; 魏众, 1998; 陈少华、王燕, 2001）；二是认为经济增长对贫困的影响具有不确定性，如果经济增长带来的利益不能使所有人都平等受益时，贫困特别是相对贫困会恶化（Adelman & Morris, 1973; Bardhan, 1973; Chenery et al., 1974; Besley & Burgess, 2003; 胡兵, 2007）。

支持经济增长减贫的观点认为，经济增长减贫是通过"涓滴"效应实现的，即使经济增长的利益大部分都被富人获得，但通过富人的消费、投资，可以刺激经济发展，最终惠及穷人，有助于贫困减缓，如水之向下"涓滴"。在实证研究上，Fields（1984）在其世界银行的研究基础上，得到了"经济增长越快，贫困减少越快"的结论；Dollar 和 Kraay（2000）发现，经济增长会带来低收入者收入的增加；Bhalla（2001）强调了经济增长对于贫困减少的决定作用；夏庆杰等（2010）运用 CHIP 数据进行的研究证实中国农村贫困显著下降的主要原因来自收入的增长。

而认为经济增长减贫效果不确定的研究也大量存在。Adelman 和 Morris 指出，在低收入国家，经济增长利益不能自动地对最贫困人口产生涓滴效应；相反，作为增长的结果，穷人的绝对状态将趋于恶化；Khan（1996、1998）认为中国在 20 世纪 80~90 年代经济高速增长的同时，反贫困却出现了停滞不前的状态。

实际上，对经济增长减贫效果出现的分歧，其实质是对贫困影响因素持续认识的过程。早期的研究文献普遍认为经济增长是缓解贫困的决定性因素。但随着后来研究的深入，学者们发现仅仅依靠经济增长并不能完全解决贫困问题，过分强调经济增长而忽视收入分配有可能带来贫困的进一步增加（罗楚亮，2012）。

2. 收入分配与贫困减缓。

随着研究的深入，学者们相继对库兹涅茨假说产生的质疑。质疑的学者基于价值判断，认为发展的利益到最穷困阶层，可能要等待几个世代，这从人性上是不能接受的，从政治上说是不负责任的（李石鑫等，2008）。在实证上，Adelman 和 Morris（1973）发现，低收入国家的经济增长不仅无法惠及贫困人口，而且随着经济的不断增长，穷人的绝对状况在不断恶化。同时，大量国内外研究证实，经济增长对于贫困减缓的"涓滴"效应正在逐渐减弱（Besley & Burgess，2003；林伯强，2003；万广华和张茵，2006；陈立中，2008）。

从一般意义上来解释经济增长减贫"涓滴"效应减少的原因在于，"涓滴"效应的发生在受到经济环境、自然条件、文化风俗习惯、制度安排等影响时，其作用途径可能会发生堵塞，经济增长的利益无法传递给穷人（沈扬扬，2012）。

学者们也在理论上对这种现象进行了分析。究其原因，学者们认为，经济增长、收入分配和贫困之间存在着复杂关系（Ferreira，1998）。在经济增长对贫困施加影响的过程中，收入差距的扩大起到非常重要的负向作用（Datt & Ravallion，1992；Kakwani & Pernia，2000；Ravallion，2001；林伯强，2005；

陈飞、卢建词，2014）。这直接导致在这一阶段学者们对于经济增长减贫的研究重点从关注经济增长速度减贫发展到了关注经济增长性质减贫的阶段。经济学家 Ferreira 和 Barros（1998）对比分析了经济增长速度和经济增长性质的减贫效果，认为经济增长性质对减贫的影响更大。

具体地说，经济增长性质即指经济增长过程中的收入分配状况，当经济增长引起的社会财富增加更多地被穷人所获得时，贫富差距变小，经济增长性质表现为"有利于穷人的经济增长（Pro Poor Growth，PPG）"，经济增长的减贫作用较大，当经济增长的性质表现为"不利于穷人的增长"时，即使经济增长速度很高，穷人无法从中获得较多的利益，经济增长的减贫作用被削弱或降低，大量的研究结果业已证实了这一观点（Ravallion & Datt，1999；Kakwani & Pernia，2000；Son & Kakwani，2008）。在对中国贫困问题的实证研究中，也证明了以上观点，如 Yao 等（2004）分析了中国农村贫困下降的主要原因，认为主要可归因为经济增长，但收入差距的恶化也阻碍了经济增长减贫效应的发挥。经济增长不一定必然引起贫困规模减小，中国的经济增长发挥了减缓贫困的作用，但相比其他发展中国家并不强。Beck 等（2004）的研究进一步指出，如果经济增长的分配效应偏向穷人的话，那么经济增长的减贫效果将会更好。

随之在讨论减贫问题时，尽管学术界还在强调经济增长是减少贫困的主要驱动因素或决定因素，但在强调经济增长减贫作用的同时，也开始注意到收入分配状况的重要影响。因此，后来的减贫作用机制链条及分析框架就演变为："经济增长—收入分配公平—消除贫困。"

通过对经济增长及收入分配与贫困减缓的关系的分析，可以看出，在经济增长的分析框架下，贫困的变化同时受收入水平和收入分配状况的影响。贫困减缓有赖于经济增长，但减贫程度的大小并不完全依赖于经济增长。联合国《2003年人类发展报告》指出，经济增长是贫困减缓的必要条件，但经济增长与收入贫困减少不存在自动形成的关系。因此，严格来说，经济增长可能是贫困减缓的必要条件，但绝不是充分条件。具体到中国，在我国目前所处的经济快速发展时期，收入分配是否平等将直接决定下一阶段的减贫工作能否取得突破性进展（高云虹等，2011）。

另外，需要指出的一点是，无论是经济增长减贫还是收入分配的减贫，其分析框架都是建立在经济增长的基础和理论框架下的，减贫作用机制也从简单的"经济增长—收入增加—消除贫困"发展到了"经济增长—收入分配公平—消除贫困"。无论是何种机制,其分析前提都是经济增长,正如前所述,经济增长是减贫的主要驱动因素,只有创造出尽可能多的物质财富,才有可能实现贫困的减缓。这一前提也适用于其他分析方法。

除了经济增长与收入分配之外,随着对贫困现象认识的持续深入,对其他减贫因素和反贫困方法也开始受到重视。具体来说,主要相关减贫因素还包括公共投资以及金融发展、基础设施建设以及城镇化等。

3. 公共支出与贫困减缓。

公共支出对贫困减缓的影响,其实质还是建立在经济增长减贫的理论基础上,因为投资也是生产函数的主要构成要素,是增加产出的重要因素。而投资包括私人投资和公共投资。有研究发现,政府的公共投资能够从多方面发挥减贫效果。1994年世界发展报告明确指出,除了在促进增长中起作用外,不同类型的公共投资还是政府缩小差异的重要手段。同时,大部分国家(包括富国和穷国),都一致认可政府在贫困减缓方面的重要作用。林伯强(2005)使用中国的数据,支持了公共投资是农村地区减少贫困,提高收入和减少地区差距的重要动力源泉的观点。阎坤和于树一(2008)认为,目前世界上各个国家的减贫实施主体都由国家财政部门及信贷部门组成,公共财政是减贫最主要的来源。

具体来说,对于公共投资与贫困减缓之间关系的研究,主要集中在以下几个方面。

(1) 公共支出的减贫作用机制。

如前所述,经济增长是所有减贫因素的分析前提,公共支出减贫也不例外。概况来说,经济学理论认为,公共支出的作用即财政职能主要体现在资源配置、收入分配和经济增长上。而经济增长和收入分配对于贫困的消除作用已经得到了学术界的一致认可,与此同时,财政支出也具有收入分配效应和减贫效应等再分配效应(卢洪友等,2019)。因此,对公共支出减贫的作用机制的分析,就不可避免地围绕着经济增长和收入分配展开。

Kenworthy(1999)认为,政府的公共支出政策在促进经济增长的同时可以采用转移支付等收入政策调节分配,最终实现国家的整体贫困减缓。政府公共支出在教育、社会保障等领域的公共支出,一方面有助于经济的增长,另一方面还有助于实现整体社会人力资本水平提高的目标,进而提升个人获取社资源的能力，增加个体的经济机会，改善收入不平等，减轻整体贫困状况。具体到中国的研究，吕炜等（2008）指出，中国农村的公共投资如卫生医疗以及社会保障等支出政策不仅具有直接减贫作用，还具有增加生产能力的长期作用，这都是可持续减贫战略的重要构成因素。王海（2013）同样认为，政府的支出如转移支付制度，具有提高低收入者收入的直接减贫作用，同时，公共支出还具有改善贫困者自身劳动技能条件，提升经济收入能力的间接减贫作用。

如图 0-1 所示，公共支出的减贫作用机制链条可概况为："公共支出——各种公共政策（教育、健康等）——经济增长，收入分配，人力资本提升——贫困消除。"

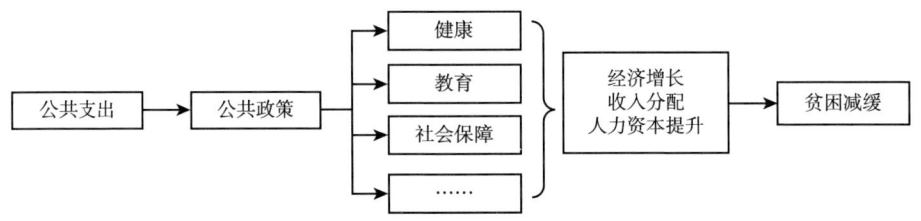

图 0-1　公共支出减贫传导机制

（2）公共支出的减贫效应。

对公共支出的减贫效应的分析集中在两个方面：一是具体分析某种单项支出类型，如财政的支农支出、教育支出、医疗卫生支出的减贫效果；二是从结构出发，对比分析不同类型公共支出的减贫效果。

在对单项支出的减贫效应分析中，学者们从经济意义上出发，选择的单项支出项目有：基础设施投资、农业科研投入、农业生产性支农以及教育支出、医疗卫生支出、社会保障支出等支出类型（彭代彦，2002；李容，2003；李焕章等，2004；Fan et al.，2005；倪志良等，2007；Gachassin et al.，2010；秦建军等，2011；单德朋，2012；沈能等，2012；邹文杰，2014；樊丽明和解垩，2014）。从以上单项支出项目的内容上看，主要有两种类型：第一种属于投资性的支出，如基础设施的投资、农业生产性支出等；第二类是具有生产性属性的社会性支出，如科研支出、社保支出、医疗卫生及教育支出等。单项公共支出的减贫效应分析的逻辑比较一致，首先，这些支出在理论上具有减贫功能；其次，分析这些支出的减贫效果；最后，对此类支出的减贫功能发挥提出政策建议。有所不同的地方主要体现在实证方法选择上，使用各种方法，从不同角度进行了分析，如沈能等采用空间技术和门槛回归分析了财政支农科研支出的减贫效应等。

也有诸多学者从公共支出的结构分析出发，分析公共支出减贫的结构效应，对不同类型的公共支出的减贫效应进行了对比分析。财政的公共支出种类繁多，既可以按经济性质分类，又可以按其功能进行分类，还可以按其用途分类。在实际分析中，学者们较多采用财政支出具体用途的结构分类方法进行分析（林伯强，2005；刘穷志，2007；樊胜根，2009；韦鸿等，2009；王娟等，2012，龚维进等，2018），也有学者采用财政支出一般社会性支出、投资性支出和转移性支出的分类方式分析（吕炜等，2008；胡汉军等，2009）。概况地说，不同的公共支出结构分类方法得出了基本相同的结论，即不同的公共支出类型减贫的边际效应存在一定的差异。

Dollar 和 Kraay（2002）的研究表明，公共支出用于健康和教育方面有助于提高农业部门的生产力，进而实现贫困减缓，Gomanee 和 Morrissey（2002）的相关研究也支持了上述观点；Jung 等（2015）分析了美国的教育医疗和社会保障各项支出，认为这些支出显著降低了南部一些持续贫困县的贫困状况。林伯强（2005）使用中国的公共支出数据进行实证分析，实证结果显示，各类公共投资的减贫边际效应在区域间和时期间具有较大差异，教育、农业研发投入、农村基础设施投入，都具有较好的减贫效果；刘穷志（2007）以减贫为视角，分析了公共支出的归宿，认为我国的文科教卫支出和社会救济支出的利益更多地归于了贫困人口；Fan 等（2008）认为，农业技术推广支出和农村的教育支出以及农村基础设施支出，是减贫效果最好的三种公共支出；王娟和张克中（2012）通过一个一般性的公共支出与减贫关系的理论框架，利用中国省级面板数据，分析了各项公共支出的减贫效应。实证分析发现，社会救济支出、基本建设支出和农业性公共支出的减贫效应显著。和立道等（2018）从人力资本视角出发，分析了公共投资的减贫效果，研究发现劳动技能培训支出和农村交通基础设施支出，减贫效果显著。

一般来说，研究证实大多数公共支出均具有较好的减贫效果，但是也有研究得出不同结论，李永友和沈坤荣（2007）研究指出，财政支出在减轻初始分配造成的相对贫困方面作用很有限，同时医疗卫生支出在某种程度上还可能进一步扩大相对贫困。吕炜等（2008）指出，相较于公共投资，社会性支出减贫的边际效应在逐年递减。

以上研究尽管切入点和研究对象存在一定的差异，但大多证实了以下两点：第一，公共支出的减贫效应显著；第二，不同类型的公共支出的减贫效应存在差异。这一结论对实际工作的意义在于，尽管公共支出与贫困减缓之间存在显著相关关系，但是考虑到公共资源的有限性，有必要将公共资源投资于那些减贫效应更高、更显著的支出项目上。

除此之外，许多学者从不同的视角对公共支出的减贫效应进行了分析。张克中等（2010）从财政分权出发，分析了公共支出效率和公共支出结构减贫效应，实证结果显示，公共支出的减贫效应会受到财政分权状况的影响；邹薇和方迎风（2013）从能力投资以及健康冲击的角度分析了贫困脆弱性问题，认为应当采取一定的公共政策发展个体的能力，减轻贫困脆弱性；解垩（2017）从公共转移支付的两种筹资方式入手，从直接税和间接税的角度分析了公共转移支付增加对于收入不平等和贫困的效应。还有一些学者从公共支出减贫过渡到公共服务，分析基本公共服务提供及其均等化的减贫效应（苏明等，2011；刘成奎等，2018），这些研究为我国的减贫工作提供了新的政策视角。

4. 其他重要的减贫因素。

如前所述，贫困是一个多学科的概念，涉及经济学、政治学、人类学和社会学等诸多学科。随着对贫困概念的认识深化，在经济增长框架下，学术界开始对影响贫困的各种社会、经济、政治因素进行深入研究。这些因素包括有：金融发展与贫困减缓（Burgess & Pande, 2003；杨俊等，2008；苏静等，2013）；贸易自由化与贫困减缓（Huang et al., 2003；郭熙保和罗知，2008）；城镇化与贫困减缓（Ravallion et al., 2007；沈坤荣等，2007；何春等，2017）；劳动力转移与贫困减缓（Haggblade et al., 2007；樊士德等，2016；张桂文等，2018）；以及产业开发与贫困减缓，如旅游扶贫（Croes & Vanesgas, 2008；赵磊等，2018；张大鹏等，2020）、特色农业扶贫（郭君平和吴国宝，2013）等。除此之外，章元等（2009）采用微观分析方法，探讨了农户参与市场活动对农村贫困的影响。

（二）教育影响贫困的研究

学术界就教育对贫困影响的研究一方面与学术界对贫困概念和贫困多元发生原因的认识不断深入相关；另一方面，又与现实中对基本公共服务的重视程度不断加深相关。本部分将从教育影响贫困的机制出发,分析教育与贫困减缓的关系。

1. 教育的减贫作用机制。

现有研究中,对教育减贫的作用机制研究众多,但基本上对教育减贫作用机制达成了共识,即教育通过影响人力资本来减缓贫困。Schultz(1960)认为,人力资本水平是影响个人的收入能力的重要因素,而教育是人力资本形成的首要条件和重要途径,当人们的收入能力有差异时,其收入分配的状况也必然产生差异。

Mincer(1974)、Becker(1975)在分析收入分配和人力资本问题时,得出了人口总体的平均受教育程度和教育分布状况都会影响收入分配状况。而Becker(1966)、Chiswick(1971)、Tinbergen(1972)、Winegarden(1979)、Galor和Zeria(1993)均认为,收入平等能够促进人力资本积累进而有利于经济增长,实现贫困减缓。其原因在于,借款市场不完全,收入的均等更有利于无法通过借贷市场筹措教育经费的穷人获得更多的受教育机会,进而提升穷人的人力资本水平,最终实现促进经济的增长并减缓贫困的目标;Benabou(1996)、Aghion(1998)通过再分配对人力资本积累从而对经济增长产生影响这一途径,得出相似的结论;邹薇(2005)在分析中国农村经济问题时也明确指出,人力资本的积累对于改善我国农村的持续性贫困非常重要。

还有学者在分析教育减贫作用机制时,将其重点放在了教育对收入不平等的影响上,通过分析"教育—收入不平等—贫困变动"来说明教育影响贫困的机制。Marin等(1976)使用美国数据分析,认为受教育年限每增加一年,收入不平等程度将会下降10个百分点;Teal(2001)认为,20世纪90年代全球减贫成就与全球教育平均水平的变化及其引发的根本性技术进步有关;Gregorio和Lee(2002)运用跨国数据研究表明,教育与收入不平等之间存在密切的关系,平均受教育程度的提高对收入不平等具有缩减效应,并且教育分配的平等有助于改善居民收入分配状况。

归根结底,无论是从哪个角度出发研究教育减贫的作用机制,其研究的落脚点都落回人力资本的提升,或通过教育投入直接提升人力资本水平实现减贫,或通过发展教育提升人力资本水平,消除收入不平等实现减贫。其减贫作用机制链条可概况为:"教育—人力资本提升—收入分配—贫困减缓"。即教育减贫具有间接性。

2. 教育减贫的效应分析。

尽管按照人力资本理论，教育对收入增加和减缓贫困均具有积极作用，在实践中，教育干预贫困的措施也已经被世界各国积极采纳，但是在研究中对教育与贫困之间的关系，学者们的看法却存在分歧，一部分学者认为，教育可以改善人力资本状况及结构，为受教育个体与家庭带来收入的提升，从而改善生活环境，最终摆脱贫困，即支持"教育脱贫论"的观点（王嘉毅，2007；Janjuz，2011；Awan，2011；李晓嘉，2015）；另一部分学者则认为，教育与贫困减缓之间的关系并非简单正向关联，贫困家庭的教育投资的未来收益具有不可预测性，接受教育反而加剧了家庭和社区的贫困程度，即"教育致贫论"（因教致贫）（Jung H. S. et al. , 2003；Wedgwood，2007；Senia，2006；Bonal，2007）。

支持"教育脱贫论"的观点比较一致，争议较小。Becker（1995）通过实证分析得出，教育、健康等人力资本，构成了美国及其他发达国家80%的财富；Raffo等（2009）认为贫困和贫困人口的教育水平是相关的；Marshall（2004）认为教育投资回报巨大，"最有价值的投资，就对人的教育投资"，同时提出了"教育是国家的投资"的观点；Otsuka等（2010）通过对菲律宾、泰国、孟加拉国和印度的实证分析得出结论，相比较于劳动技能相对简单、机械替代性强、收入较低的农业劳动市场，非农业劳动市场的收入对减贫具有决定意义，而接受教育对劳动者非农收入的获得又具有决定性作用；Ghatak（2016）认为教育支出在任何情形下均是有利于贫穷减少的。林伯强（2005）认为农村教育特别是基础教育对于提高农业及非农业生产率很重要，有利于农民收入提高和贫困减少；刘修岩等（2007）使用上海市农户调查数据进行实证分析，发现提高农户受教育水平能大概率降低其陷入贫困的风险；汪三贵（2008）认为教育和医疗服务的改善为农业和农村经济发展准备了大量的人力资本，使贫困人口有能力实现脱贫，并进一步阻断贫困代际传递；罗楚亮等（2009）采用珠三角地区调查数据，发现积极参与职业培训有助于增加农村贫困居民的收入水平；韦鸿和张全红（2009）基于省级面板数据对中国农村的公共投资减贫效应进行了分析，实证分析结果显示，相比较于其他公共投资类型，教育投资的减贫效果最大；夏庆杰等（2010）认为，农村劳动力教育水平增加对农户收入水平的重要性与日俱增，而其他生产要素对农户的减贫增收作用在不断缩减；黄斌和徐彩群（2013）基于农村入户调查数据进行实证分析发现，高人力资本投资对于非农就业的劳动收入增长具有重要作用；王嘉毅等（2016）则将教育的减贫作用提到了新的高度，指出"教育在精准扶贫、精准脱贫中具有基础性、先导性和持续性作用"。在实际的工作中的研究发现，教育投资相比较于研发投资和基础设施投资，减贫力度最大，每万元投资平均减少9.62个贫困人口[①]。

"教育致贫论"的观点看起来与传统理论不相符合，但是在实证研究中，却有许多的结论支持这一观点。Dollar和Kraay（2002）的研究表明，尽管对于教育的公共支出有助于农业部门生产力的提高，但教育支出对处于贫困线以下穷人收入提高作用很小；Asadullah等（2014）在对孟加拉国数据的分析中，发现在教育方面的支出并没有表现出减贫上的显著性；Datzberger（2018）对乌干达贫困人口及其教育的研究也表明，该国针对贫困人口实施的一些教育改革措施并没有真正使贫困现状得到改观，对教育减贫的作为只能评价为"适度的"，减贫效应并不明显；王成新等（2003）认为，"教育消费型贫困"已成为我国农村新的致贫因素；王娟和张克中（2012）对中国省级数据的分析结果表明，科教文卫支出并不存在显著的减贫效应；刘成奎等（2018）在分析公共品的瞬时贫困减贫效应时，发现教育对瞬时贫困起了反向增加作用。

尽管许多学者在实证分析中都得出了所谓"教育致贫论"，即教育减贫效果并不显著的观点，但学者们并没有轻易地否定人力资本理论以及与之相关的教育减贫观点，学者们的研究并没有局限在对"教育致贫"现象的描述上，他们还在不断深入挖掘"教育致贫"现象背后的深层次的原因。

对于教育致贫发生的原因，Barham等（1995）研究发现，由于信用约束的存在，导致贫困家庭的子女难以接受足够的教育，很容易掉进"贫困陷阱"；Wedgwood（2007）研究了坦桑尼亚的教育与贫困，他指出仅仅增加教育"量"的供给对贫困减缓作用不大，减贫的关键在于教育"质"的提升；杨小敏（2007）指出，教育成本分担体制存在不合理性，当教育支出与家庭承担能力不匹配时，"教育致贫"便会发生；张宏军（2010）认为，就业市场不完善造成的通用型劳动者供给过剩，也是"教育致贫"现象产生的原因；文宏等（2015）则分析了"因教致贫"所发生的教育阶段，指出其主要发生在高中等非义务教育阶段。

---

① 新浪财经. 专家：经济增长不一定减缓贫困 教育投资减贫力度较大 [EB/O]. http://finance.sina.com.cn/roll/2016-12-27/doc-ifxyxqsk6849220.shtml.

3. 教育的减贫功能实现的前提。

本部分将在分析教育致贫诱因的基础上，分析教育减贫功能实现的前提。本部分的逻辑为：对于教育致贫现象原因的分析过程，就是对教育减贫功能得以实现的前提的认识和理解的过程。

早期的研究认为，"因教致贫"的发生一般在教育服务需要购买的前提下，王成新等（2003）认为高额的教育费用是导致农村家庭陷入贫困的重要原因；陈烨（2005）认为教育高收费和乱收费、不合理的教育成本分担体制都是"因教致贫"的原因。

但是随着对"因教致贫"现象的深入分析及社会现实的变化，学术界对于教育致贫产生原因的认知逐渐集中在了两个方面：教育回报和教育公平。对这两个方面的全面认识，可以解释对教育减贫效果认识的不一致出现的原因。

（1）教育公平与贫困减缓。吴霓等（2017）认为，教育公平是教育对贫困变动产生影响的重要前提条件。教育公平主要包括教育机会公平、教育过程公平和教育结果公平。由于在贫困地区很难实现教育公平，因而存在进一步加剧贫困的可能性（郭新华等，2009）。Zhang等（2005）认为中国的受教育机会不均等已成为妨碍贫困减缓的重要因素；张俊良等（2019）则侧重于区域间的教育不公平，提出区域间公共教育资源的不平等，导致了区域间的教育减贫效应的不均衡状态。针对这种现象，学者们提出应当加强公共教育投入，兴办公立学校，减少教育的不公平，加快贫困减缓的进程（Gradstein & Moshe Justman，1997；Cardak，2004；杨俊等，2010；张俊良等，2019；柳光强等，2019）。

（2）教育回报与贫困减缓。除了教育公平之外，教育回报率的高低也是影响教育减贫效果的重要因素。吴晓蓉等（2017）认为，教育回报是教育结果在贫困者身上的投射，是摆脱贫困、实现发展的根本要素，是教育扶贫向教育脱贫过渡的中介因素。教育回报与教育公平不同，教育回报具有过程性，这决定了教育脱贫具有时间成本。对于这一点，范先佐（1999）在其著作《教育经济学》也有类似的观点，他指出教育投资成本具有递增性，而教育收益（教育回报）则具有迟效性。这种不能立竿见影的投资行为很容易造成家庭的贫困。另外，除了教育回报的迟效性之外，教育回报与教育投入之间的不对称也是导致教育不能很好地实现减贫功能的重要原因。鲁子箫等（2017）就明确指出，早期的"因教致贫"主要原因在于教育投入过大，而如今的"因教致贫"则主要是由于教育收益不断减低引起的；柳光强等（2019）从异质性教育收益视角出发,分析了基础教育差异对农村收入分配的影响,他们指出如果不同群体的教育收益率不同,贫穷家庭的孩子不能从教育中获得足够的收益,那么这种受教育水平的提升反而会带来的收入差距恶化,这些均支持了以上观点。

许多学者对于教育回报与教育收益对贫困者的教育决策的影响机制也进行了分析。Gustafs-son 等(2004)利用中国部分地区 1988~1995 年的数据,对教育和贫困的关系进行了研究,研究发现,农村教育支出的增加导致农村居民家庭教育支出比重不断上升,使农村减贫缓慢。

邹薇等(2014)构建了人力资本代际传递的模型,从教育投资的风险和决策的角度解释低收入家庭持续性贫困的问题。实证结果表明,贫困风险的存在会降低教育投资的吸引力,而教育的机会成本和未来收益的不确定性也会影响贫困者的教育投资决策。邹薇等(2017)测算了教育投资收益率,并将其与不同教育层次个人的工资水平相联系,进一步解释了"因教致贫"现象,研究发现,中国城乡均存在"教育投资陷阱",而低学历个人的教育投资收益率与工作经验相关的收入存在的"倒挂"现象,是导致"因教致贫"出现的原因。

综合上述对于教育减贫机制、教育减贫效应以及教育减贫功能实现的前提的分析,可以认识到,教育减贫是一个非常复杂的过程,由于其对贫困减缓的影响是间接的,因此,在教育减贫在发挥作用的过程中,不可避免地会受到各种因素的影响,同时,必须认识到,对于教育减贫效应实现前提的分析,具有很强的政策意义。因此,实际工作中有必要全面地看待教育减贫,建立完善的教育减贫体系。图 0-2 绘制了教育减贫的多元影响及传导机制。

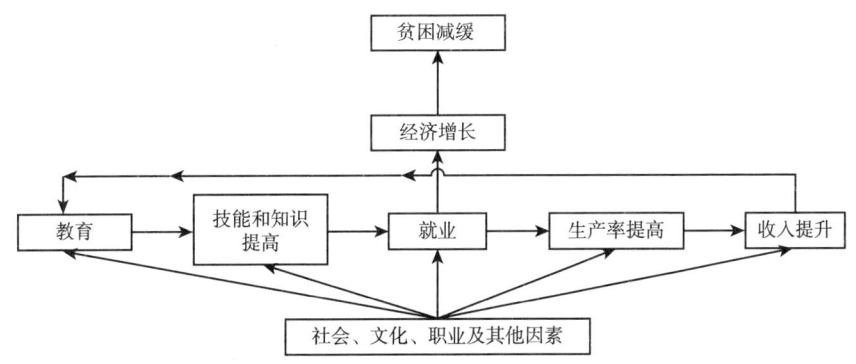

图 0-2 教育—减贫的多元影响及传导机制

(三) 公共教育投入影响贫困的研究

前面的分析明确了教育与贫困减缓之间的确定性关系。而教育产品的特点不仅具有收益的外溢性，还具有投入的巨大性和长期性。同时，根据对教育减贫机制以及实现前提的分析，一旦教育投入的成本和收益存在不对称性，那么贫困者就可能选择放弃其教育投资，一旦大部分贫困者选择了这种教育投资决策，其贫困状态将大概率持续，贫困代际传递等现象也会随之出现。因此，尽管私人教育投资也能够提高人力资本的存量，但无论是从公共产品理论出发（教育是公共产品）还是从减贫理论出发，对于教育的投资都应当是政府的主要责任，即公共教育投资应当是主要方面。

针对上述问题，学者们也都进行了研究和说明，Myrdal（1992）研究认为，扶贫的最好方法是加大教育投入，而政府有必要加大公共教育投入；Ravikumar（1992）则从不同来源教育投入对收入不平等的影响分析了公共教育投入与私人教育投入的差异，认为公立学校更有利于个人人力资本的积累，更有利于收入不平等的消除，而私立学校则倾向于加剧这种不平等；Dollar等（2002）指出，如果一国的分配环境适合，则教育财政投入在减贫过程中将发挥主导作用；Awan等（2011）分析了东亚国家或地区的经济发展状况，认为这些国家或地区经济飞速增长的原因之一就是加大了对公共教育的投资力度。

由此可知，教育减贫功能的实现，在很大程度上依赖于教育财政投入的多少。对于公共教育投入的减贫效应，本部分根据财政支出的特点从公共教育投入减贫的总量效应和结构效应出发进行分析。

1. 公共教育投入减贫的总量效应。

对于从支出角度分析的教育减贫效应，大多数的早期文献从公共教育投入对贫困人口教育负担减轻的角度分析，Castro-Lealf 等（1999）、Fan（2005）认为，针对贫困人口的教育资助服务，有助于贫困人口的人力资本水平及其收入水平的提高；MUSTAFA 等（2017）考察了巴基斯坦社会性支出的减贫绩效，研究显示，政府的教育支出具有较好的减贫绩效；林迪珊等（2016）利用跨国数据考察了61个发展中国家公共教育投资总量与收入贫困之间的关系，认为公共教育投资对收入贫困具有显著的减缓作用；魏向东（1997）认为公共教育投入的增加能够减轻农村贫困人口的教育投入；进一步的，杜凤莲等（2011）则从教育财政资源有限性的视角，指出这种资源的有限性会导致财政教育支出对贫困减缓的不同影响；姚洪心等（2009）、单德朋（2012）则从减贫效果出发，研究教育与减贫的关系，指出财政教育支出的减贫效果会受到门槛效应的影响，邓宏亮等（2015）、蔡文伯等（2018）利用地区的数据研究也支持了这一结论；王海（2013）则讨论了公共教育投入减贫的手段选择，认为可以通过转移支付等手段进行补贴，提高教育减贫效果；近年来，随着空间计量手段的发展，许多学者从空间视角分析了财政教育支出减贫的空间效应，指出财政教育支出不仅具有直接的减贫效应，还存在显著的空间溢出减贫效应（Loayza et al., 2010；邓宏亮等，2015；李盛基等，2016）。刘建民等（2018）通过运用修正的引力模型测算了我国财政教育支出的空间关联关系，及减贫的空间关联效应，研究结果显示我国公共教育投入具有教育支出的空间溢出和贫困减缓的空间关联效应，因此在政策上，政府应向关联关系多的地区投入更多的财政教育支出，以促进区域的协同发展。

2. 公共教育投入减贫的区域和结构效应。

对公共教育投入减贫效应的分析，除了从总量出发分析之外，还有一种思路是从教育资源公平配置的角度出发进行分析。而对于教育资源公平配置又可以分为两个方面：一方面，从公共教育投入区域间资源配置分析其减贫效应的区域差异；另一方面，从公共教育投入在不同教育类型（或教育层次）间资源配置分析其减贫效应的结构差异（层次差异）。

（1）公共教育投入减贫的区域差异。

我国的地域广阔，各地区社会、经济发展多有不同，因此，在我国减贫的过程中，区域间财政教育支出投入的不同不仅会导致教育资源的差异，还会对教育的减贫效果产生差异（叶初升等，2012），简单地说，公共教育投入的区域差异与教育资源配置情况和教育减贫效果呈负相关关系。

对此，学者们通过各种研究进行了分析和证实，廖楚晖（2004）在分析区域间公共教育投入发展问题时，发现公共教育投入的区域不均衡不仅会导致教育支出的效率损失，还有可能使区域间教育机会、教育水平及教育经济出现不均衡；王玮等（2015）从全国层面和省级层面分析了农村教育支出的减贫作用，实证研究发现，公共教育投入较好地缓解了农村相对贫困现象，但公共教育投入在我国东部、中部和西部的减贫效应并不平衡，存在明显的省际差异；王曦璟和高艳云（2016）认为，在收入贫困下，教育与贫困发生率存在区域差异性，一个地区的经济发展水平越高，教育对家庭收入贫困状况的改善效应越大；刘建民等（2018）使用 QAP 法检验了区域间财政教育支出差异对农村减贫的影响，回归结果显示，区域间财政教育支出的差异可以与人力资本差异和经济发展水平差异等差异因素联动，影响农村减贫效果的发挥；宋英杰等（2018）研究了财政职业教育支出对城乡收入差距的影响，实证分析结果显示，财政职业教育支出对西部地区的影响最显著；张俊良等（2019）分析了公共教育投入资源和家庭教育投资对减贫的不同影响，研究结果显示，公共教育投入的减贫效应尽管显著，但是却表现出明显的省际和地区差异，尤其是在西部地区，这一方面导致了减贫效果的减低，另一方面也反映出我国公共教育资源的区域分布不均衡。

除了在总量上分析了公共教育投入减贫的区域差异外，很多学者在对公共教育投入减贫的结构性差异的研究中也涉及了不同教育支出类型减贫具有的区域异质性。

（2）公共教育投入减贫的结构性差异。

根据教育产品分层次的特点，公共教育投入相应地也针对不同层次、类型的教育进行了分类。一般来说，大致可分为基础公共教育投入、高等公共教育投入以及中等教育支出等支出项目①。从教育产品层次、结构视角对教育的减贫效应分析，显示出不同层次、类型的教育产品的减贫效应存在显著差异。

Castro Lee（1996）通过对非洲某国的教育体系改革进行研究后得出结论，对贫困家庭孩子更有利的做法是：提高对初等教育的投入比例；Lanjouw 等（2001）以印度尼西亚数据分析了教育支出及其收益情况，分析结果显示，对经济条件较差的社会成员，其从初等教育中获得的收益更大；Rosario 等（2007）利用菲律宾数据研究这一问题，结果表明，对初等与中等教育的财政支出更有利于贫困阶层；Wedgwood（2007）在研究坦桑尼亚的问题时，发现扩大中等教育规模和质量对减贫效果更好；Tilak 等（2009）则采用印度数据研究，认为印度的基础教育支出会加剧贫困状况，但中等教育和高等教育则具有显著的减贫效果；Tugcu（2015）使用 26 个中、高收入国家的公共教育支出结构数据进行了实证分析，分析结果显示，增加对中等教育支出更有利于国家摆脱"中等收入陷阱"，而对初等教育支出过多则会出现相反的情形。

---

① 还有更具体更细化的分类方法，如小学公共教育投入、中学公共教育投入、职业公共教育投入、成人高等公共教育投入等支出类型。

国内对于教育支出结构的研究，最早可追溯到王善迈等（1988），在对50个国家的三级教育支出结构的变动情况进行分析时，他们发现三级教育支出结构与该国国内的人均国民收入相关。其中，就教育支出结构对经济增长的影响研究开始的较早、较多。杭永宝（2007）就中国各项不同层次教育对经济增长的贡献率进行了测算，其中，高职教育对经济增长的贡献率最高；陈晋玲（2012）以各地区不同受教育程度劳动力作为教育层次结构的代理变量，研究了教育层次结构与经济增长的关系，研究发现，全国层面上中等教育的经济增长效应最显著，高等教育次之，初等教育最小。同时，由于区域经济发展水平的差异，初等、中等和高等教育的经济增长效应存在着明显的区域异质性，如初等教育的经济增长效应对东中部地区不显著，但是对西部地区则表现显著。单德朋（2012）从教育效能和教育结构出发分析了西部地区贫困减缓的影响因素，发现中等教育对西部地区城乡的减贫意义重大；吴振球等（2013）研究发现，我国高等教育对经济增长的贡献率较低，这种贡献率还存在地区差异性，并且高等教育的经济增长贡献率远远低于基础教育的经济增长贡献率；柳建平等（2017）以甘肃14个贫困村的调查数据为基础进行研究，结果显示，高中以及中职教育的减贫效应最显著，从而支持了单德朋的结论；联合国教科文组织（2014）研究也指出，教育的投资回报率可随教育层次的提高而不断提高，据估算，初等教育的教育投资回报率为8%，中等教育的投资回报率为16%，高等教育的投资回报率为16%；詹宏毅等（2018）采用跨国平衡面板数据分析了政府教育支出结构对不同收入层级国家人均GNI的影响，研究显示，政府的教育支出结构影响一国经济增长，具体来说，中等收入国家应注意基础教育的投入，高收入国家应在保持基础教育投入稳定的基础上，更多地将资源投入高等教育，而非高收入国家的高等教育投入也应审慎发展，按需投入。

综上所述，大多数研究均认为，对于经济发展水平较高的国家和地区来说，高等教育的减贫和经济增长效应似乎表现得更为明显和显著，但是对经济发展水平较低的国家和地区来说，最好的选择还是大力发展中等教育和基础教育，这两种支出类型更有利于欠发达地区和国家的经济增长及贫困减缓。

考虑到教育减贫始终是一项干预式扶贫，因此，对公共教育投入减贫效应的区域差异以及结构差异的分析，具有极强的政策意义。

(四) 文献总结与评论

1. 文献总结。

通过对文献的梳理可以看出，国内外学者对教育、公共教育投入与贫困的关系研究取得了丰富的成果。对贫困现象的认识、减贫因素的拓展以及各种减贫因素、减贫的路径、作用机制的研究也在不断深入，这不仅揭示了反贫困问题的规律性，同时也为后续相关研究的开展提供了很好的理论和文献基础。

首先，从国内外对于减贫以及减贫影响因素的研究来看，贫困理论以及反贫困研究的理论体系已经日渐完善，研究框架也已经逐步建立。但是也应该注意到，贫困问题由于其复杂性，并没有也不可能有全球通用的反贫困战略，从国外的文献回顾中就可以看出，国外研究主要集中在国别研究，并相应地得到了不同的结论。因此，对于贫困问题的研究，后续还是应该综合考虑到国家、地区间社会、经济、文化的异质性，对减贫经验和减贫要素进行归纳整理分析。

其次，尽管国家的社会经济文化存在差异，但是对主要的减贫因素学术界已经达成了共识。经济增长对减贫具有决定性作用，而收入分配以及各种公共支出也对减贫具有重要影响，同时，金融发展、城镇化、劳动力转移以及贸易自由化等因素都是重要的减贫因素。但同时必须注意，以上的减贫因素都是建立在经济增长减贫的分析框架之下的。

最后，教育减贫效果存在争议。从理论上来说，教育对贫困的积极抑制作用已经被证实，但是实证分析的结果却显示，教育对贫困减缓依然存在着不确定甚至消极的影响，出现这一现象的原因在于教育减贫的前提必须满足，否则将会影响教育减贫功能的发挥。

2. 文献评述。

从以上分析以及对教育、公共教育投入减贫的文献梳理可知，第一，学术界已经注意到了教育、公共教育投入减贫的研究必要性，并且对教育的减贫作用机制也达成了共识。但是大多数研究从教育公平、教育效能、教育质量角度入手，利用各种代理变量如人均受教育年限、不同受教育程度、劳动力数量分析教育的减贫效果，忽视了公共教育投入的直接作用。因为从本质上来讲，教育效能、教育质量以及教育公平都是公共教育投入的"果"，其"因"还产生于公共教育投入，因此从财政支出的本源入手，直接分析支出的减贫效果很有必要。

第二，目前理论界对于公共教育投入与经济增长之间的关系研究较多，这些研究尽管为研究公共教育投入与贫困减缓之间的关系提供了研究基础，但必须注意到，尽管经济增长是减贫的物质基础，但是从某些角度来看，直接研究公共教育投入与贫困减缓的关系也很有必要。而目前相关文献研究目前较少，这就给本书的研究留下了相应的研究空间。

第三，从目前公共教育投入与贫困减缓的研究来看，大多数研究的贫困代理指标较为简单，一些研究采用消费指标，另一些研究采用收入指标，其不足在于将贫困看作简单收入问题。综合来讲，一方面，贫困不仅仅是收入问题，还是表现在生活水平、健康水平以及基础设施可获得性等多方面的多维贫困；另一方面，收入贫困的内涵也非常丰富，其不仅涉及收入，还涉及收入分配以及福利状况，而现有大部分研究较少涉及这一点。

第四，现有研究的全面性不足。现有研究的局限性表现在，或集中分析某一类型支出，或集中分析公共教育投入总量，还有研究使用地区数据分析。这种研究上的局限性使人很难从整体以及分类角度全面把握公共教育投入的减贫效应。

因此，考虑到以上几个方面，有必要在一个系统的框架下全面分析公共教育投入对贫困减缓影响，以便为我国的贫困减缓问题提供更加可靠的理论依据和现实参考。

三、研究思路和研究方法

（一）研究思路

本书在吸收借鉴国内外学者对于教育、公共教育投入和贫困的研究基础上，运用发展经济学和教育经济学的相关理论，阐述了教育减贫的作用机制，对我国公共教育投入的规模和结构等方面进行了深入的分析，并结合中国贫困的发展现状，从公共教育投入总量和结构以及空间视角，构建了计量模型，对我国公共教育投入的减贫效应进行了全面的实证检验分析，最后提出了运用教育手段减贫的政策措施建议，为我国教育精准扶贫事业提供了参考。本书的研究路线图如图0-3所示。

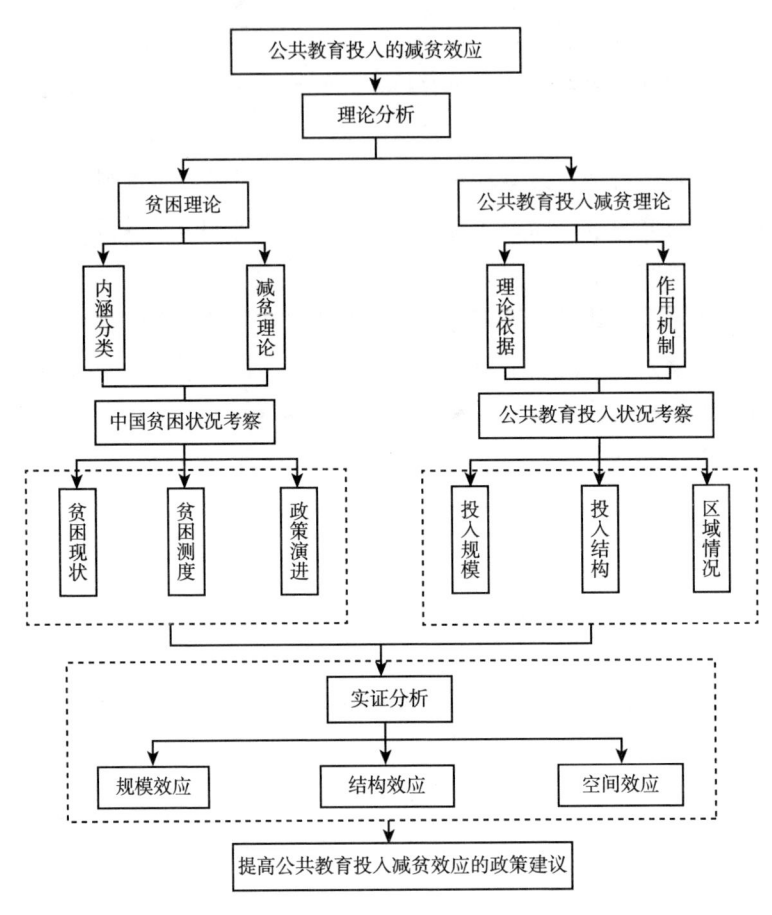

图 0-3 本书的研究路线

（二）研究方法

本书在研究中，综合采用发展经济学、教育经济学以及区域经济学的相关研究和分析方法，采用了定性和定量分析相结合、规范和实证分析相结合、历史和数据统计分析相结合、静态和动态分析相结合的方法对我国公共教育投入的减贫效应进行了分析。

一是定性分析和定量分析相结合。从定性角度来看，本书首先采用归纳、演绎等定性分析方法，分析了贫困的概念和范畴，同时也对公共教育投入的理论进行了相关的抽象和理论分析，考虑到贫困现象的复杂性和跨学科特点以及公共教育投入的特征，单纯的定性分析不足以反映出贫困的全部内涵以及公共教育投入的全貌，因此，本书采用定量分析方法，对诸如贫困程度的测量、贫困线的确定、公共教育投入的规模等又进行了量化研究。

二是规范分析和实证分析相结合。本书首先运用规范分析方法，从理论和作用机制上将公共教育投入和贫困减缓的理论分析和现实剖析结合起来，在进行相关文献梳理和理论回顾的基础上，深入分析了公共教育投入现状和中国贫困现状，为实证研究奠定了理论基础；在规范分析的基础上，采用省级面板数据对公共教育投入和贫困减缓之间的关系进行了实证研究，并做出了全面的总结。

三是历史和统计数据统计分析相结合。首先使用历史分析方法，梳理了我国教育减贫的政策演变历程，同时运用统计学知识，进一步分析了我国公共教育投入的绝对规模、相对规模以及区域间的差异性。这些分析不仅充实了本书的研究基础，还提高了本书研究的针对性。

四是静态分析和动态分析相结合。教育对贫困减缓的作用实质上是一种间接作用，由于教育减贫的间接性，导致公共教育投入减贫功能的实现具有一定的时滞性，考虑到这一点，本书在进行实证分析时，对公共教育投入数据进行了滞后处理，这种处理方式充分地反映了教育减贫的动态性和贫困发展的动态性，有助于从系统、整体、动态的角度全面考察公共教育投入的减贫效应。

四、研究的主要内容

本书的主要内容安排如下：

导论部分是本书的第一部分，第一部分的主要内容包括：选题背景、选题意义以及国内外相关研究的文献述评，还包括有研究思路、研究方法以及可能的创新与不足之处。

第一章主要对公共教育投入和贫困减缓的相关理论进行了系统的回顾和梳理。本章首先重点讨论贫困的内涵，对贫困内涵从收入贫困到能力贫困、权利贫困的发展背景及动态演变进行了回顾和分析，并界定了其内涵；其次，在对贫困概念全面认识的基础上，对代表性的减贫理论进行了归纳和总结，并对本书所讨论的贫困内涵进行了说明和界定；再次，从经济学、社会学、发展学和人类学的视角分别对教育减贫的理论依据进行了分析和阐释；最后，分析了公共教育投入减贫的机理，分析了公共教育投入减贫的传导机制。

第二章是关于我国贫困现状和减贫政策的演化。本章对我国的贫困人口、贫困地区、贫困的特征和分布特征进行了定性考察，回顾和梳理了我国反贫困政策的演变，同时采用世界银行的 POVCAL net 软件测度了我国整体以及区域贫困的状态，并在此基础上对我国的贫困演变趋势、区域间贫困状态进行了定量的分析和考察；在本章最后，对我国的教育反贫困政策进行了回顾和梳理，并且对我国教育反贫困的成效进行了总结。

第三章考察了我国公共教育投入的现状。本章对我国 1992～2017 年的公共教育投入状况进行了考察分析。首先，考察了公共教育投入的规模，从绝对规模和相对规模以及动态角度分别对公共教育投入的趋势进行了考察；其次，对公共教育投入的结构进行了现状分析，分别分析了不同层次、类型的公共教育投入的绝对规模和相对规模；最后，从区域视角考察了公共教育投入的不同情况。

第四章是公共教育投入减贫的规模效应的实证分析。本章在第二章计算出的不同区域的 FGT 指数的基础上，采用面板双向固定效应模型分析方法，从区域角度出发，采用省级数据构建了面板回归，在全国层面实证分析了公共教育投入减贫的整体规模效应，同时在对地区进行区域划分的基础上，还进一步分析了不同地区公共教育投入减贫的具体效果和公共教育投入减贫规模效应的区域异质性。

第五章是公共教育投入减贫结构效应的实证分析。本章在创新型内生增长模型的基础上，进一步拓展研究范围，从教育产品类别上将公共教育投入分为高等教育投入、基础教育投入和中等职业教育投入，选取中国省级面板数据，构建固定效应模型以及面板门槛回归模型，实证分析了公共教育投入减贫的结构效应，并对不同类型和层级的国家财政性教育经费支出的减贫效应进行了对比和分析。

第六章是公共教育投入减贫空间效应的实证分析。本章从公共教育投入的空间效应出发，考察公共教育投入的空间相关性以及贫困的空间依赖性。运用空间计量方法对公共教育投入与贫困减缓之间的关系进行实证分析，在对比分析不同类型空间模型的基础上，构建空间杜宾模型，考察两者之间的空间依存性。

第七章是本书的主要结论和相应地提高公共教育投入减贫效应的政策建议。本章首先总结了全书的主要研究结论，然后在前面各章理论与实证研究结论的基础上，提出了提高公共教育投入减贫效果的政策建议。

五、可能的创新与不足之处

(一) 可能创新之处

第一,研究视角的创新。贫困问题一直是全球关注的重点问题。现有文献的研究多数集中在财政支出、财政制度以及国际贸易角度展开分析和探讨,鲜有文献直接、全面地从公共教育投入的视角来直接分析其减贫效应。因此,本书的研究丰富了财政支出减贫的研究,同时也丰富了减贫影响因素的研究。

第二,研究方法的创新。现有研究大多利用线性回归探讨财政支出与贫困减缓之间的关系,较少考虑到公共教育投入与贫困减缓之间可能存在的非线性关系,更是忽略了公共教育投入的空间溢出相应,以及贫困在空间上的空间相关性。因此,本书分别采用了面板门槛模型和空间杜宾模型从多个角度分析了公共教育投入对贫困减缓的影响,使本书的结论更具备了可靠性。

第三,研究内容的创新。首先,在研究贫困问题时,对收入贫困指标进行了拓展,从纵向和横向分别测算了中国整体以及各省区市的 FGT 贫困指数,将收入贫困进一步分解为反映贫困发生状况的贫困广度、贫困者距离贫困线远近的贫困深度和反映贫困者收入分配状况的贫困强度三个细化指标,并在实证中全面分析了公共教育投入对于贫困广度、贫困深度和贫困强度的影响效应;其次,对公共教育投入的减贫效应进行了规模和结构两个方面的全面分析。从总量上分析了教育支出减贫的效应,并对公共教育投入进行了层次结构的区分,分别分析其减贫效应。现有文献中,大部分文献都集中讨论某一种类型的公共教育投入的减贫效应,很少从整体上对教育支出进行分类,并进行深入分析。本书将公共教育投入划分为基础公共教育投入、中等公共教育投入和高等公共教育投入,分别分析了它们的减贫效应,并对其进行了门槛检验,分析了这些支出与贫困减缓之间的非线性关系。

(二) 本书研究的不足之处

第一,贫困指标的单一性。随着社会经济生活的变化,学术界对贫困内涵的认识早已从单一的收入贫困发展到了涵盖权利、能力、生活水准以及健康等多方面的多维贫困。囿于研究对象的限制和数据的可得性,本书仅仅从收入贫困的视角进行了分析,相对忽略了贫困的多维特征。

第二，研究对象的宏观性可能导致忽略了分析对象的微观特征。由于本书的研究对象公共教育投入属于宏观经济数据的范畴，而目前大面积贫困现象已经基本消失，学术界对贫困的研究已经逐渐过渡到对个体贫困的关注，而个体贫困特征主要表现为微观经济数据。由于研究手段的局限性，导致本书可能无法很好地反映贫困所具有的微观特征。

第一章

公共教育投入与贫困减缓的相关理论

第一节

贫困与贫困减缓的相关理论

消除贫困是全人类的共同目标,联合国提出了到2030年在全世界消除一切形式的贫困的全球治理宏伟目标,这说明国际社会对全球的贫困治理已达成了共识。贫困是一个复杂的社会现象,涉及了经济学、政治学、社会学以及发展学等诸多领域,不同学科之间相互融合,共同形成和丰富了贫困内涵,这就使贫困内涵始终处于动态变化之中。同时,不同时间、空间的改变,如不同国家或同一国家的不同地区,在各项社会经济文化条件的背景下,都会在不同的视角和侧重点丰富贫困的内涵。

而对贫困概念的正确认识,不仅关系到贫困群体的识别问题,即谁是贫困者的问题,还关系到对贫困消除即减贫战略的制定。因此,本章将重点讨论贫困的内涵,并对其加以界定。

一、贫困的内涵与分类

(一)贫困内涵的动态演变

1. 收入贫困。

最初的贫困概念只包含经济层面的收入贫困。《英国大百科全书》中将贫困定义为:一个人缺乏一定量的或社会可接受的物质财富或货币的状态。这一概念充分体现了个体由于财富或收入的缺乏,而陷入艰难困苦的处境的情形。

最早对贫困定义进行开创性研究的学者是经济学家朗特里(Rowntree),

在其1901年的著作《贫困：城镇生活研究》中，第一次对家庭贫困设定了标准。朗特里认为，贫困是总收入水平不足以获得仅仅维持身体正常功能所需的最低生活必需品。他并据此给出了量化的贫困线，奠定了贫困问题的研究基础。在20世纪70年代以前，朗特里的贫困思想一直占据着贫困问题研究的主流地位。由于朗特里的贫困概念采用家庭收入或支出作为指标，因此这种贫困一般称为收入贫困或绝对贫困。由于朗特里的贫困标准过于绝对，不断有经济学家对其贫困内涵进行丰富。Galbraith（1958）认为，一个人的贫困不仅取决于自身的收入水平，还取决于其他社会成员的收入水平；Oppenheim（1993）进一步明确提出了贫困具有相对性的观点，认为如果社会成员的各项支出少于社会平均水平，那么他就是贫困的。由此，经济学意义的贫困内涵从绝对贫困拓展到了相对贫困。

如前所述，贫困问题是一个多学科的现象，不仅是经济学关注的对象，还是社会学、政治学和发展学的研究领域，同时，多学科的融合发展和时间空间的动态变化，使人们对贫困内涵的认识也在不断发展、变化、深入。

2. 权利贫困。

相比较于经济学家对收入贫困的重视，社会学家认为不应忽视贫困者所处的社会环境及其面临的不利社会因素。进一步地，社会学将贫困区分为剥夺（deprivation）和社会排斥（social exclusion）。剥夺指由于资源缺乏而产生的被剥夺；而社会排斥强调个体与社会体系之间的断裂。由此出发，Townsend（1979）从社会发展的角度提出，贫困是因为贫困者缺乏自由而被剥夺了正常参加社会活动、维持正常生活和社交网络权利。欧盟认为，社会排斥指个体因为贫困或能力缺乏导致学习机会丧失，或个体因为歧视无法融入社会，被迫处于社会边缘（王小林，2017）。剥夺和社会排斥概念引入贫困的研究，标志着人类社会对贫困现象认识理论上的升华。同时剥夺和社会排斥的理论，催生了权利贫困概念，权利贫困认为贫困是由于政治、经济、文化等权利的缺乏所导致的，认为贫困不仅包括收入水平低和基本生活物资缺乏，还应该包括穷人应对外部冲击的脆弱性和无话语权、无权无势等社会排斥的现象。

3. 能力贫困。

1979年，诺贝尔经济学奖获得者阿玛蒂亚·森在其题为"Equality of What?"的演讲中阐述了能力贫困理论。森指出，贫困不能仅仅局限于收入的被剥夺，过度地关注收入贫困，容易造成公共政策导向偏离提高贫困人口生活质量这一真正目标。他认为，贫困是一个无法获得某些最低限度需要的功能和能力的问题，功能的缺失反映了贫困者外在生活状态的窘迫，而能力的匮乏则体现了人们提高自身福祉的内生动力不足。在其著作《以自由看待发展》一书中，森继续从能力视角深入探讨了能力贫困的话题，他认为收入水平低只不过是贫困的其中一个方面，从更深层次上理解，贫困更应该被看做是一种能力的被剥夺，这些能力的剥夺具体可以表现为：如过早死亡、文盲以及个人健康问题等方面。而影响能力剥夺的因素主要是一些公共政策，如收入分配政策、公共卫生制度安排、公共教育制度以及民主制度等，因此，从能力视角来认识贫困更有政策意义，更有助于公共政策的制定和完善。森的理论是贫困理论研究一次里程碑式的理论飞跃，他将以往经济学意义上的贫困问题拓展到了哲学和人类发展领域，将贫困的诱因从经济因素扩展到了政治、社会、文化等社会各个方面。

通过理论界对于贫困的内涵动态变化的梳理，可以认识到，贫困的本质就是各种匮乏或缺乏（郭熙保，2005），不同的贫困内涵，或者强调收入的缺乏，或者强调权利的缺乏，或者强调能力的缺乏。也可以说，贫困内涵的拓展过程就是对贫困者所缺乏内容的认识不断深入的过程。

同时也应该认识到，收入贫困、权利贫困和能力贫困三者之间是相互补充的，缺少其中任何一种都会导致对贫困内涵的片面理解。因此，综上所述，贫困不仅仅是一个经济现象，更是一个社会现象，解决贫困问题不应该只从经济领域入手，更应该综合社会、文化、法律、制度等多个领域，只有这样，才能准确地识别贫困群体，进而彻底解决贫困现象。

（二）贫困的分类

根据对贫困内涵的认识和对贫困现象的理解，可以将贫困按照不同的标准进行分类，常见的分类方法有：绝对贫困和相对贫困、暂时性贫困和长期贫困。

1. 绝对贫困和相对贫困。

绝对贫困主要从物质资本或个体物质基本需要的角度出发，因此又称生存贫困，主要表现为基本食物缺乏的贫困。绝对贫困的衡量标准主要是个体或家庭生存所必需的基本热量，属于客观标准。而相对贫困的衡量主要以主观标准为主，它建立在不同社会成员的生活水平相比较的基础之上，一般指社会中收入水平最低的10%或20%的个人或家庭。也就是说,在相对贫困标准下,可能贫困者的生活水平已经超过了维持个体或家庭所需基本生存需要的绝对贫困标准,但是相对于其他社会成员,他仍是贫困的。

绝对贫困与相对贫困相比,第一,绝对贫困标准客观,不容易受时间、空间以及经济发展的变化而改变;而相对贫困的标准则较为主观,容易随时间、空间以及经济发展水平的变化而发生改变。第二,相对贫困标准带有一定的主观价值判断因素,常与收入分配状况相关,具有一定的政策意义,而绝对贫困则不具有此特征。第三,绝对贫困由于其客观性,以发展的眼光看,长期内可能会被彻底消除,即绝对贫困现象的消失,但相对贫困由于其相对性,则不可能全部消除,将会在长期内存在。

2. 暂时性贫困与长期贫困。

从动态视角,根据持续时间的长短,贫困还可分为暂时性贫困和长期贫困。顾名思义,暂时性贫困持续时间较短,通常可以快速地从贫困状态转化为非贫困状态。暂时性贫困出现的原因通常是:由于一些偶发的或突发来自外部的冲击导致个人或家庭在某一时间处于贫困状态的现象。而长期性贫困,根据世界银行(World Bank)的标准,持续5年以上处于贫困线以下或平均支出处于贫困线以下的家庭或群体即可认为处于长期性贫困状态。

对于暂时性贫困,通常情况下,随着来自外部的、偶发的、冲击的致贫因素的消失,暂时性贫困者将有可能脱离贫困,但也有可能在暂时性致贫因素的催化下转化为长期性贫困。因此,对于政策的制定者来说,有必要针对不同的贫困类型,制订不同的减贫政策,对暂时性贫困者的扶持重点,应放在防止暂时性贫困向长期性贫困的转化上。

除了相对贫困和绝对贫困、暂时性贫困和长期性贫困等贫困概念之外,贫困分类中还有狭义贫困和广义贫困以及显性贫困和隐性贫困的分类方法。但分析中最常用的还是以上两种分类方法。

二、贫困减缓的相关理论

贫困减缓的理论即反贫困理论,自 Schultz(1960)正式提出"贫困经济学"之后,已经成为现代经济学的重要内容,同时,不同国家的贫困特征表现出异质性,导致经济学家对贫困问题的认识不断变化,相应地,反贫困理论也呈现出一定的阶段性。

(一) 经济增长减缓贫困理论

经济增长与贫困减缓之间的正相关关系已经被大量文献所证实。经济学家认为,经济增长可以最大限度地减少和消除贫困。概括地说,尽管经济增长的过程中可能会出现收入分配的不公等相对消极的因素,但是随着经济发展水平的不断提高,即使并不特别给予贫困阶层或者贫困地区特别的扶持,优先发展起来的地区和群体依然会通过消费、就业等手段使穷人受惠,从而降低贫困发生率,即经济增长可以通过"涓滴"效应(Trickle-down effect)实现贫困减缓。相应地,其政策主张认为,对贫困者的救济并不是好的反贫困方式,只有努力发展经济才是最佳的扶贫策略。

经济增长减缓贫困的理论背景与当时收入贫困占主流的理论背景密切相关,同时也与当时的全球经济发展背景相关。最具代表性的政策就是1990年美国国际经济研究所促成的"华盛顿共识",而"华盛顿共识"认为无须对贫困阶层特别的政策,经济增长的好处将会自发地扩散至社会各阶层。

但是随着理论界对贫困内涵认识的深入,再加上世界范围内贫富差距的日益扩大,开始有经济学家置疑经济增长"涓滴"效应的有效性。Myrdal (1957) 认为,在市场机制下,经济增长的结果很有可能是不利于贫困群体和贫困地区的"回波"效应(backwash effect),而非"涓滴"效应。Adelman (1973) 认为,经济增长的好处不可能无条件地惠及所有阶层,不同的国家存在不同的经济、社会、文化习惯等因素都有可能堵塞经济增长的"涓滴"效应,过度强调经济增长反贫困作用的结果可能是出现贫者越贫、富者越富的"马太"效应。

因此,经济增长可能是贫困减缓的必要条件,但不是充分条件。在这种背景下,经济学家认为,增长不再是唯一的目标,发展包含着增长,并开始对反贫困理论进行丰富和拓展。

(二) 资本形成减缓贫困理论

早期的反贫困理论都认为经济增长是消除贫困问题的根本手段,而根据凯恩斯(1936)、哈罗德(1948)、多马(1946)的经济增长理论,资本积累是决定经济增长的唯一因素,相应地,理论界大多认为资本形成不足是导致贫困的根本诱因,因此,这一时期的反贫困政策主张就自然而然地放在促进资本的形成反贫困上。

进一步地,资本形成减贫理论认为,制约资本形成的主要原因在于有效投资的不足,有效投资不足又造成了有效需求缺少弹性,进而又减少了有效投资引诱(Nurkse,1953)。因此,该理论认为,应该按照消费者的偏好生产尽可能丰富的产品,才能创造出有效需求,其政策主张的重点在于,发展中国家应该全面对本国的各种产业和部门进行投资,提高投资率和有效投资,进而产生足够的有效需求和投资引诱,才能真正实现经济的稳定增长,最终实现减贫。

资本形成减贫理论为发展中国家促进工业化发展和经济增长提供了理论依据,在实践中也取得了较为积极的成效。但是,随着理论的发展和对贫困现实认识的加深,尤其是资本形成积累所要求的时间性和积累缓慢性,导致现实中资本形成的减贫效果并不特别明显。

(三)临界最小努力理论

临界最小努力理论(the theory of critical minimum effect)是由美国的经济学家利本斯坦(Leibenstein)在1957年提出的,其理论建立在贫困的"恶性循环"理论和"低水平均衡陷阱"理论的基础上。贫困"恶性循环"理论认为,发展中国家的贫困在供给和需求两个方面存在着"低收入—低生产率—低产出"的恶性循环链条,即"穷国之所以穷,是因为他穷"(Nurkse,1953);而"低水平均衡陷阱"理论则认为,过快的人口增长是发展中国家人均收入难以迅速提高的"陷阱",因为人口增长过快,将会抵消掉人均收入的增长水平(Nelson,1956)。

在此基础上,利本斯坦为了进一步找出发展中国家贫困的原因,帮助其摆脱贫困,提出了"临界最小努力"理论。他认为只有保持投资率在一定的临界值上,才能确保国民收入的增长超过人口的增长,即在"临界最小努力"的前提下,才能够克服贫困的"恶性循环",同时跳出"低水平陷阱"。其政策含义非常明确,即发展中国家的投资率应超过其人口增长率。与资本形成减贫理论相同,这一理论的本质同样是在强调资本形成对于减贫的重要作用。

(四)人力资本减缓贫困理论

人力资本理论最早可以追溯到亚当·斯密时期。亚当·斯密认为,人后天习得的能力即形成其资本,拓展了资本的范畴。人力资本理论的主要内容是强调提升劳动力的技能,即资本水平来消除贫困。

将亚当·斯密的观点进一步深入研究的是美国著名经济学家舒尔茨。舒尔茨(1965)首次提出了"贫困经济学"的概念。他认为贫困的关键不是土地、自然资源等传统物质生产资料的缺乏,而是人力资本的缺乏,人力资本是现代经济发展的首要因素,由此提出了投资人力资本的反贫困理论。舒尔茨认为社会经济的发展在于人力资本的累积,人力资本由技术、能力、知识、经验、健康等要素构成,是个人后天收入的源泉。舒尔茨认为,穷国之所以穷,就是由于对人力资本的投入不足。人力资本减贫理论的主要政策主张有:第一,通过对贫困人口健康的投资、职业技能的投资等,实现提高贫困人口的人力资本水平的目标;第二,激发贫困者的主观能动性,促使个体得到全面发展。

人力资本理论开辟了反贫困的新视角,将减贫从单纯强调物质资本拓展到了对人力资本的强调,是反贫困理论的重大突破。但人力资本减贫理论过分强调了个体能力的主观性,忽视了影响个人收入的客观方面,如就业体系、社会状况等,即人力资本高并不一定意味着获得高收入,其还会受到相关社会因素的影响。

通过以上对贫困内涵的回顾和对贫困理论的梳理分析可以看出,首先,贫困是一个动态发展的概念,其内涵的发展受人们对贫困现象认识的不断深入,同时,贫困概念不仅是经济学的概念,它融合了经济学、社会学、政治学等相关学科;其次,贫困减缓理论的发展进程就是理论界对贫困内涵认识不断深入的过程,随着对贫困概念的深入认识,反贫困的主要方式从经济增长为主过渡到以提升人力资本为主的阶段。

三、本书对贫困的界定

目前,研究中贫困的研究范式大致有:一是收入贫困范式,这种范式认为的贫困是社会成员取得的收入无法维持其基本生存需要;二是能力范式,这种范式认为贫困是由于缺乏创造收入的能力和机会导致了贫困;三是脆弱性贫困,这种范式的贫困强调社会成员处于贫困状态时缺乏防御冲击、压力和风险的能力,即贫困的脆弱性;四是社会排斥范式,这种范式则认为当社会成员受到社会排斥时,失去参与社会生活能力,进而导致了社会排斥式贫困(沈小波和林擎国,2005)。

从某种意义上来说,能力贫困和脆弱性贫困本质均根源于收入贫困理论。而社会排斥则属于更高层次的缺乏。另外,发展中国家的贫困现象,考虑到经济发展的层次和阶段,仍应主要从收入贫困视角出发。综合以上考虑,本书所指贫困概念,仍主要是基于物质资产层面的收入贫困,同时,分析过程中也会涵盖由于能力缺乏和权利缺乏所导致的贫困现象。

第二节 教育减贫的理论依据

如前所述,贫困问题是经济学、社会学、人口学等共同关注的焦点,因此是一个多元化的话题,本节将从不同的贫困理论出发,阐释教育减贫的理论依据。

一、人力资本理论

人力资本理论认为,只有劳动者的人力资本状况得到根本改善,才能够彻底消除贫困,并将人力资本水平的提升视为减贫的核心手段。20世纪60年代,Schultz(1965)首次提出了贫困经济学的概念,并明确提出"人力资本"的概念。Schultz认为,从本质上来说,人力资本属于劳动者所拥有的资本类型的一种,人力资本的内涵指劳动者的知识、技术水平以及劳动者的身体健康状况等的总和。舒尔茨认为,生产力提高的重要原因之一就是人力资本水平的不断提高。而人力资本的重要组成因素:知识、技能、经验、健康,是人们未来收入的源泉,人力资本水平的高低,决定了人们收入水平的高低。

舒尔茨打破了物质资本投入不足的贫困归因,拓展了资本的内涵,认为"经济发展主要取决于人的质量,而不是自然资源的丰瘠或资本存量的多寡","当前仍然存在的贫困,在很大程度上是人力投资机会遭到挫折的结果"。他提出,人力资本是影响现代经济发展的首要和核心要素,并进一步指出,穷国之所以贫穷,是由于缺少充足的人力资本投资。

进一步地,舒尔茨指出"教育是人力资本中最大而且最容易理解的部分,所以教育是向人投资的合适代表"。同时,由于在人力资本形成中具有基础性、先导性和持续性作用，教育被赋予了更多的扶贫功能和价值期望。从教育的结果来看，教育不仅能通过提升劳动者的收入水平减贫（Barro，1997），还能通过影响劳动者的非收入因素，如健康、认知能力以及积极的精神状态间接实现减贫（Haveman et al.，1984；Preston，2003）；而从教育的功能上来看，教育减贫不仅仅是通过能力培养和知识传授，完善贫困人口的人力资本实现减贫，更为基础和关键在于教育减贫还具有价值塑造的功能，而这正是阻断贫困的代际传递链条的关键所在。

因此，按照人力资本理论的内容，大力发展教育才是减贫的根本和基础手段。现实中，从许多国家的减贫战略和发展战略中来看，大多吸收人力资本理论的基本内容和理论，都将减贫的重要方向放在人力资本提升和人口素质改善上。

二、基本需求理论

贫困问题一直是人类社会的发展进程中的重大问题，贫困问题不仅是经济学关注的问题，也一直是社会学关注的问题。社会学者认为贫困是多因素联动系统运行的结果（袁利平等，2018），2019年诺贝尔经济学奖获得者Banerjee和Duflo自2007年就开始注意到，贫困者的一系列行为特征如教育、生育、健康、消费等都会对其贫困状态产生影响，我国学者的研究也证实，贫困者均具有较为消极的思想和观念，接受新生活、新事物的能力较差，倾向于固定生活在一个低层次、低效率、稳定的区域经济体系中，这将会导致贫困的延续（王小强等，1986；罗必良，1991）。随着经济学科中的实验经济学和行为经济学的发展，贫困者的个体行为分析也越来越多地纳入贫困研究当中（方迎风，2019）。

另外，根据阿玛蒂亚·森的能力贫困理论，贫困的根源在于能力的缺失。这种缺失一方面由客观的资源稀缺导致；另一方面，也由于贫困者对资源的捕获能力缺乏或不足导致。这种稀缺或缺乏的程度越大，会导致贫困者有待满足的需求就越多，相应地，贫困者的脱贫难度就会越来越大。而贫困者的有效脱贫，须建立在贫困者有待满足的需求持续减少的基础之上。而所谓贫困者有待满足的需求，根据对马斯洛需求层次论的拓展，包括身体健康需求、事业发展需求、婚姻需求、基本社会关系需求等（吴晓蓉等，2018）。

而教育的功能就在于通过使贫困者接受教育，达到提升贫困者的能力消除其能力贫困，并通过增加贫困者参与社会生产、生活活动的权利和机会等手段，最终实现上述有待满足需求之最大程度的满足，最终实现减贫。在贫困者接受教育的过程中，即教育减贫的过程中，贫困者将通过资源、机会、能力、观念获得的形式，提升贫困者的个体功能，使贫困者获得满足基本生活需求所要求的各种知识、生活和职业技能，同时改变贫困者的生活方式、价值观念、切断贫困文化的代际传承等，从不同的维度满足其需求，进而使贫困者成功摆脱贫困。贫困者需求满足及贫困摆脱路径如图1-1所示。

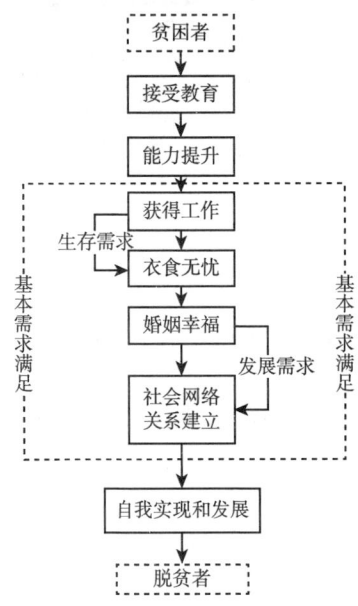

图1-1 贫困者需求满足贫困摆脱路径

相反，如果贫困者不能有效接受教育，则贫困者的发展路径将会陷入贫困循环的窘境，如图1-2所示。

图1-2 贫困者的贫困循环

综上所述,贫困者接受教育的过程,不仅是贫困者获得资源、能力和权利的过程,更是贫困者满足其基本生存需求以及更高层次需求,并最终实现脱贫的过程。

三、可行能力理论

20世纪80年代,印度经济学家Amartya Sen提出了"可行能力"(capability)理论。Sen的表述为:可行能力是指"有可能实现的、各种可能的功能性活动组合。可行能力因此是一种自由,是实现各种可能的功能性活动组合的实质自由"。具体地说,所谓可行能力是指个体能够实现的各种可能的功能性活动的组合。其中,功能性活动(functions),是指人们实际的生活状态或生活水准,既包括基础性生理方面需要的内容,如基本的衣、食、住、行等,又包含高层次的获取知识技能的需要,还包括积极心态、较高的社会参与等高层次需求。能力(capabilities)是上述功能的派生概念,是一种预存能力,指个体拥有的得以实现各种功能及其组合的潜力以及在其中做出选择的自由。可行能力与功能性活动相联系,功能是可行能力的外在表现,而可行能力是实现功能的条件。个体正常功能性活动的实现,离不开其基本可行能力的完善和提高。因此,从这个角度来讲,收入的匮乏只能是贫困的一个方面,更完整的贫困内涵还应该是个体对满足最低限度需要的功能性活动的匮乏。

简单来说,与以往传统致贫观点,Sen认为,功能性活动能力的缺失才是贫困产生的根源,即贫困不仅表现为收入水平的低下,更表现为可行能力和权利的缺失或被剥夺。他认为,导致贫困的内在逻辑关系链条为:"发展—自由—生活质量"。Sen曾经指出:"有很好的理由把贫困看作对基本的可行能力的剥夺,而不仅仅是收入低下。"个体只有获得或拥有了可行能力,才能够从根本上消除贫困和落后的根源。在此基础上,Sen提出了贫困的可行能力理论。

可行能力与贫困的链条关系如图1-3所示。

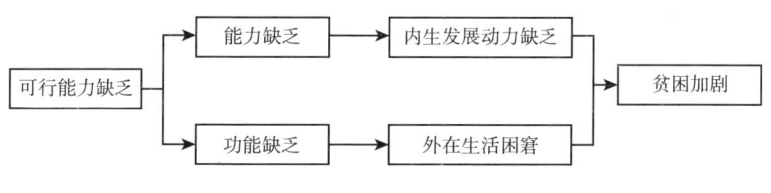

图1-3 可行能力贫困思想图示

目前，可行能力理论也已经在世界范围内被接受。1996年，联合国开发计划署（UNDP）在《人类发展报告》中首次以能力贫困理论为基础，提出了度量贫困的可行能力新指标，指标包括生存能力、健康生育能力、接受教育与获得知识的能力这三大基本可行能力。

可行能力理论打开了贫困研究的新视角，根据可行能力理论，教育的不充分或不平等以及教育权利的不公平都是造成可行能力缺失的因素。同时，从某种程度上来说，促进个体可行能力发展最好的工具就是教育，一方面，个体缺乏可行能力时，可以通过教育手段来进行弥补；另一方面，即使是各方面都处于弱势或匮乏状况的个体，也可以通过继续接受教育，提升或获得可行能力，最终改变其弱势的状况或地位。因此，必须对受教育权利的价值理念有足够的重视，这也是权利贫困概念的理论来源。

四、贫困文化理论

文化是人类学中的重要概念，人类学的贫困理论认为，文化贫困（culture of poverty）的长期存在会造成贫困文化（poverty culture）的形成。文化贫困是指一些地区因文化落后于时代发展的文化落后状态，这种状态会影响到其生存与发展。这种落后表现为：教育、科学技术的落后，价值观念的落后以及知识创新的落后[①]。

贫困文化理论的开创者是美国学者奥斯卡·刘易斯。他认为，贫困文化是贫困群体在其不断适应自身所处贫困环境的过程中长期以来所形成或产生的行为反应，逐渐地就内生化为一种习惯和文化传统（谢君君，2012）。具体来说，贫困文化是贫困群体的价值规范和维持其自我认同的文化体系，本质上是一种亚文化。它的显著特点是对自然屈从、安于现状、安贫乐道等。贫困文化传统与贫困相辅相成，贫困者的贫困形成了贫困文化，而贫困文化又进一步固化了贫困者的贫困。同时，贫困文化还具有代际传递的特点，它会沉淀在贫困者的意识深处，持续影响贫困者的心理状态并进一步固化贫困地区的贫困文化传统，使其在贫困地区一直延续，导致贫困者无法激活内心的脱贫动力，安于

---

① 郭晓君. 2004. 文化贫困：内涵与界定 [EB/OL]. http：//www.people.com.cn/GB/guandian/1035/2392798.html.

这种低水平的经济均衡，脱贫困难。

从本质上说，无论是文化贫困所表现出的知识匮乏、文化生活单一落后，还是贫困文化所造成的贫困人口消极屈从、安于现状，其根源都是贫困地区的教育产品缺乏。一方面，教育在本质上是一种文化传承创新的活动，而人接受教育的过程就是一种文化濡化的过程；另一方面，从理论上说，文化贫困是经济贫困之源，它与物质贫困互为补充，都是贫困状态的重要组成部分（袁利平等，2018）。物质的贫困会导致贫困地区经济落后，导致较少的教育投入，逐渐形成长期的文化贫困，并最终导致贫困文化的形成；另外，贫困文化又具有代际传递性，这会进一步加剧物质贫困，最终物质贫困和文化贫困之间形成了"陷阱式"的恶性循环状态，最终使贫困地区和贫困群体跌入贫困陷阱，无法自拔。

因此，对于已经形成贫困文化的贫困地区和贫困群体来说，教育减贫能够改变其文化贫困的精神状态，并打破其贫困文化传统，从根源上阻断贫困文化的代际传递，最终实现贫困的消除。

基于以上对教育减贫的理论依据的回顾与梳理分析，可以发现，对于贫困现象这个涉及了社会、文化、经济、人类发展的多面话题来说，其形成原因复杂，表现形式多样，这都决定了彻底解决贫困问题需要多领域的协调配合，其难度可见一斑。但是，教育产品不仅可以满足个体的教育需求，又能满足社会的教育需求；不仅能解决个人发展问题，还有利于整体社会的经济发展和进步；不仅有利于当下贫困现象的缓解，还能阻断贫困代际传递，有利于彻底斩断贫困之源。这些都决定了贫困问题的解决，离不开教育减贫政策的发展和完善。

第三节

公共教育投入减贫的机理分析

本节在前述贫困概念以及贫困减缓理论的分析基础上，对公共教育投入的减贫作用机制进行分析和探讨，旨在探索公共教育投入对贫困产生影响的渠道以及公共教育投入与经济增长与人力资本之间的关系。

首先需要明确，公共教育投入属于财政支出的范畴，相应地具有财政支出的各种功能，但同时由于公共教育投入的指向性更加明确，公共教育投入因此也具有一些自身的特定功能。具体到财政支出来说，财政支出的主要功能是为了弥补市场"失灵"现象，弥补市场配置资源的缺陷，而对于财政支出减贫来说，其减贫途径主要集中在提高贫困者收入的功能上。财政支出减贫的途径有：一是通过财政支出手段，如转移支付等，直接提高贫困群体的收入，实现减贫；二是通过对改变贫困群体面对的外部环境或内部条件的改善，实现其脱贫，如通过对贫困者受教育状况或生存环境的改善，提高其劳动技能水平，并为其创造更好的脱贫条件，实现减贫；三是借助于中介因素如经济增长等因素实现减贫。而具体到公共教育投入减贫来说，公共教育投入减贫主要借助于教育这一手段实现，结合教育产品的特点，公共教育投入的减贫天然地具有间接性，因此，公共教育投入减贫的实现，只能是财政支出减贫的后两种途径：即通过改变贫困群体的受教育状况或生存环境以及通过教育促进经济增长来最终实现减贫。因此，本部分从公共教育投入对经济增长和收入分配这一外部环境的改变来分析公共教育投入减贫的实现机制。

一、本书对公共教育投入内涵和外延的界定

在对公共教育投入的规模进行分析之前，有必要对其内涵和外延进行具体的说明。从字面意思上来理解，公共教育投入应当是国家财政对于教育的所有支出。在《中国教育经费统计年鉴》中，公共教育投入分为两个方面：一是国家财政性教育经费支出，二是一般公共预算教育经费。

这两个科目从字面上理解都可认为属于公共教育投入的范围，但是根据两者的定义来看，这两个科目其实存在着一定的区别。根据《中国教育经费统计年鉴》中的解释，国家财政性教育经费，是指国家财政直接和间接投入教育的经费总和。我国目前主要包括以下四项经费：各级政府预算内教育经费，各级政府征收的用于教育的税费，企业所举办学校中企业拨款，校办产业和勤工俭学及学校社会服务收入用于教育的支出。而一般公共预算教育经费安排的教育经费，则一般包括教育事业费、基本建设经费、教育费附加、科研经费和其他经费。从两者包括的内容上来看，国家财政性教育经费所涵盖的内容更多、外延更广，更能体现国家财政对于教育事业的支持以及教育支出的规模。因此，本书将公共教育投入界定为国家教育财政支出，因此以下的分析均以国家财政性教育经费、国家财政性教育经费额为主要对象进行分析。

二、公共教育投入、经济增长与贫困减缓

经济增长在贫困减缓中的首要和基础地位早已被各方公认并被各国付诸实践。经济增长减贫功能的实现由以下两个途径实现：一是直接通过贫困地区经济增长和贫困者收入水平的提高促进减贫的实现；二是通过经济增长间接带动贫困地区外部环境的改善和改变贫困群体的思想意识，实现贫困外在环境困境和内在思维束缚的彻底破除。

财政支出的减贫作用是通过促进经济增长实现的。从理论逻辑上来说，财政支出具有促进经济增长的作用，具体来说，首先，根据凯恩斯的有效需求理论，财政支出可以通过影响总供给和总需求实现经济增长；其次，影响经济增长的各种要素也受到财政支出的影响。通过对经济增长的影响，实现财政支出的减贫功能。

具体到公共教育投入来说，作为财政支出的一种支出类型，公共教育投入对贫困减缓的促进作用依然是间接作用，即通过"公共教育投入—教育发展—经济增长—贫困减缓"这一机制来实现。

教育在经济增长中的作用一直是经济学领域重点关注问题之一，较高的教育水平有助于促进经济的增长（Kruger & Lindahl, 2001），这已经是世界各国的基本共识。而经济增长即总产出的增加，可以提高全社会的整体物质水平，最终可以通过其"涓滴"效应自发地实现福利的增加和贫困的减少。

根据经济学的基本观点，经济增长主要由资本、劳动和技术这三个主要生产要素共同推动实现。根据内生增长等相关理论，公共教育投入从理论上讲将通过影响人力资本的存量和质量、促进技术进步以及物质资本等方面，实现对经济增长的影响。

具体来说表现在以下几个方面：首先，公共教育投入有助于物质资本的形成和积累。物质资本是经济增长的主要推动力，增加物质资本投入可以提高产出水平，即实现经济的增长。而物质资本的形成又有赖于较高的投资水平，财政支出可以在存量和流量上同时增加，有助于地区经济增长和发展的资本供给，直接促进经济增长和产出增加，同时还能通过乘数作用扩大投资的效果。而教育财政投入属于财政支出的一种重要支出类型，增加教育财政的投入不仅可以使总需求增加，还可以影响到总供给水平，最终通过对总需求和总供给的

共同影响实现对经济增长的直接推动作用。

其次,公共教育投入通过促进人力资本的累积,促进经济增长。劳动力状况是影响经济增长水平的重要因素。劳动者质量水平即人力资本水平的提高是生产率提高的重要源泉(舒尔茨,1963),而教育支出的增加能够强化人力资本的发展和积累,这种日益强化的发展和积累又将促进劳动生产率的进一步提高,Romer(1986)明确指出,人力资本水平越丰富的国家,该国的经济增长率就越高。因此,教育是提高人口质量的关键因素,教育可以提高劳动者的素质和劳动者的技能水平,提高劳动生产率,进而促进经济增长。联合国教科文组织(2014)指出,教育是促进经济增长、国家繁荣的核心因素。有数据显示,人均受教育年限与人均GDP的相关系数是0.562,一国人均受教育年限每增加一年,该国的人均GDP就会增加2.5%左右。

最后,公共教育投入可以推动技术创新的发展。技术要素和创新对经济增长的重要作用已经得到了诸多理论和文献的证实,科学技术对经济增长和社会发展的重要性也已得到各界的共同认可。而一国科技水平受其教育支出水平的影响,一般来说,教育投入水平高,本国人力资本水平高,创新性的技术要素和创新能力能够更好地应用于本国经济发展,因此本国的科技水平也会相对较高。从这个意义出发,教育投入水平的高低,将会切实地影响技术水平这一生产的关键因素,从而影响到科学技术的生产效率以及经济增长水平。

综上所述,教育支出对影响经济增长的各个要素都具有重要影响,因此教育财政投入水平的高低将会直接或间接地影响经济发展水平,而经济发展水平的高低又会对贫困减缓产生重要作用,因此,减贫必须重视对教育的投入。

三、公共教育投入、收入分配与贫困减缓

尽管贫困减缓的重要物质基础来自经济的不断增长,但是根据福利经济学的基本理论,经济增长只是一种总体的结果,不能反映特定的社会阶层,如贫困阶层从经济增长中的受益程度,同时经济增长的好处也不会自动流动到贫困群体和贫困阶层。而前述贫困减缓理论的内容也指出,经济增长对贫困减缓的作用还可能会由于一些因素而导致"涓滴"效应堵塞,其中,影响经济增长减贫"涓滴"效应发挥的最大阻碍因素就是收入分配的不平等。文献证实,

收入分配状况的持续恶化消减了经济增长的减贫效应（林伯强，2003；阮敬，2007），甚至出现了经济发展水平越高，收入分配不公平导致的贫困效应越强的现象（陈立中，2008），即降低收入分配差距，有利于贫困的减缓（苏静等，2013）。总而言之，经济增长减贫效应的发挥与收入分配状况密切相关，收入分配的公平有利于经济增长减贫"涓滴"效应的充分发挥。

教育在促进居民收入分配公平中发挥着重要作用（李祥云等，2018），研究证实，公共教育投入的结构和布局，不仅可以在短期内通过收入再分配的调整影响收入分配差距，还可以在长期中通过对人力资本水平的影响持续影响收入分配状况。其原因在于，影响居民收入分配状况的主要因素包括居民的人力资本水平和物质资本水平，其中，物质资本水平高低主要受到代际间的财富积累影响，其变动水平相对较小，因此对收入分配状况变动的影响就相对较小。与此同时，人力资本水平的变化就成为降低收入不平等的主要办法（Schultz，1963）。一般来说，随着个体人力资本水平的提升，其收入能力将会得到相对提升，在劳动力市场中也相应较易获得相对有利的竞争优势，从而得到高薪工作。如果对贫困者实行有针对性的教育扶持，将有利于贫困人口摆脱贫困。公共教育投入作为教育投资中极为重要的一部分，有利于促进劳动者人力资本形成和提高，进一步改善劳动者的技能水平，改变人们获取收入的能力，进而对收入分配状况产生影响。

另外，对教育投入来说，教育投入包括私人的教育投入和公共的教育投入两种，总体来说，无论是公共教育投入（国家财政性教育经费）还是私人教育投入，都有利于个体人力资本水平的提升。但是与私人教育投入相比，教育财政投入即公共教育投入的增加更有利于人力资本水平的增加（Schultz，1963），同时也更有利于收入不平等程度的降低，而私人教育投资在某种程度上则会加剧收入的不平等状况（Glomm & Ravikumar，1992）。私人教育投资为何会加剧收入不平等呢？究其原因，是由于私人教育投入较多地受到个人家庭财富状况的影响，相对来说，富有的家庭对子女教育支出的绝对量和相对量都远远高于贫困家庭，如果没有来自财政教育投入的外部干预，贫困家庭的孩子在财富代际传递效应的约束下，不平等程度将会不断延续和加剧，并形成代际间不平等。

因此，增加国家对教育经费的投入，更有利于降低长期不平等并促进经济增长（Benabou，1996），及贫困的减缓（林迪珊等，2016）。在实践中，学者认为，20世纪东亚国家如韩国崛起的主要原因就是重视对公共教育的投入。世界银行对发展中国家反贫困策略的指导建议中就包括鼓励发展中国家的公共资源尽可能地向人力资本投资倾斜（Tilak，2002）。其传导机制如图1-4所示。

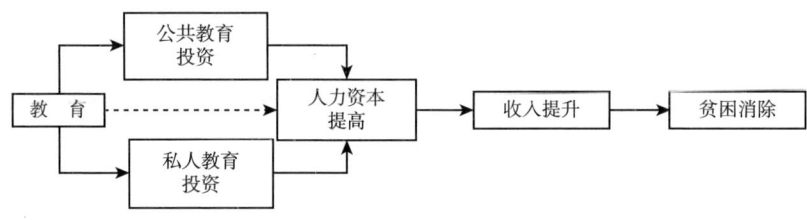

图1-4 教育影响贫困的链条

总之，公共教育投入的分布与结构，不仅对劳动者的收入分配状况有重要影响，同时还能够改善代际间的不平等状况，收入分配状况的改善又有利于贫困减缓和经济增长，并能够促进经济增长减贫效应的发挥。

四、公共教育投入的减贫效应

如前所述，贫困的内涵早已从单一的收入范畴，拓展到了权利、能力等多个维度。现有研究也已经证实，贫困的根源不仅在于收入，更在于教育、医疗、收入分配以及社会公共服务制度等多重方面，而后者恰恰是导致贫困长期存在的重要内在诱因。

（一）减贫效应的界定

在对减贫效应的分析中，根据贫困的内涵和外延，对减贫效应的认识和理解主要有以下几个层次。

1. 收入水平的改善。

一般来说，收入水平直接反映了个体的贫困状况，收入水平越高，其贫困的概率就越低；收入水平越低，则其贫困的概率就越高。从个体的收入状况出发，对贫困指标的选取主要有以下几种：贫困发生率（贫困人口占总人口的比例）、贫困距指数、森贫困指数等来衡量贫困水平。这些指数能够较为直观和直接地反映贫困状况。但是我国地域广阔，对收入状况的评定标准也不尽相同，因此很多学者采用与收入相关的代理变量来表示贫困，如采用恩格尔系数、居民消费水平等指标来衡量相关贫困状态。

从这些意义上来说，贫困者数量的减少、贫困者收入状况得以改善，其恩格尔系数降低，以及贫困者消费水平提高，都意味着贫困的改善，即减贫效应发生。

2. 收入分配等福利状况的改善。

从收入角度分析减贫效应，更多的是一种绝对的标准，而诸多研究认为贫困并不是单维的，而包含收入、就业、教育等多个维度。多维贫困标准也已经成为国际组织贫困识别和评估的新标准。现有研究认为，随着经济不断增长，但穷人的绝对状况不断恶化，则减贫效应并没有发生；如果经济增长伴随着收入分配状况的恶化，那么经济增长的减贫效应也会受到影响。

相应地，对于贫困的衡量也从收入水平这一单维的领域拓展到了更能反映贫困的方方面面的多维方法。较为常用的多维贫困指标包括有 Foster、Greer 和 Thorbecke 1984 年提出的综合了贫困发生率和贫困缺口率的 FGT 指数，以及根据贫困相关维度如医疗、就业、教育、生活质量等建立的相对贫困多维指标。

因此，越来越多的学者认为，单纯的收入水平的提高已经不能认为减贫效应有效发生，只有贫困者的相对福利状况如收入分配等方面得到改善，才是真正的减贫。

(二) 公共教育投入减贫效应的分析

具体到公共教育投入的减贫效应来说，根据现有文献的结论，公共教育投入的减贫效应主要有两个方面。

1. 直接效应。

按照阿马蒂亚·森的观点，贫困来源于能力如个人收入能力的匮乏。而舒尔茨认为，个人收入能力的重要影响因素就是其人力资本水平的高低，而教育是人力资本形成的首要条件和重要途径。教育能够直接提升劳动者的可行能力，通过接受教育及技能培训，能够直接提升劳动者的劳动生产率，有助于提升其技能水平及职业竞争力，增加个人的收入。

教育扶贫的主要目的是防止贫困者出现"因教致贫"和"因贫失学"等问题。而教育产品作为一项需要长期投入的产品，对于贫困者的家庭而言是一项长期且沉重的支出负担。扩大公共教育投入规模,对个体来说,能够帮助贫困家庭减少教育支出负担,有助于解决"因贫失学"现象并缓解"因教致贫";对贫困地区来说,公共教育投入规模的扩大,有助于改善贫困地区提升师资水平,提升教育教学水平,能够帮助贫困地区整体人力资本状况的改善,优化软环境,提升地区内在竞争力。

2. 间接效应。

教育除了能够直接提升贫困者的人力资本水平和收入能力之外,还能够极大地带动劳动者的潜能,开拓劳动者的眼界,增强自身的竞争力、可持续的发展能力,即森所讲的可行能力提升。在劳动者接受了相应的教育之后,不仅其智力水平提升,其"志力"也会相应地得以改善,即扶贫与扶智、扶志共同结合起来。

扶智能够直接作用于减贫,而扶志对于减贫也具有相当重要的作用。目前我国的贫困地区大多集中在特定的区域,这些区域显然已经形成了固有的贫困文化,在这些地区贫困人口已经出现安于现状的心态,在这种消极心态的影响下,贫困代际传递就不可避免。教育扶贫有利于阻断贫困的代际传递,斩断贫困之手,破除贫困文化的影响。从这个意义上来讲,教育扶贫,不仅能够直接影响贫困,促进贫困的减缓;另外,教育扶贫,还能够改变贫困人口的心态,提升贫困人口脱贫内在动力,实现可持续的减贫,并能够有效防止脱贫又返贫的现象。

上述分析说明,公共教育投入对贫困减缓存在着重要的效应,不仅对贫困产生直接的效应,还能对贫困产生深刻的、内在的间接效应,实现可持续性的减贫,并有效防止返贫。需要注意的是,这种间接的减贫作用正好与贫困现象的复杂性和多样性相对应,也从另一方面印证了教育投入减贫的有效性及必要性。

本章小结

本章从公共教育投入与贫困减缓的相关理论入手,着重梳理和分析了贫困内涵的演变以及贫困的分类,并回顾分析了贫困减缓的相关理论以及教育减贫的理论依据及其机制。通过上述的贫困内涵分析、减贫理论梳理以及教育减贫机制分析。可以得知,贫困是一个复杂的社会现象,涉及了经济学、政治学、社会学以及发展学等诸多领域,不同学科之间相互融合,并且随着时间空间的变化，贫困的内涵又会不断发展。教育产品不仅能解决个人发展问题，还有利于整体社会的经济发展和进步；不仅有利于当下贫困现象的缓解，还能阻断贫困代际传递，有利于彻底斩断贫困之源，因此教育减贫的重要性值得强调。最后，通过相应的机制分析，与私人教育投入相比，增加公共教育投入即财政教育投入是发展中国家减贫值得重视的重要公共政策。

第二章

我国贫困基本情况及减贫政策演化

本章主要在第一章贫困及相关理论分析的基础和框架上,具体分析我国贫困人口、贫困地区的规模、特征及分布状况,考察贫困的发展变化趋势,同时在考察我国反贫困政策的变迁的基础上,测度当前我国贫困状态,从总体上对我国的贫困状况、贫困变化状况,反贫困政策变迁状况进行全面梳理。

第一节 我国贫困的现状考察

一、我国贫困的基本状况

(一) 贫困区域集中化

我国的贫困具有明显的区域集中分布特征,中西部地区整体贫困状况突出。贫困群体具有集中化趋势,一方面我国的贫困人口大量集中在农村;另一方面,根据现行国家实行的贫困认定标准,目前我国一半以上的贫困人口集中在西部地区,2018年,西部地区农村贫困人口916万人,占全国农村贫困人口的比重为55.2%[1],比东部地区贫困人口高46.4个百分点,比中部地区高19.2个百分点(见图2-1)。

根据2011年《中国农村扶贫开发纲要(2011~2020年)》的内容,我国的贫困地区主要包括集中连片特困地区和832个国家扶贫开发重点县,2017年开始也包括新疆的阿克苏地区。贫困群体主要集中在贫困地区,2018年末

---

[1] 国家统计局住户调查办公室. 中国农村贫困监测报告2019 [R]. 中国统计出版社,2019.

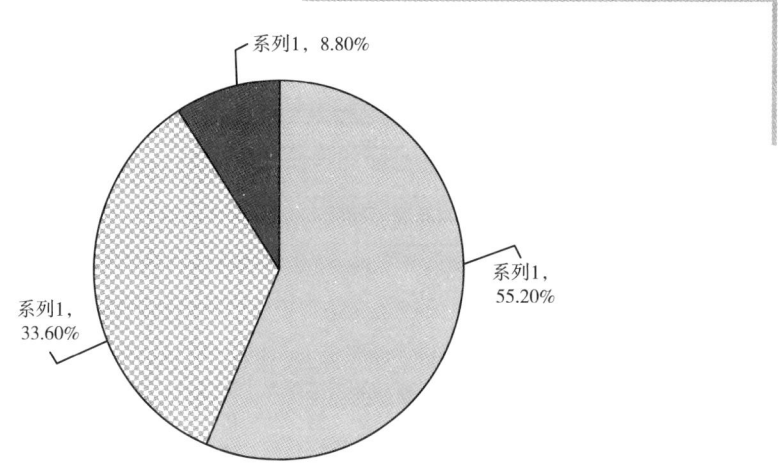

图 2-1 2018 年贫困人口地区分布情况

数据来源：《中国农村人口贫困监测报告 2019》。

贫困地区农村贫困人口占全国农村贫困人口的比重为 67.2%；从集中连片特困地区来看，滇黔桂石漠化区、乌蒙山区、武陵山区、秦巴山区的贫困人口规模超过 100 万人，大别山区、六盘山区、滇西边境山区贫困人口规模超过 50 万人；2018 年末扶贫重点县的贫困人口达到 915 万人。

总体上从贫困地区的划分上可以看出，首先，我国的扶贫重点县和集中连片地区大多数在少数民族地区、山区和边境地区；其次，贫困地区大多是生态环境较为脆弱、农业经营风险较高的地区，这些地区的贫困人口抗风险手段较少，自然环境、社会环境复杂，给贫困治理带来巨大挑战。

图 2-2 是 592 个国家扶贫开发重点县名单，充分反映了我国贫困县的省域分布状况[①]。其中，中部地区 217 个，西部地区 375 个，少数民族八省区 232 个。由图 2-2 可以看出，云南省的扶贫开发重点县数目最多，高达 73 个，其次是贵州省和陕西省，均为 50 个，都是中西部地区。

（二）贫困人口、贫困率大幅度下降

贫困人口大幅度减少。总体上看，2013~2018 年，我国每年的减贫人数都在 1200 万以上，6 年来累计减贫 8239 万人，减贫幅度高达 83.2%。从区域

---

① 资料来自国务院扶贫开发领导小组办公室。http://www.cpad.gov.cn/art/2012/3/19/art_50_23706.html.

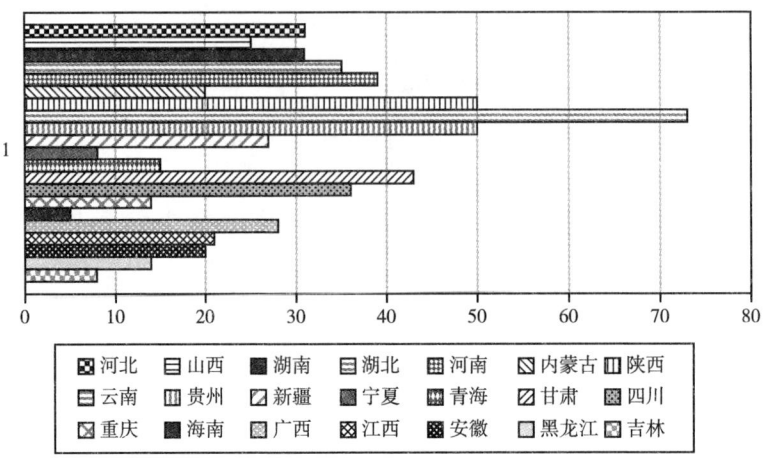

图 2-2 中国 592 个国家扶贫重点县省域分布

资料来源：国务院扶贫开发领导小组办公室网站。

来看，东部地区已率先脱贫，截至 2018 年末，东部地区贫困人口已下降为 147 万人，6 年间平均每年下降近 15 个百分点；中部地区贫困人口相比较 2012 年，贫困人口下降幅度达到 82.7%；西部地区贫困人口 2012~2018 年累计减少 4170 万人，下降幅度为 82%。

具体从贫困发生率来看，总体上贫困发生率从 2012 年末的 10.2% 下降到 2018 年末的 1.7%[①]，其中，贫困发生率在 1% 以下的省份高达 10 个。从区域看，东部地区的贫困发生率由 2012 年的 3.9% 下降到 2018 年的 0.4%；中部地区贫困发生率 2012 年为 10.5%，2018 年为 1.8%；西部地区的贫困发生率 2012~2018 年累计下降 14.4 个百分点，截至 2018 年，西部地区贫困发生率为 3.2%。

具体从贫困地区来看，贫困地区的贫困人口由 2012 年的 4924 万人减少到 2018 年的 1115 万人，6 年间累计下降 81.5 个百分点。贫困发生率由 2012 年的 23.2% 下降到 2018 年的 4.2%，年均下降 3.2 个百分点。592 个扶贫开发重点县贫困人口 915 万人，与 2012 年相比下降了 4190 万人，贫困发生率也由 2012 年的 21.1% 下降到 2018 年的 4%，年均下降 2.8%。

图 2-3 是我国 2000~2018 年贫困发生率和贫困人口的具体数据。图 2-3 显示，我国的贫困发生率和贫困人口数从长期来看都呈下降趋势，这表明，经

---

① 国家统计局住户调查办公室. 中国农村贫困监测报告 2019 [R]. 中国统计出版社，2019.

过长期的减贫活动,我国贫困状况无论是相对规模还是绝对规模都呈明显下降趋势。其中,2011 年数据有较大波动,这是因为,在 2011 年,我国大幅调高了国定贫困线,2010 年国定贫困线标准为 1274,2011 年大幅调高至 2300 元(2010 年不变价),提高了 80%,这导致自 2011 年开始,我国贫困发生率和贫困人口数有了急剧的增加。但可以明显看到,尽管 2011 年大幅调高了国定贫困线,但 2011 年前后,贫困人口和贫困发生率依然有明显的下降趋势。

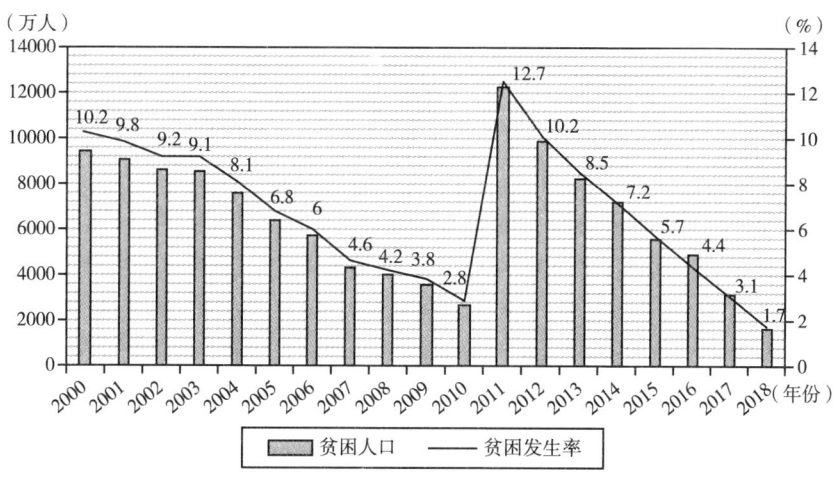

图 2-3　2000~2018 年我国贫困人口及贫困发生率变化趋势

数据来源:《中国农村贫困监测报告》(2000~2019 年)。

(三) 城镇贫困问题日渐凸显

随着我国近年来城镇化的快速推进,农村贫困人口之间实现了频繁的乡城流动,城镇贫困人口不断增加,城市城镇贫困现象日益突出 (朱晓等,2016)。根据联合国人居署 2014 年报告,城市贫困的人口比例在 2050 年可能达到 60%。我国城镇贫困问题也日益受到重视,2013~2018 年,城市最低生活保障社会救济人数平均为 1565 万人,特困户数平均为 880 万户[①],同时,民政部 2019 年第四季度民政数据统计季报显示,2019 年第四季度,享受城市最低生活保障人数为 860.5 万人,最低生活保障户数为 525 万户。

城镇贫困与农村贫困相比,有着自身的特殊性。首先,致贫原因显著不

---

① 根据民政部 2013~2017 年社会服务统计公报、2018 年民政事业统计公报统计所得。

同，城镇贫困更突出地表现为在不确定情形下的潜在贫困风险加剧，突出表现在社会保障的缺乏、投资失败和债务；其次，城镇贫困的贫困群体主要集中在老年人及原有下岗失业等弱势群体，老年人及下岗失业人员作为贫困人口中本就特殊的群体，更容易跌入"贫困陷阱"；最后，由于群体范围和不平等程度大等特征，城镇贫困的社会危害更大。因此，越来越多的学者意识到，城镇贫困可能成为我国未来贫困治理的主要内容（高功敬，2016；王楷，2019）。

（四）相对贫困受到重视

贫困的核心概念是能力、权利和福利的被剥夺，贫困不只是收入的贫困，它是一个多维度的现象（胡鞍钢，2008）。牛津大学贫困与人类发展中心（OPHI）发布的2019全球多维贫困指数（Global MPI 2019）显示，在101个发展中国家，有23.1%的人口（13亿）被识别为多维贫困，其中，70%的多维贫困人口集中在中等收入国家，9400多万多维贫困人口生活在中等偏上收入国家[①]。图2-4充分说明了贫困问题不仅仅是纯粹的收入贫困，图2-4中区域C的国家的经济发展水平高于区域A，但是区域C中诸国的多维贫困水平反而高于区域

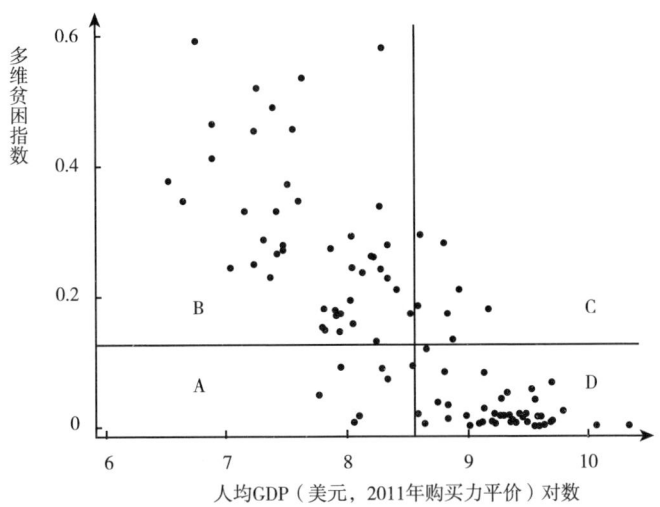

图 2-4 全球多维贫困指数与人均 GDP 对数值关系

资料来源：图片资料来源于王小林、冯贺霞论文《2020年后中国多维相对贫困标准：国际经验与政策取向》（2020）。其中，多维贫困指数来源于OPHI（2018），人均GDP数据来源于世界银行数据库。

---

① OPHI. Global Multidimensional Poverty Index 2019. https：//ophi.org.uk/publications/ophi-briefings/.

A。这说明，与收入贫困相比，相对贫困更能反映贫困的复杂性和多面性。

现行贫困标准下绝对贫困问题的解决，不等于扶贫工作的终结，而是意味着新时代扶贫事业将从解决绝对贫困问题向缓解相对贫困状况转变（孙久文、夏添，2019；陈志刚等，2019）。从2012年末到2018年末，全国农村贫困人口数量大幅下降，年均下降1373万人；贫困发生率年均下降1.42个百分点。同时，贫困人口"两不愁、三保障"的目标已经基本实现，绝对贫困问题有望彻底解决。但绝对贫困的消失，并不意味着贫困的消失。贫困问题在很多情况下是一个相对的概念。以后的贫困将会更多地以相对贫困的形式存在（李小云，2019），相对贫困问题日益成为贫困治理问题关注的重点。相对贫困的重点体现在地区、城乡和不同群体之间在收入分配、公共服务等方面的差距，更多地侧重于生活水平、教育水平及健康状况等贫困的多个方面。因此，2020年后，随着中国人均收入水平的提升和现行标准下绝对贫困的消除，中国扶贫工作将由实现"两不愁、三保障"目标向应对和缓解发展不平衡、不充分的多维相对贫困转变（王小林，2020）。

二、我国贫困产生的原因分析

（一）客观环境的影响

我国的贫困人口主要集中在中西部地区和民族地区，这种明显的区域特征与中西部地区和少数民族地区的地理位置和自然因素关系密切。我国贫困地区多处于自然条件差的西北、西南区域，呈块状、片状分布在高原、山地、丘陵、沙漠、喀斯特等地区。这些地区干旱、水土流失自然灾害发生频繁，导致农业生产的效率较低，收益不高。除自然条件外，贫困地区都较为偏僻，远离经济中心地区，交通受阻，地理位置十分不利，多数贫困地区被认为不适合人类生存的地方。

在这种环境下，进行农业生产获得的收入十分有限，受到自然条件影响，基础设施的薄弱也使教育、卫生等社会资本的可获得性缺乏，进一步影响了人力资本的提升，而较低的人力资本又影响着收入能力和收入水平。

（二）收入水平和收入能力低

对农村居民来说，其收入的主要来源是其工资性收入及其从事农业生产经营活动所获得的净收入即其经营净收入。农村居民的经营净收入即其从事农业生产的收入占比一直在降低，2013年，全国农村居民的经营净收入占其可支配收入的比重为41%，到2018年，全国农村居民的经营净收入占其可支配收入的37%。农民进行农业生产所获的收入比重持续走低，主要原因在于，农产品的价格不断降低。这一方面影响了农民的种地积极性，另一方面也影响了农民的收入水平。在双重影响下，以农业生产为主要收入来源的农民群体的收入水平肯定不高。

对城镇居民来说，城镇居民贫困群体具有显著的特殊性，即弱势群体、失业群体和老年人群体，这些群体的收入能力低，抗风险能力也低，再加上由于收入能力低导致社保等的缺失，因而这部分人遭受到的贫困风险就更大。同时，大量农村劳动力涌入城市，对城镇劳动力产生了替代效应，这也导致更多的城镇家庭因工作机会减少而陷入贫困。

（三）贫困固化

贫困人口很容易受到自身生活环境和生活方式的惯性影响，形成"自我封闭"的贫困文化和贫困意识，逐渐丧失自我超越贫困的意念，即产生贫困的路径依赖性。如果贫困的路径依赖性加强，则形成了贫困循环或贫困的代际传递惯性，即贫困一旦开始，除非有来自外部的干预，否则很有可能会一直持续下去。

如前所述，我国的贫困地区和贫困人口已经具有区域分布、区域集中的特征，而国家也划定了集中连片贫困区，这都说明我国的贫困循环和贫困代际传递的存在性。而当前我国农村和城市已经出现了阶层固化的趋势，随着阶层固化状况的加剧，贫困人口获得社会资源如教育等资源将会愈加困难。贫困文化、贫困意识如果进一步与贫困环境锁定，造成贫困的代际传递性，脱贫将更加困难。

（四）人力资本水平低

人力资本水平与个体的收入水平正相关。Schultz认为"当前仍然存在的贫困，在很大程度上是人力投资机会遭到挫折的结果"。他认为，个人收入在很大程度上取决于自身的人力资本状况。Sen（1976）指出贫困人口的收入能力低主要是其人力资本水平低造成的。在我国，大部分的贫困人口具有人力资本水平低的特征，贫困人口较低的人力资本水平，又导致了其较低的观念和认知能力，而这又影响了贫困人口的人力资本水平。个体的人力资本水平主要由其受教育水平反映（崔艳娟，2014），个体的受教育水平对其贫困状况存在着显著的影响，较高的受教育水平可有效降低农户陷入贫困的概率（刘修岩等，2007；李晓嘉，2015）。

（五）区域间的非均衡发展

我国区域间的发展呈现出极大的非均衡性，这一特点符合非均衡增长理论。法国经济学家佩鲁（1955）提出，发展中国家应该抛弃总量发展的理念，应鼓励经济增长在不同产业、部门和地区之间以不同的速度增长，同时促进优势产业和主导部门集中于特定地区，在资源和要素的倾斜下，使这些产业、部门和地区迅速发展，形成所谓"发展极"，最终依靠"发展极"的辐射作用带动周边产业、部门和地区的发展。

中国的发展路径完全符合非均衡增长理论的内容，经过几十年的非均衡发展，城乡之间、地区之间在经济发展水平上存在巨大差异，同时基本公共服务供给方面的差异也越来越大。有研究显示，基本公共服务供给之间的差异是重要的致贫因素（高艳云等，2018），同时，当前地区间、城乡间巨大的基本公共服务差距所产生的公共品短缺，将会导致贫困群体的风险防御能力差，最终会成为贫困产生和贫困代际传递的根源（祁志伟，2019）。

第二节

贫困的测度

减贫政策的实施需要以某种标准作为基准，而这种标准或基准主要由贫困测度来提供。而贫困测度的核心问题是贫困识别和贫困指数的构建（Sen，1976）。贫困是一个复合、相对、多维的概念（王小林，2020），相较于贫困发生率等单纯从收入维度度量的贫困状况，多维方法更能反映贫困的方方面面。基于数据的可得性，本书采用公理化法的 FGT 贫困指数分别测度中国总体贫困程度和各省区市的贫困程度。

一、模型与方法

具体来说，FGT 指数总共包括三个指标，分别是：H（贫困广度）、PG

(贫困缺口率及 SPG（平方贫困矩指数）。其具体公式如下：

FGT 指数由 Foster、Greer 和 Thorbecke 于 1984 年提出，目前已得到了普遍认同。其公式如下：

$$FGT(\alpha) = \frac{1}{N}\sum_{i=1}^{q}\left[\frac{z-y_i}{z}\right]^{\alpha} \qquad (2-1)$$

$$FGT(\alpha) = \int_{0}^{z}\left[\frac{z-y_i}{z}\right]^{\alpha}f(x)dx \qquad (2-2)$$

其中，式（2-1）为离散型公式，式（2-2）为连续型公式。z 是贫困线，y_i 是第 i 个贫困人口的收入，f(x) 为收入分布密度；N 为总人口数，q 为贫困人口数。α 表示贫困转移敏感度，反映穷人受剥夺的程度。α 越小，敏感度越小，相反则越大。

当 α=0 时，$FGT_0 = \frac{q}{N} = h$，为贫困发生率或贫困广度指标，该指标反映贫困人口的数量变化；

当 α=1 时，$FGT_1 = pg$ 是等比例贫困缺口率或贫困深度指标，它反映贫困人口收入距离贫困线的远近；

当 α=2 时，$FGT_2 = spg$ 表示加权贫困缺口率或贫困强度指数，它可反映贫困人口收入分配状况的改善或恶化。

FGT 指数属于可分解的贫困指数，不仅包含贫困发生率指标、贫困距等单项指标，还可以通过权重的灵活赋予，对贫困进行变动分解。FGT 指数测度贫困需要借助洛伦茨（Lorenz）曲线实现，由于拟合效果最好，洛伦茨曲线最常用的是广义平方洛伦茨曲线（GQ）和 β 洛伦茨曲线。表 2-1 是上述两种洛伦茨曲线的具体形式，以及表示这两种洛伦茨曲线与 FGT 指数之间的关系的计算公式。

表 2-1　　　　　　　　β、GQ 洛伦茨曲线具体形式对照

	β Lorzens 曲线	GQ Lorzens 曲线
洛伦茨曲线 表达式 L(p)	$L(p) = p - \theta p^{\gamma}(1-p)^{\delta}$	$L(1-L) = a(p^2 - L) + bL(p-1) + c(p-L)$
贫困广度 （H）	$\theta H^{\gamma}(1-H)^{\delta}\left[\frac{\gamma}{H} - \frac{\delta}{(1-H)}\right] = 1 - \frac{z}{\mu}$	$H = -\frac{1}{2m}\left\{n + r\left(b + 2\frac{z}{\mu}\right)\left[\left(b + 2\frac{z}{\mu}\right)^2 - m\right]^2\right\}$

续表

	β Lorzens 曲线	GQ Lorzens 曲线
贫困深度 （PG）	$PG = H - \left(\dfrac{\mu}{z}\right)L(H)$	$PG = H - \left(\dfrac{\mu}{z}\right)L(H)$
贫困强度 （SPG）	$SPG = 1 - \left(\dfrac{\mu}{z}\right)\left[2(PG) - \left(1 - \dfrac{\mu}{z}\right)H\right]$ $\quad + \theta^2\left(\dfrac{\mu}{z}\right)^2[\gamma^2 B(H, 2\gamma - 1, 2\delta + 1)$ $\quad - 2\gamma\delta B(H, 2\gamma, 2\delta)$ $\quad + \delta^2 B(H, 2\gamma + 1, 2\delta - 1)]$	$SPG = 2(PG) - H$ $\quad - \left(\dfrac{\mu}{z}\right)^2[aH + bL(H)$ $\quad - \left(\dfrac{r}{16}\right)\ln\left(\dfrac{1 - H/s_1}{1 - H/s_2}\right)]$

本章对于贫困状态的测度将从贫困广度、贫困深度和贫困强度这三个维度出发，全面测度中国的贫困状况。

二、数据来源、说明及样本选择

根据本节第一部分的公式说明，采用 FGT 指数测度贫困程度之前首先需要确定贫困线和收入分组数据。在取得贫困线和收入分组数据之后，本章借助于世界银行（World Bank）网站提供的 POVCAL net 在线贫困测量工具[①]对中国及相关省区市的贫困程度进行测量。

在 POVCAL net 的计算中，贫困线的标准对于测算结果有较大影响。贫困线是贫困问题的研究起点，它直接关系着贫困识别以及正确制定扶贫政策等减贫的关键环节（Ravallion，1998）。考虑到中国的贫困大多发生在农村，本章采用我国农村贫困线标准进行计算。基于同样原因，收入分组数据本章也主要采用中国农村收入分组数据进行测算，旨在通过测量中国农村贫困水平的发展变化趋势来反映中国整体贫困变动。

对于贫困线的选择，在相关采用 FGT 指数的贫困测算中，有学者（苏静，2015）采用历年国定贫困线绝对值作为测算标准，但是 2011 年前国定贫困线绝对值较低，较低的贫困线标准使贫困测算结果波动较大（周艳，2017；张晨，2018），为消除贫困线波动对贫困测算结果的技术影响，借鉴大多数学者做法（周艳，2017、2018；张晨，2018），本章以 2011 年国定贫困线 2300 元

---

① http://iresearch.worldbank.org/PovcalNet/PovCalculator.aspx.

为基准,通过居民消费价格指数(CPI)进行纵向消胀,得到消除通货膨胀影响之后的历年(1995~2017年)贫困线标准。以此为贫困线标准计算 FGT 指数(具体见表2-2)。

表2-2　以2011年国定贫困线2300元纵向消胀之后的贫困线

年份	1995	1998	1999	2002	2003	2004	2008	2009
贫困线(元)	1413	1836	1818	1803	1796	1825	2091	2227
年份	2010	2011	2012	2013	2014	2015	2016	2017
贫困线(元)	2220	2300	2433	2494	2564	2610	2644	2693

数据来源:根据历年《中国农村贫困监测报告》《中国统计年鉴》整理。

在具体的测算中,本章分别测算了全国范围内的总体贫困状况和相关省区市的区域贫困状况。对于测算中收入分组数据的选择,在测算 1995~2018 年我国总体贫困变动情况时,其中 1995~1996 年的数据通过相关年份《中国劳动统计年鉴》的 11 等分收入分组数据结合调查人口比重测算,1997~1998 年数据通过相关年份《中国劳动统计年鉴》的 20 等分收入分组数据,由于数据存在不一致性,本章按照陈立中(2007)的方法,首先计算出每组平均值,并采用最低收入组上限的 80% 作为最低收入组的组平均值,最高收入组取其下限的 130% 作为最高收入组的组平均值,其余各组的平均值为期区间值的平均值,最后结合调查人口比重测算得出;2000~2018 年数据通过相关年份《中国统计年鉴》农村居民家庭人均纯收入 5 等分数据测算得出。全国 1995~2018 年总体贫困状况见表 2-3。

在测算各省区市的区域贫困水平时,由于部分省区市的统计年鉴并未公布收入分组数据,因此,测算结果并没有包含全部省区市。其中,北京、上海、天津由于经济较为发达,按照目前绝对贫困标准,已经脱离了绝对贫困,也并不能得到有效的测算结果,因此剔除这三个地区数据;此外,山东省从未公布城镇或农村居民收入分组数据,故无法有效测算,因此样本也剔除山东省;辽宁省自 2013 年之后、青海省自 2011 年之后、云南省自 2007 年之后不再公布收入分组数据,由于数据的缺失,导致无法有效测算,因此分省测算样本中也剔除这三个省的数据。因此,分省样本数据中只包括 21 个省区市[①]的贫困测

---

① 这 21 个省区市是:四川、重庆、新疆、广东、湖北、湖南、江苏、江西、内蒙古、甘肃、浙江、广西、安徽、山西、陕西、贵州、海南、河北、河南、黑龙江、福建。

算结果。

在实际测算中,部分省区市历年数据中也存在缺失现象,其中贵州省的收入分组数据从2010年始向社会公布,2010年之前收入分组数据并未公布,为解决该问题,借鉴侯石安等(2014)的做法,将2010年前的农村居民人均纯收入数值作为收入5等分数据的中间收入组的数值,结合平均收入增长率,倒推出贵州省2000~2009年收入分组数据,并进行贫困测算。此外,黑龙江省缺失2013~2017年、湖南省缺失2005~2017年、重庆市缺失2016~2017年收入分组数据,对以上省区市均采用平均收入增长率法进行估算。另外,个别省区市存在零星年份数据缺失情况(山西2002年,新疆2011年,陕西2008年、2010年,广东2013年),分别采用5年移动平均法对缺失年份数据进行了相应估算。同时,由于各省区市收入分组方法并不统一,在具体的测算中,对于收入分组与调查户比重相结合的省区市,采用陈立中(2007)的方法测算,对收入5等分分组数据测算方法同上方法估算。各省区市数据均来源于相关年份各省区市统计年鉴或统计公报①。

三、我国贫困广度、贫困深度与贫困强度分析

根据第二部分选取出来的样本及数据,采用世界银行在线贫困测量工具POVCAL net对全国及21个省区市的贫困状况进行了测度,结果见表2-3和表2-4。

(一)总体贫困状况

表2-3是POVCAL net测算出来的全国总体贫困状况。

表2-3　　　　　　　1995~2018年我国FGT贫困指数

年份	H	PG	SPG
1995	60.52	22.74	11.56
1996	47.81	15.91	7.5
1997	51.84	18.43	8.95

---

① 河北省数据来源于相关年份《河北经济年鉴》,安徽省2000年数据来源于《安徽农业年鉴》。

续表

年份	H	PG	SPG
1998	48.92	16.78	7.85
1999	48.12	16.66	7.9
2000	47.7	17.35	8.61
2001	45.76	16.67	8.3
2002	43.55	15.63	7.64
2003	41.78	15.25	7.59
2004	36.74	12.78	6.11
2005	32.81	11.54	5.61
2006	28.86	9.83	4.6
2007	24.64	8.37	3.93
2008	22.26	7.62	3.6
2009	20.53	7.06	3.33
2010	16.62	5.19	2.21
2011	15.06	5.38	2.64
2012	12.72	4.15	1.85
2013	9.59	3.13	1.4
2014	10.23	4.46	2.68
2015	8.31	3.51	2.04
2016	9.6	3.8	2.1
2017	6.4	2.76	1.63
2018	6.89	2.58	1.31

数据来源：根据相关数据自行计算得出。

由表2-3可以看出，我国的贫困状况，无论是贫困广度（H），还是贫困深度（PG），贫困强度（SPG）均呈现明显的下降趋势，这表明我国的贫困状况得到了极大的缓解。其中贫困广度（H）由1995年的60.52下降到2018年的6.89，下降了88个百分点，年均下降3.67个百分点，减贫速度惊人，这一趋势也与我国贫困人口绝对规模飞速下降的现象相符合；贫困深度（PG）从1995年的22.74下降到2018年的2.58，下降了近89个百分点，年均下降3.71个百分点；贫困强度指数（SPG）从1995年的11.56下降到2018年的1.31，可以看出贫困人口内部的差距得到了改善，贫困人口的收入分配状况也在优化。值得注意的是，贫困深度指数和贫困强度指数的个别年份数据存在趋势波动现象，这说明相对于绝对规模的贫困人口来说，贫困人口的收入分配状况和贫困人口的福利状况更难以应对。图2-5绘制了我国1995~2018年的总体贫困趋势图。

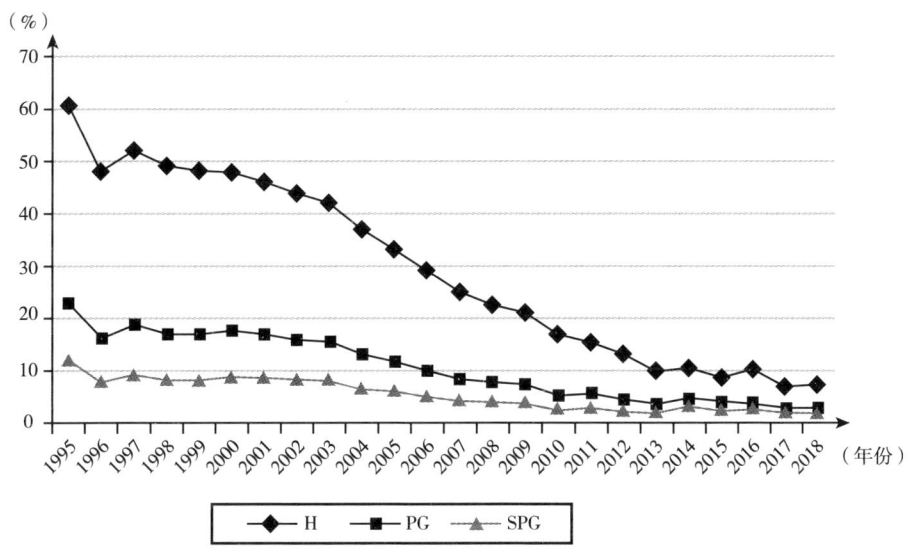

图2-5 1995~2018年我国总体贫困变动趋势

资料来源：根据表2-3数据绘制。

（二）区域贫困的异质性分析

本部分采用地区样本数据计算了21个省区市的区域贫困程度，计算结果仍由世界银行POVCAL net工具得出。表2-4是我国21个省区市相关代表年份的贫困测度结果①。

表2-4　　　　我国相关年份21个省区市的FGT贫困指数

年份	2000			2010			2017		
	H	PG	SPG	H	PG	SPG	H	PG	SPG
河北	34.67	12.40	6.427	14.03	3.61	1.27	4.99	1.32	0.48
山西	54.04	19.25	9.68	15.76	4.99	2.24	5.34	1.80	0.84

① 由于篇幅限制，表2-4仅给出个别年份的区域贫困测度结果。

续表

年份	2000			2010			2017		
	H	PG	SPG	H	PG	SPG	H	PG	SPG
内蒙古	57.42	22.32	11.54	21.45	9.15	5.339	10.09	10.09	10.09
黑龙江	49.37	21.26	12.60	14.45	4.92	2.31	7.27	3.36	2.14
江苏	16.48	4.22	1.50	4.97	1.46	0.72	1.52	0.21	0.04
浙江	13.60	3.61	1.32	5.09	1.43	0.54	2.64	2.64	2.53
安徽	51.34	14.15	5.53	8.93	2.30	0.94	8.40	3.37	1.88
福建	18.54	4.71	1.67	5.18	0.87	0.24	1.08	0.99	0.12
江西	43.75	12.79	5.31	11.89	3.30	1.27	1.58	0.099	0.008
河南	52.81	17.10	7.62	13.30	3.36	1.17	5.26	1.59	0.65
湖北	41.84	12.38	5.11	8.32	2.63	1.16	4.23	0.97	0.30
湖南	41.27	12.57	5.53	17.51	7.35	4.32	3.89	0.71	0.17
广东	13.92	2.80	0.88	4.35	0.61	0.11	0.90	0.42	0.42
广西	48.19	16.04	7.38	17.71	4.86	1.86	3.13	0.69	0.22
海南	48.30	18.97	10.17	19.41	6.55	3.04	5.55	1.46	0.52
重庆	56.66	18.22	7.84	12.26	3.21	1.17	1.72	0.69	0.22
四川	55.87	17.41	7.43	12.18	2.78	1.05	7.60	4.25	3.31
贵州	78.60	35.60	20.02	35.84	11.62	5.55	10.73	6.71	6.70
陕西	77.81	33.60	18.43	23.85	7.48	3.32	10.04	2.01	0.86
甘肃	78.21	37.39	20.64	33.14	10.82	4.86	16.53	6.98	4.62
新疆	69.31	32.48	19.04	27.52	10.89	7.65	17.22	11.85	7.04

数据来源：作者自行计算所得。

由表2-3和表2-4可以看出，第一，贫困状况在不断缓解。从贫困广度（H）来看，2000年除东南沿海外，大部分省区市的贫困广度都较高，最高的贵州的贫困广度（H）高达78.60，陕西、甘肃这两个西部地区的贫困广度也在70以上，这表明在2000年左右，我国的整体贫困状况较高，个别地区贫困状况严重；到了2017年，大部分省区市的贫困广度都出现了明显的下降趋势，贫困广度在10以上的地区有新疆、贵州、陕西、甘肃和内蒙古，均为西部地区，这一结果一方面表明我国的贫困人口数量确实大量减少；另一方面，也与前述我国贫困的区域分布的现实状况分析结果相符合。从贫困深度（PG）和贫困强度（SPG）来说，这两项指标也表现出了明显的下降趋势，2000年，贫困深度（PG）最高的省份为甘肃，其值为37.39，贫困深度指数在30以上的省区市4个，分别是贵州、陕西、甘肃和新疆，东部沿海地区数值相对较小；到2017年，贫困深度指数最大的为新疆，总体上看，除西部地区外，贫困深度指数在2017年都有较大的减少。同样的，贫困强度（SPG）指数也表现出相同的下降趋势，其值最大的也为新疆。从贫困深度指数（PG）和贫困强度（SPG）来说，其下降的趋势表明，贫困人口的内部差距以及贫困人口的收入分配等福利状况都得到了较大程度的改善。

第二，贫困状况存在明显的区域异质性。2000年、2010年、2017年我国分地区的FGT贫困指数较高的地区主要集中在西部地区，而东部地区的河北、浙江、广东等地的FGT贫困指数就比较低，这说明贫困存在显著的区域差异性；但需要注意的是，西部地区的贫困指数下降趋势非常快，以贵州省为例，2000年贵州省的贫困广度（H）、贫困深度（PG）和贫困强度平方（SPG）分别为78.60、35.60、20.02，到了2017年下降为10.73、6.71、6.70，分别下降了67.87个、28.89个和13.32个单位，这一现象与我国长期以来扶贫开发的政策密切相关。这一趋势从图2-6、图2-7和图2-8可以很直观地看出来。图2-6、图2-7和图2-8分别是21个省区市贫困广度、贫困深度和贫困强度的柱状图。

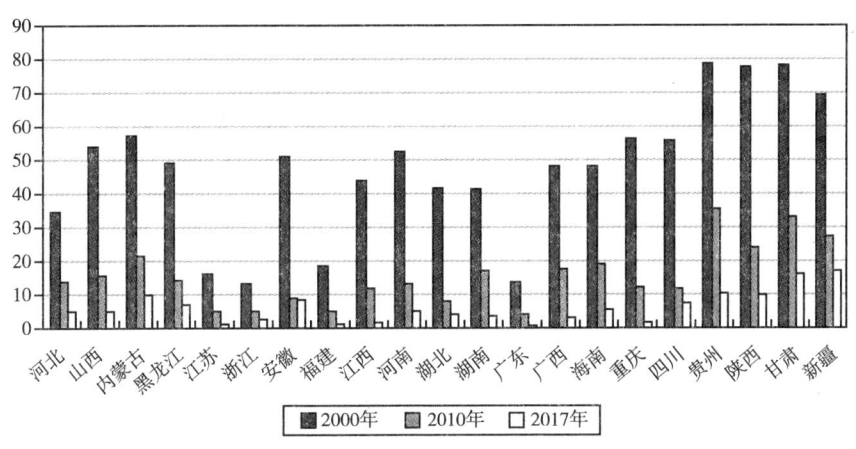

图2-6 2000年、2010年、2017年21个省区市贫困广度趋势

数据来源：根据表2-4数据绘制。

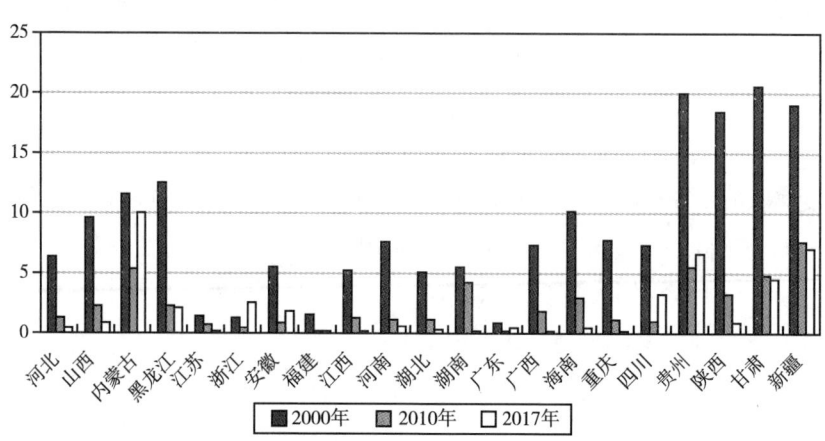

图 2-7 2000 年、2010 年、2017 年 21 个省区市贫困深度趋势

数据来源：根据表 2-4 数据绘制。

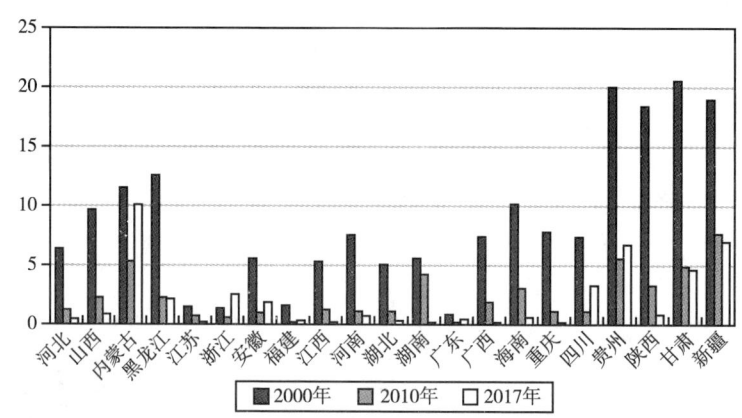

图 2-8 2000 年、2010 年、2017 年 21 个省区市贫困强度趋势

数据来源：根据表 2-4 数据绘制。

第三，贫困状况已具有固化特征。2000 年，根据 FGT 指数的结果，贫困地区主要是贵州、陕西、甘肃、新疆等地；在 10 年之后的 2010 年，根据 FGT 指数计算结果分析，贫困地区依然主要集中在贵州、陕西、甘肃、新疆等地；到了 2017 年，尽管有大幅的降低，根据 FGT 指数的结果，贫困地区依然集中在西部地区。这一现象说明，在我国某些地区可能已经出现了贫困固化和贫困代际转移的趋势，这值得我们注意和重视。

第三节

我国教育反贫困政策及其评价

新中国成立以来,尤其是改革开放以来,中国的贫困人口规模大幅度下降,反贫困成就巨大,为世界减贫做出了巨大贡献,世界银行(World Bank, 2018)更称中国反贫困取得了"史无前例的成就"。中国率先实现了联合国《可持续发展目标》明确的 2030 年贫困消除目标[①]。无论是按照国内贫困标准还是国外的国际上的贫困标准,中国都实现了绝对贫困的消除目标(王小林等,2020)。由此可见,中国反贫困政策是有效的,减贫经验是值得借鉴的。为此,本节将系统回顾并分析中国减贫政策的演进以及贫困治理的经验,以期为下一阶段的减贫提供宝贵的经验教训。

一、我国减贫政策演进

中国的减贫政策呈现出明显的阶段性特征,具体表现在计划经济时代的探索性减贫(1949~1978 年)、经济体制改革带动的益贫式增长阶段(1978~1985 年)、开发式扶贫阶段(1986~2010 年)、精准扶贫阶段(2011 年至今)(王小林,2019)。

(一)计划经济时代的探索式减贫阶段(1949~1977 年)

新中国成立初期的 1949 年,按照人均国民收入的标准,我国是世界上最不发达的国家之一,90% 以上的中国人口生活在极端贫困线下(王小林,2019),基本属于全民贫困。绝大多数人处于缺衣少食的生活状态,消除饥饿、解决人民的基本的生存问题是当时需要解决的重大问题。这个时期的减贫政策主要以提高农业生产率、迅速提高整体的经济水平为主,以经济水平的整体提升来减缓全民贫困状态。

为了提高农业生产的效率,20 世纪 50 年代开始了农业化运动,建立了社

---

① 数据来源:世界银行数据库 https://data.worldbank.org.cn/indicator/NY.GDP.PCAP.CD?view=chart。

会主义集体经济，经济建设和农业生产的热情被充分调动，在农业劳动生产率不断提高的背景下，人民的基本生活需要持续得到满足和改善，缺衣少食的状况也日渐消失。有数据显示，50年代中期，农民每日热量摄入接近或达到2100卡路里（周彬彬，1992）。

1957年之后到1978年前，集体经济的效率持续走低，再加上人口大幅度增长，人们的生活长期处于极低的水平，此时的反贫困政策重点依然放在保生存上。具体来说，第一，建立了人民公社，保证集体成员的基本生存资料的获得；第二，建立"五保户"制度，使生活无靠或缺乏劳动力的群体得以生存；第三，发展公共事业，如人民公社时期的兴修农田水利、赤脚医生、基础道路建设等。这些政策使我国死亡率大幅度下降，人口预期寿命提升。这些不仅缓解了极端贫困现象，同时也奠定了人力资源的基础；另外，对公共事业的支持、发展，显示出我国从一开始就关注到和致力于解决多维贫困。

（二）大规模开发式减贫阶段（1978~2000年）

1949~1977年的探索式减贫阶段的相关政策，抑制了大规模饥饿，解决了人们的基本生存问题，但是我国人民的总体生活水平依然较低，按照现行贫困标准，1978年中国贫困人口有7.7亿人，贫困发生率高达97.5%（国家统计局，2019）。

为了使大规模的贫困人口加快脱贫，我国政府自1978年以后实施了密集的开发扶贫政策。1980年实施了"支援经济不发达地区发展资金"；为补齐贫困地区基础设施"短板"，1984年设立以工代赈资金，同年出台了《关于尽快改变贫困地区面貌的通知》，该通知的内容重点针对连片贫困地区的贫困问题；1986年，国务院成立国务院贫困地区经济开发领导小组[①]，并划定了258个国家级贫困县。与此同时，相应的专门负责开展扶贫开发相关工作的组织机构也在各级政府相继设立；1994年的《国家"八七"扶贫攻坚计划》，首次明确了扶贫开发的具体目标，并确定了开发式扶贫战略和以贫困县为主的区域瞄准机制，以及东西部扶贫协作、定点扶贫等具体扶贫机制。

除了在国家层面出台各项政策推动减贫外，制度建设也在有序推进，家庭联产承包责任制、农产品流通体制改革等各项制度式减贫措施不断推出，与此

---

① 1993年更名为国务院扶贫开发领导小组。

同时，国家也在提升农业劳动生产率、提高农民人均纯收入缩小工农产品"剪刀差"，这一系列的制度建设都为大规模减贫奠定了良好的基础。这一系列的政策的效果也非常显著，根据国家统计局的相关资料，从贫困人口规模上来说，贫困人口1978~2000年减少了3.1亿人，贫困发生率也大幅下降，从97.5%下降为49.8%；从贫困治理上来说，这一系列的制度化扶贫开发政策和战略推动了中国减贫工作的制度化、体系化进程。

（三）综合扶贫开发阶段（2001~2010年）

2000年，贫困人口的温饱问题基本解决，我国"八七"扶贫攻坚计划的减贫目标基本实现。减贫进入新的历史时期，在2001年国家出台的新的减贫纲领性文件《中国农村扶贫开发纲要（2001~2010年）》指导下，开发式扶贫战略继续实施，同时进一步确定了贫困地区、贫困县和贫困村，并提出要健全贫困瞄准机制，明确制度化的扶贫开发体系。这一阶段的重点是巩固并深化减贫成效。

具体来说，出台了一系列的减贫政策，例如，集中力量于中西部减贫，确定扶贫重点对象；出台以取消农业税、粮食直补和农机具补贴为代表的强农惠农政策，进一步促进农业全要素生产率的发展和农民收入的提高；积极开展农业劳动力技能培训，实施产业化扶贫政策；增加基本公共服务的供给，其表现在：2003年开始试行新型农村合作医疗，2007年建立了农村最低生活保障制度。

在这一阶段，减贫工作取得明显成效，贫困人口数量大幅减少，从2000年的4.6亿人减少到2010年的1.7亿人。按可比价格计算的农村居民人均纯收入大幅增长，并实现翻番，年均增长率达7.0%。

（四）精准扶贫阶段（2011年至今）

在2011年以前的减贫工作中，尽管贫困人口规模大幅降低，贫困发生率飞速下降，但是，仍然存在着减贫政策执行过程中大量的扶贫目标偏差、扶贫资金利用效率低等问题（孙文中，2013）。与此同时，贫困状况也出现了新的特征，具体表现在：剩余贫困人口尽管数量不多，但却具有贫困顽固性强、贫困程度深等特征，此外，返贫率也居高不下，很多脱贫人口只是暂时解决了温饱问题，遇到外来风险的打击，极易返贫。再加上收入分配差距的日益扩大和贫富不均现象加剧，这导致剩余贫困人口的脱贫难度明显增加，脱贫速度明显减缓。这表明，随着经济社会的进步，绝对贫困问题已经基本得到解决，但相对贫困问题日渐凸显，逐渐成为减贫的主要内容。

因此，在对我国传统减贫模式的反思和经验总结的基础上，国家进一步提出精准扶贫的策略。在2011年公布的《中国农村扶贫开发纲要（2011~2020年)》，提出"两不愁三保障"①的减贫目标，首次在温饱之外加入公共服务领域的减贫目标；2014年，实施精准扶贫战略，进一步完善扶贫瞄准机制，确定了以贫困户为扶贫对象的精准扶贫机制，将"大水漫灌"式的扶贫开发转为向"精准滴灌"方式；2015年，《中共中央国务院关于打赢脱贫攻坚战的决定》，明确了"五个一批"的精准脱贫措施；2018年，《中共中央国务院关于打赢脱贫攻坚战三年行动的指导意见》全面部署了今后三年的脱贫攻坚工作内容。

精准扶贫实施几年来，成效显著。一是减贫速度不断加快。近几年，每年脱贫数量都在1000万以上，按照2010年贫困标准，农村贫困人口大幅下降，从2013年的8249万人减少到2018年的1660万人，平均每年减贫1100万人，年均贫困人口下降率高达16%。二是贫困地区居民收入增长迅速。截至2018年底，贫困地区农村居民人均可支配收入10371元，是全国农村平均水平的71%，年均增长12.1%，扣除价格因素的实际年均增长为10%。三是贫困地区居民生活条件不断改善，贫困地区农民的居住安全、厕所卫生等情况都有了大幅的提高，使用卫生厕所的农户比重2018年为46.1%，比2012年提高了20个百分点；饮水无困难农户比重为93.6%，比2013年提高了12.6%。四是贫困地区的基础设施和公共服务水平不断改善，电力、网络、公共交通进步明显。学前教育和基础教育便利度分别比2013年提高15.7%和10%；贫困农村地区拥有合法行医证医护人员的村比重为92.4%；78.9%农户所在自然村具有垃圾处理站，比2013年提高49%②。五是根据贫困地区特点提出精准扶贫对策，如提出了消费扶贫、教育扶贫、产业扶贫、绿色减贫旅游扶贫、健康扶贫等具体的政策措施。

---

① 两不愁：不愁吃、不愁穿；三保障：保障义务教育、基本医疗和住房安全。
② 国家统计局住户调查办公室. 中国农村贫困监测报告 2019 [R]. 中国统计出版社, 2019.

二、我国教育减贫政策及其演进

在诸多导致贫困的因素中,观念落后、知识和技能的不足既是贫困的外在表现也是贫困的内在诱因。而教育有助于提升贫困者的能力和综合素质,被认为最有助于斩断贫困之源。国家高度重视教育的减贫功能,在国家统计局2000年《国民经济和社会发展统计公报》中就明确提出了"提升劳动者的综合素质,促进贫困人口掌握脱贫致富本领,阻断贫困代际传递"。

在此政策背景下,相应地,教育减贫就成为国家减贫战略的有机组成部分,教育减贫政策也是我国反贫困政策的重要组成。据统计,1985~2016年,共计有34份以国家级的意见、决定等文件、政策,涉及教育脱贫、教育减贫等相关内容(薛二勇等,2017)。可见,教育减贫政策一直以来都是我国的减贫战略,并为我国的贫困减缓发挥了重要作用。

具体来说,我国的教育减贫政策经历了以下几个发展阶段:1985~2000年的教育减贫体系组织建设阶段、2001~2015年的教育减贫体系建设阶段、2016年至今的精准教育扶贫阶段。

(一)基础教育普及和贫困人口扫盲阶段(1949~1985年)

在新中国成立初期的普遍贫困阶段,经济基础极端薄弱,发展经济是第一要务,扶贫工作的重点是通过农业全要素生产率的提高和经济的发展实现经济增长减贫的"涓滴"效应。普遍贫困伴随着的是国民教育水平普遍较低,有数据显示,新中国成立初期,我国小学入学率在20%左右,80%以上的成年人是文盲[①]。在此背景下,教育发展的战略方针放在教育普及上。其具体措施包括:全国普遍开办工农速成中学,在全国掀起扫盲识字运动,建立全日制、工读学校、业余学校等"多轨制"学校,扩大受教育机会。这一时期,虽然国家没有出台专门的教育扶贫政策和专项行动,但在集体经济下,逐渐形成了大队办小学、公社办中学、"区委会"办高中的农村教育格局,大大提高了农村贫困地区的教育发展规模和质量。1957年,我国小学的入学率已经提高到61.7%,1978年上升为95.5%(中国教育扶贫报告,2016)。国民教育水平显

---

① 司树杰,王文静,李兴洲. 中国教育扶贫报告(2016)[R]. 社会科学文献出版社,2016.

著提高，为缓解贫困发挥了重要作用。

除了基础教育普及活动以外，在国家层面，1984年国务院发布的《关于帮助贫困地区尽快改变面貌的通知》中，明确提出了增加智力投资，普及基础教育，发展农村职业教育等目标。这也是我国政府文件中第一次明确提出教育扶贫。

（二）针对特定群体教育减贫阶段（1986~2000年）

随着改革开放的推进和普遍贫困的逐渐消除，教育减贫活动日益受到重视。但在这一阶段，经济扶贫依然是减贫的主要内容，教育减贫作用并没有被突出强调。此阶段的教育减贫政策主要集中在两个方面：针对贫困群体的教育减贫和教育减贫组织建设。

第一，在组织建设上，1986年，我国成立了国务院贫困地区经济开发领导小组这一专门的反贫困机构（后于1993年更名为国务院扶贫开发领导小组），标志着我国扶贫减贫工作规范化、体系化、机构化的开始。同年，与反贫困的组织机构建设同步，《中共中央关于教育体制改革的决定》颁布，这标志着我国教育体制出现了系统性的变革。

第二，相应地，针对贫困群体的教育和培训逐步开展，并且在减贫中的作用逐渐受到重视。其表现在：（1）对贫困地区的贫困人口进行实用技术培训，力求使每个人都能掌握实用脱贫技术；（2）在贫困地区开展"星火计划""丰收计划""燎原计划"和"温饱工程"等大型科技应用推广行动；（3）开展各种助学扶贫活动。1989年开始实施针对贫困地区失学少年儿童的"希望工程"；1994年使用"总理基金"，对高校贫困生进行资助，并建立大学生"济困基金"制度；1995~2000年，第一期"国家贫困地区义务教育工程"开始实施；1997年设立贫困地区义务教育助学金。

在政策体系方面，国家出台了4份与教育减贫相关的政策文件（见表2-5）。

表2-5　　　　1986~2000年教育减贫相关政策文件

序号	年份	文件名
1	1985	中共中央关于教育体制改革的决定
2	1994	国家八七扶贫攻坚计划（1994~2000年）

续表

序号	年份	文件名
3	1994	《中国教育改革和发展纲要》
4	1999	关于深化教育改革 全面推进素质教育的决定

资料来源：薛二勇、周秀平论文《中国教育脱贫的政策设计与制度创新》。

（三）普遍性教育减贫阶段（2001～2015年）

2000年，解决贫困人口温饱问题的减贫目标基本实现，减贫进入新的历史时期，温饱之外的需求被提上日程，减贫目标的内容更加多元化和具体化，在解决了贫困人口的温饱问题之后，教育产品的需求逐渐增加，国家层面的重视程度也不断增加，对教育减贫的内容也开始涉及不同的教育类型。同时，教育减贫不再特别针对贫困群体，也不再局限于某一教育类型，开始逐步扩展到有需要的所有受教育者，以及各种教育类型和层级。

具体来说，2000年公布的《中国农村扶贫开发纲要（2001～2010年）》中明确规定，提高群众的综合素质特别是科技文化素质，是增加贫困人口经济收入的重要措施，也是促进贫困地区脱贫致富的根本途径；切实加强基础教育，提高贫困人口受教育的程度；2011年《中国农村扶贫开发纲要（2011～2020年）》（以下简称《纲要2011～2020年》）中，进一步强调了教育减贫，在《纲要（2011～2020年）》中，不仅提到了教育脱贫，更提及教育扶贫的具体手段，如提到了中等职业教育质量等具体工作内容；2015年，在《中共中央国务院关于打赢脱贫攻坚战的决定》中，将教育脱贫划入减贫"五个一批"工程的重要组成，提出要激发贫困人口的内生动力，扶贫先扶智，明确提出了教育扶贫、实行教育扶贫工程，并提出了阻断贫困代际传递等重要内容。这是第一次将教育脱贫作为独立的政策体系写入国家纲领性文件。

与国家的纲领性文件指导思想相对应，具体的教育减贫行动包括：总计73.6亿元的第二期"国家贫困地区义务教育工程"在2001～2005年实施；免费教科书、寄宿生生活费专项补助；现代远程教育工程；2006年启动农村地区"特岗教师"计划，等等。

这一时期与上一时期相比，一个突出的特点是，相关教育体制以及与教育发展规划相关的指导性文件密集出台，表明这一阶段的教育扶贫已经正式进入体系化和规范化的新阶段，教育减贫体系日渐完善。2001～2015年相关教育、教育减贫政策文件见表2-6。

表2-6　　　　2001~2015年教育减贫文件汇编

类别	时间	文件名称
纲领性文件	2001.07	中国农村扶贫开发纲要（2001~2010年）
	2005.02	关于加快国家扶贫开发工作重点县"两免一补"实施步伐有关工作的意见
	2011.07	中国农村扶贫开发纲要（2011~2020年）
	2013.07	国务院关于转发教育部等部门关于实施教育扶贫工程意见的通知
	2015.11	中共中央国务院关于打赢脱贫攻坚战的决定
总体规划	2003.09	关于进一步加强农村教育工作的决定
	2004.03	2003~2007年教育振兴行动计划
	2005.07	关于进一步完善国家助学贷款工作若干意见的通知
	2012.08	关于加强教师队伍建设的意见
	2015.06	乡村教师支持计划（2015~2020年）
	2015.08	关于加快民族教育的决定
基础教育	2001.05	关于基础教育改革与发展的决定
	2002.04	关于完善农村义务教育管理体制的通知
	2004.02	国家西部地区"两基"攻坚计划（2004~2007年）
	2005.12	关于深化农村义务教育经费保障机制改革的通知
	2007.12	开展清理化解农村义务教育"普九"债务试点工作意见
	2012.09	关于实施农村义务教育学生营养改善计划的意见
	2012.09	国务院关于深入推进义务教育均衡发展的意见
	2012.09	关于规范农村义务教育学校布局调整的意见
	2015.11	关于进一步完善城乡义务教育经费保障机制的通知
职业教育和高等教育	2005.10	关于大力发展职业教育的决定
	2007.05	关于建立健全普通本科高校高等职业学校和中等职业学校家庭经济困难学生资助政策体系的意见
	2015.05	关于加快发展现代职业教育的决定
	2015.06	关于加强雨露计划支持农村贫困家庭新成长劳动力接受职业教育的意见
其他教育	2010.11	关于当前发展学前教育的若干意见
	2014.01	特殊教育提升计划（2015~2020年）

资料来源：根据教育部、国务院相关网站以及薛二勇、周秀平论文《中国教育脱贫的政策设计与制度创新》整理所得。

从表 2-6 可以看出，这一阶段的教育减贫政策与上一阶段有所不同。第一，明确提出或开展教育减贫或针对贫困群体的教育救济活动；第二，教育减贫政策开始涉及不同类型的教育产品；第三，教育减贫政策的颁布频繁，表明对教育减贫战略的重视程度在不断加强；第四，教育减贫政策开始具有体系化的趋势，教育减贫的针对性越来越强，内容也越来越具体；第五，明确提出了发挥财政优势，利用财政激励功能，采取教育财政措施，引导教育资源配置。

这都显示出国家层面对教育事业的重视程度在加深，对教育减贫重要性的认识在不断深入。

（四）教育精准减贫阶段（2016 年至今）

2015 年底，精准扶贫"五个一批"脱贫举措的提出，标志着将教育脱贫已成为中国反贫困的重要组成部分，进入了国家精准脱贫战略的政策体系。2016 年，第一个专门的教育脱贫政策文件《教育脱贫攻坚"十三五"规划》发布，提出要精确瞄准教育最薄弱领域和最贫困群体，实现"人人有学上、个个有技能、家家有希望、县县有帮扶"的目标。

这样，在教育精准扶贫的大背景下，教育减贫的政策相比较前两个阶段，内容上更加具体，对象上更加具有针对性。整体来说，所有的政策都很好地体现了精准扶贫的精准性。

具体来说，教育减贫政策在逐步实现着教育减贫全覆盖，减贫政策不仅包括贫困地区教育发展总体规划，也包括具体教育支持；既有面向学生的政策，也有师资增进计划；既有涵盖普通教育，也涉及职业技术教育；既有面向全国的普遍性政策，又有针对贫困地区的特殊性政策；既有改善学校设施的硬件政策，也有提高学生综合素质的软件政策。这一阶段的教育减贫政策努力实践着教育贫困识别的精准、教育扶贫对象的精准和教育扶贫管理的精准（见表 2-7）。

表 2-7　　　2016 年至今的教育精准减贫政策一览表（部分）

学前教育三年行动计划	农村义务教育阶段学生营养改善计划
学前教育资助政策	义务教育"两免一补"
中等职业教育免学费、补助生活费政策	普通高中学生资助政策

续表

学前教育三年行动计划	农村义务教育阶段学生营养改善计划
四川藏区"9+3"免费教育计划	教育援疆、援藏政策
内地民族班政策	职业教育团队式对口支援
面向贫困地区定向招生专项计划	国家贫困地区儿童发展计划
乡村教师支持计划（2015~2020年）	直属高校定点扶贫
高等教育学生资助政策	全面改善贫困地区义务教育薄弱学校办学条件

资料来源：根据国务院及教育部网站搜集整理所得。

三、我国教育减贫政策的评价

（一）教育减贫政策已取得的成效

第一，九年义务教育基本普及，巩固率不断提高[①]。截至2011年，全国所有县级行政单位、所有省级行政区已经全部普及了九年义务教育，人口覆盖率达到了100%，净入学率达到99.79%，初中阶段毛入学率达到100.1%，九年义务教育巩固率从2012年的91.8%上升到2019年的94.2%[②]（见图2-9）。

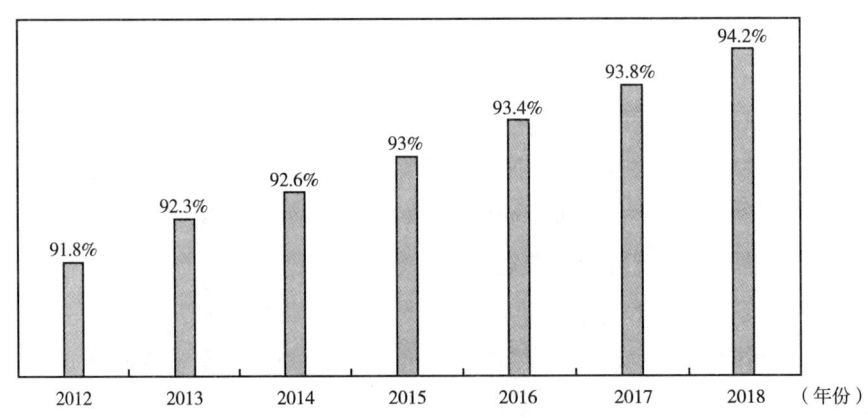

图2-9 2012~2018年九年义务教育巩固率

数据来源：相关年份《全国教育事业发展统计公报》。

[①] 九年义务教育巩固率，是指初中毕业班学生数占该年级入小学一年级时学生数的百分比。
[②] 来自相关年度《全国教育事业发展统计公报》。

第二,教育的硬件软件力量不断壮大。从硬件上来看,2018年普通小学(含教学点)校舍建筑面积78619.53万平方米。体育运动场(馆)面积达标的学校88.47%,音乐器材配备达标学校93.89%,数学自然实验仪器达标学校93.72%;专任教师609.19万人,比上年增加14.70万人,增长2.47%。专任教师学历合格率99.97%,比上年提高0.01个百分点,生师比16.97∶1[①]。特岗教师计划为农村教育补充了大批高素质教师,截至2012年,68%的特岗教师具有大学本科学历(司树杰等,2016)。

第三,职业教育、成人培训效果显著。2002年我国已经有37.91万所农民技术培训学校,共培训农民7681.81万人次;截至2011年,共开展农村实用技术培训3813.06万人次,开展农村劳动力转移培训和农民工培训4048.65万人次,其中技能型培训1496.46万人次。

(二)教育减贫政策存在的问题分析

第一,教育资源分布不均,教育经费投入不均。在当前我国的教育经费投入体制下,地方财政承担了教育经费投入的绝大部分,由于地区间财力差异的客观存在,使各地区教育资源分配不均的状况长期存在。2017年,全国地方农村小学生均教育经费支出平均为9348.05元,最高的北京市为31324.19元,最低的河南省为5047.15元,河南省农村小学生均经费水平不仅低于全国水平,还与北京市之间相差6.2倍之多。

第二,对贫困地区师资的物质激励不足。贫困地区师资力量薄弱,生师比过高,授课教师工作压力较大。有数据显示,普通小学的全国生师比平均值为16.78,而广西、湖南、河南、江西等中西部地区的生师比均在18.0以上。与此同时,贫困地区很多学校的激励机制不足,较低的工资水平加上沉重的授课压力,使不少教师难以安心在贫困地区扎根。有调查显示,基层每年都有部分教师和特岗教师考取公务员,其中工资是重要原因[②]。

第三,教育脱贫没有提升贫困群体对教育的重视。目前大部分贫困地区对教育的重视程度依然有待提升。贫困地区的贫困学生占比也比较大,很容易因家庭无法承担上学费用而面临辍学风险。受制于我国产业结构对劳动力素质要

[①] 中华人民共和国教育部. 2018年全国教育事业发展统计公报[R]. 2019.
[②] 陆汉文,黄承伟. 中国精准扶贫报告2017[R]. 社会科学文献出版社,2017.

求不高的情况，许多农村家庭认为外出打工比读书收入更高、更有用，因此并不重视教育。

本章小结

本章全面分析了我国贫困的基本状况和贫困发生的主要原因，同时对贫困具体状况进行了测度，并系统回顾了我国减贫政策。经验分析和贫困测度的结果表明，尽管我国的减贫政策取得了"史无前例的成就"（World Bank，2018），贫困人口规模大幅度下降，但依然存在着诸多问题，具体表现在：

第一，贫困依然具有明显的区域集中性。中西部地区整体贫困状况突出，目前我国一半以上的贫困人口集中在西部地区。2018年，西部地区农村贫困人口916万人，占全国农村贫困人口的比重为55.2%。

第二，相对贫困问题日益突出。在基本解决绝对的收入贫困之后，我国的相对贫困问题日益受到决策层和理论界的重视。在2020年后，随着现行贫困标准下绝对贫困的消除，中国的扶贫工作将由实现"两不愁、三保障"目标向应对和缓解发展不平衡、不充分的多维相对贫困转变。

第三，贫困群体的内部差距和福利状况有待提升。从全国总体和区域异质的贫困测度结果可知，尽管我国的贫困广度呈直线下降趋势，但是，对于更能够反映减贫复杂性的贫困人口内部差距的贫困深度指标和贫困人口收入分配改善状况的贫困强度指标来说，减贫工作依然需要继续努力。

第四，我国的教育反贫困政策体系日渐完善，减贫效果突出。我国教育减贫政策体系自1985年以来，取得了巨大的成就。教育减贫政策体系基本形成，教育减贫政策的指向性、针对性、减贫政策内容具体化程度都在逐渐加强，受益对象也日益多元化，减贫效果明显。

第三章

我国公共教育投入现状分析

衡量一国对教育事业重视程度的指标体现在财政支出规模上。一般来说,公共教育投入的规模越大,则说明该国越重视教育事业。我国早在《国家中长期教育改革和发展规划纲要(2000~2010年)》(以下简称《纲要》)中就提出要使财政性教育支出的规模占 GDP 的比重达到4%的水平,在《纲要》中又再次强调这个目标,并明确提出要在 2012 年达到财政性教育支出规模占 GDP 比重的4%的目标。自 2012 年我国实现这一目标之后,已连续 7 年实现了财政性教育支出占 GDP 4%的规划目标。衡量公共教育投入规模大小的指标主要有绝对规模和相对规模,与此同时,公共教育投入的结构是否合理也关系着教育事业的科学发展。因此,本章选取教育财政支出水平作为公共教育投入水平的代理变量,考察公共教育投入绝对规模、相对规模的发展变化趋势以及对公共教育投入的结构进行分析。

第一节 我国公共教育投入规模分析

与衡量财政支出规模的相对指标和绝对指标一样,绝对规模指标和相对规模指标也是衡量公共教育投入规模的重要指标。绝对规模指的是在一定时期内各级政府实际安排和使用的财政性教育支出的总额,这一指标的优点在于其直观性,可以通过时间序列的分析方式非常直观地了解财政性教育支出发展变化趋势。但是绝对规模由于通货膨胀等价格因素的影响,不利于不同年度支出状况的纵向分析。同时,受制于货币计量单位的不同,无法有效地与其他国家的财政教育支出状况进行横向对比分析。而相对指标是绝对指标与有关指标的比率,一般指的是国家财政性教育经费支出与国民生产总值或国内生产总值或财政支出总额的比率，性质上属于一种比例关系，因此可以克服绝对指标无法进行纵向和横向对比的弱点，同时，这种相对规模的比例关系，更能反映出一国对于该种支出的重视程度。一般来说，在衡量财政支出规模时，主要采用相对规模指标。

除了常用的相对规模指标和绝对规模指标之外，在衡量财政支出规模时还有动态指标，如弹性系数指标，其中，财政支出的弹性系数公式为：$Eg=$ 当年财政支出增长率/当年国民生产总值的增长率。当弹性系数 Eg 大于1时，说明该类型财政支出的增长速度大于国民生产总值的增长速度；当弹性系数 Eg 小于1时，说明该类型的财政支出的增长速度小于国民生产总值的增长速度；当弹性系数 Eg 等于1时，说明该类型的财政支出的增长速度等于国民生产总值的增长速度。因此，财政教育支出的弹性系数指标能够较好地反映财政性教育支出的增长状况。此外，动态指标还有财政支出的边际系数 MGP，又称为财政支出边际倾向，其公式为：$MGP=$ 当年财政支出增加额/当年国内生产总值增加额。这一指标反映了每增加1单位国内生产总值时财政支出的增加量。动态指标可以较好地反映财政支出与国民生产总值的相对变化情况。

一、公共教育投入绝对规模分析

尽管相对规模指标存在一定的缺陷，无法很好地反映出公共教育投入发展变化的真实趋势，但是公共教育投入的绝对规模依然能够在一定程度上反映国家财政对于教育事业的政策取向和支持力度。从绝对规模上可以看出，我国对于教育事业长期以来非常重视，教育财政支出的规模逐年增加，1992年，在党的十四大报告中明确了教育优先发展的战略地位；1993年，《中共教育改革和发展纲要》发布，这些都表明教育事业早已是我国的战略规划，反映到财政支出上，就表现为公共教育投入绝对规模的逐年提高。

图3-1是1992~2018年国家财政性教育经费支出以及一般公共预算教育经费支出的趋势图，从图3-1可以看出，无论是国家财政性教育经费支出还是一般公共预算教育经费支出均呈现出明显的飞速增长趋势。从绝对数量上来讲，2018年，国家财政性教育经费支出为36995.77亿元，是1992年的51倍；2018年一般公共预算教育经费支出为31992.73亿元，是1992年的57倍，增长幅度惊人。从表3-1的公共教育投入增长率来看，大部分年份的国家财政

性教育经费支出的增长率都在10%以上,七个年份的增长率超过20%,其中增长率最高的年份1994年高达35.38%;同时1992~2018年,共有13个年份的国家财政性教育经费支出的增长率高于财政支出的增长率,15个年份的国家财政性教育经费支出增长率高于GDP的增长率,图3-2很明显地表明了这一趋势。这些都说明,我国对于教育事业的重视程度在日益增加。

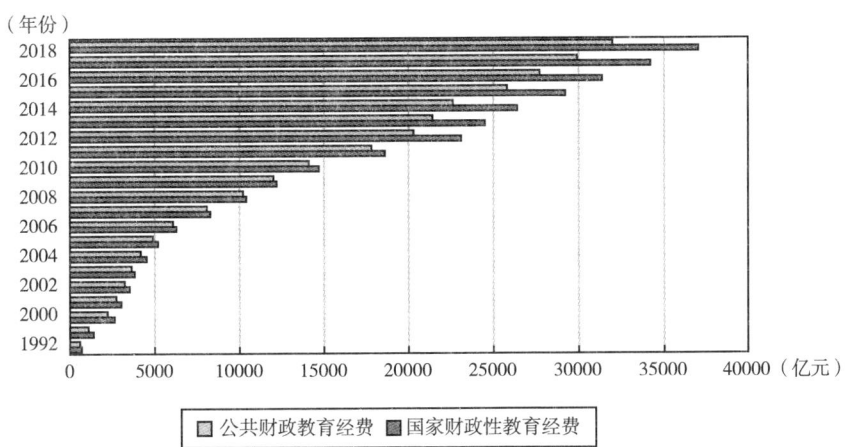

图3-1 1992~2018年中国国家财政性教育经费和一般公共预算教育经费支出趋势

数据来源:根据相关年份《中国教育经费统计年鉴》整理所得。

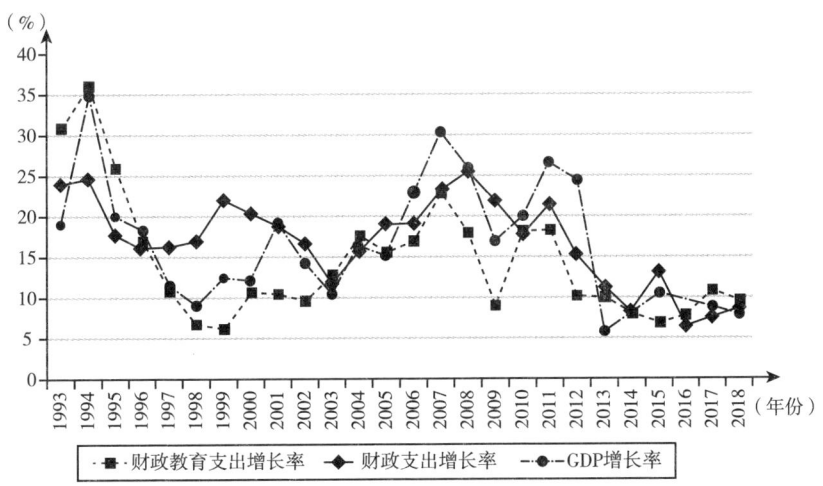

图3-2 1993~2018年国家财政性教育经费支出、财政支出以及GDP增长率趋势

数据来源:根据相关年份《中国教育经费统计年鉴》《中国统计年鉴》整理所得。

表 3-1　　国家财政性教育经费支出情况表（1992~2018 年）

年份	国家财政性教育经费（亿元）	财政教育支出增长率（%）	财政支出增长率（%）	GDP增长率（%）	财政教育支出/GDP（%）	财政教育支出/财政支出（%）	弹性系数 Ege	边际系数 MGPe
1992	728.8	/	/	/	2.68	19.48	/	/
1993	867.76	19.08	24.05	31.18	2.43	18.69	0.61	1.64
1994	1174.74	35.38	24.78	36.34	2.42	20.28	0.97	2.37
1995	1411.5	20.16	17.8	26.12	2.3	20.69	0.77	1.86
1996	1671.7	18.43	16.32	17.07	2.33	21.06	1.08	2.48
1997	1862.54	11.42	16.33	11	2.34	20.17	1.04	2.42
1998	2032.45	9.12	16.94	6.88	2.39	18.82	1.33	3.1
1999	2287.18	12.53	22.13	6.3	2.53	17.34	1.99	4.74
2000	2562.6	12.04	20.46	10.73	2.56	16.13	1.12	2.83
2001	3057	19.29	18.99	10.55	2.76	16.17	1.83	4.67
2002	3491.4	14.21	16.67	9.79	2.87	15.83	1.45	4
2003	3850.6	10.29	11.78	12.9	2.8	15.62	0.8	2.29
2004	4465.9	15.98	15.6	17.77	2.76	15.68	0.9	2.52
2005	5161.1	15.57	19.11	15.74	2.76	15.21	0.99	2.73
2006	6348.4	23	19.13	17.15	2.89	15.71	1.34	3.7
2007	8280.2	30.43	23.2	23.08	3.07	16.63	1.32	3.81
2008	10449.6	26.2	25.7	18.2	3.27	16.69	1.44	4.41
2009	12231.1	17.05	21.9	9.17	3.51	16.03	1.86	6.09
2010	14670.1	19.94	17.8	18.25	3.56	16.32	1.09	3.83
2011	18586.7	26.7	21.6	18.4	3.81	17.01	1.45	5.17
2012	23147.6	24.54	15.3	10.38	4.3	18.38	2.36	9.01
2013	24488.2	5.79	11.3	10.1	4.13	17.47	0.57	2.47
2014	26420.6	7.89	8.3	8.15	4.12	17.41	0.97	4
2015	29221.5	10.6	13.2	6.97	4.26	16.61	1.52	6.26
2016	31396.3	7.44	6.3	7.88	4.24	16.72	0.94	4.02
2017	34207.8	8.95	7.6	10.9	4.17	16.84	0.82	3.48
2018	36995.77	8.15	8.7	9.69	4.11	16.75	0.84	3.5

数据来源：根据相关年份《中国统计年鉴》《中国教育经费统计年鉴》计算整理得出。

二、公共教育投入相对规模分析

与绝对规模相比,公共教育投入的相对规模更能够真实地反映公共教育投入在国民经济中的地位以及国家对于教育事业的重视程度。表3-1给出了1992~2018年国家财政性教育经费及相关数据的支出情况,图3-3是根据表3-1数据绘制的公共教育投入相对规模趋势图。

首先,从公共教育投入占国内生产总值(GDP)来看,从表3-1的数据和图3-3可以看出,公共教育投入占国内生产总值(GDP)的比重呈现出稳步上升的趋势。1992年,公共教育投入占国内生产总值(GDP)的比重为2.68,此后一直到2006年,这一比重都维持在3%以下,一直到2007年,公共教育投入占国内生产总值(GDP)的比重才超过了3%,此后一直在3%以上,并且在2012年首次突破了4%的大关,首次实现了《纲要》的战略规划目标,并且从2012起,连续7年都保证了国家财政性教育经费支出占GDP比重4%的目标,彻底实现了政策导向的要求和实际目标的实现。

此外,由图3-2可以看出,我国国家财政性教育经费支出增长率的波动性较大,为更准确地把握公共教育投入的规模,本章还采用动态指标,即公共教育投入的弹性系数来考察其相对规模大小。总体上来说,1992~2018年,除个别年份外,大部分年份(15个年份)的弹性系数(Ege)都大于1,这说明,1992~2018年,大部分年份中,我国财政教育支出的增长速度快于国内生产总值(GDP)的增长速度,其中增速最大的年份为2012年,高达2.36,也符合2012年我国公共教育投入占GDP比重首次超过4%这一现实。从动态指标公共教育投入的边际系数(MGPe)的情况来看,1992~2018年,所有年份的边际系数的值都大于1,这表明我国公共教育投入的增加量远远大于国民生产总值的增加量。

其次,从公共教育投入占财政支出的比重来看,由表3-1的数据和图3-3可以看出,公共教育投入占财政支出的比重表现出与公共教育投入占国内生产总值(GDP)的比重不一样的趋势,不同于公共教育投入占国内生产总值(GDP)比重的稳步上升趋势,公共教育投入占财政支出的比重表现出先小幅上升又下降最后又趋于稳定的态势,整体上来说,公共教育投入占财政支出的比重日渐趋于稳定。出现这一态势的原因可能是:经过改革开放40多年来教育体制在不断完善，尤其是《中华人民共和国义务教育法》及《国家中长期教育改革和发展规划纲要》的实施，使国家财政性教育经费的投入日益体系化和规范化，这些因素都是公共教育投入占财政支出比重日趋稳定的重要因素。

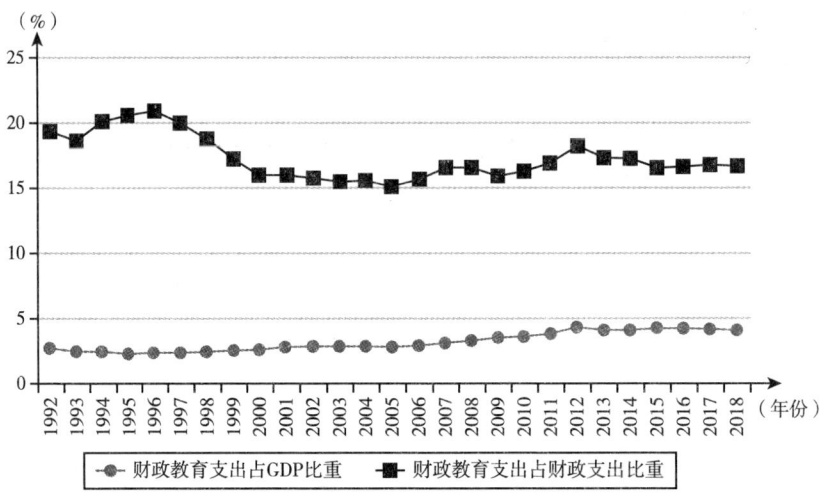

图 3-3　国家财政性教育经费支出占 GDP、财政支出比重趋势

资料来源：根据相关年度《中国统计年鉴》《中国教育经费统计年鉴》绘制。

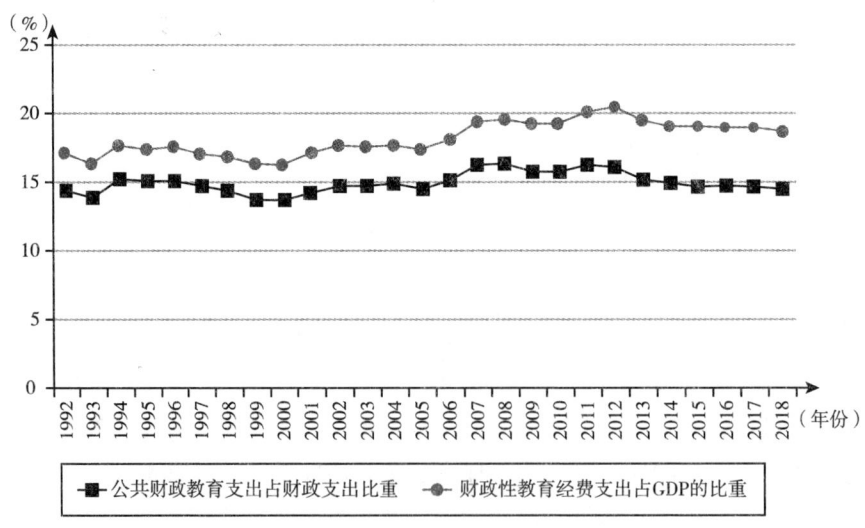

图 3-4　国家财政性教育经费占 GDP 比重及一般公共预算教育经费占财政支出比重

资料来源：根据相关年度《中国统计年鉴》《中国教育经费统计年鉴》绘制。

图 3-4 反映了国家财政性教育经费占 GDP 比重及一般公共预算教育经费支出①占财政支出比重的趋势。从图 3-4 可以看出,国家财政性教育经费占 GDP 比重及一般公共预算教育经费支出占财政支出比重表现出基本一致的趋势。

综上所述,如图 3-5 所示,无论是从传统的公共教育投入的绝对规模和相对规模指标,还是从动态指标公共教育投入的弹性系数和边际系数指标来说,国家财政性教育经费支出都显示出快速增长的态势,这充分表明,我国对教育事业的重视程度在逐年增高。尤其是 2012 年以来,这种快速增长的态势表现得更为明显,这与《纲要》以及教育"精准扶贫"的大政方针政策关系密切,也由此可以预见,今后教育支出将持续保持这种快速增长的态势。教育事业的发展也会更加迅速。

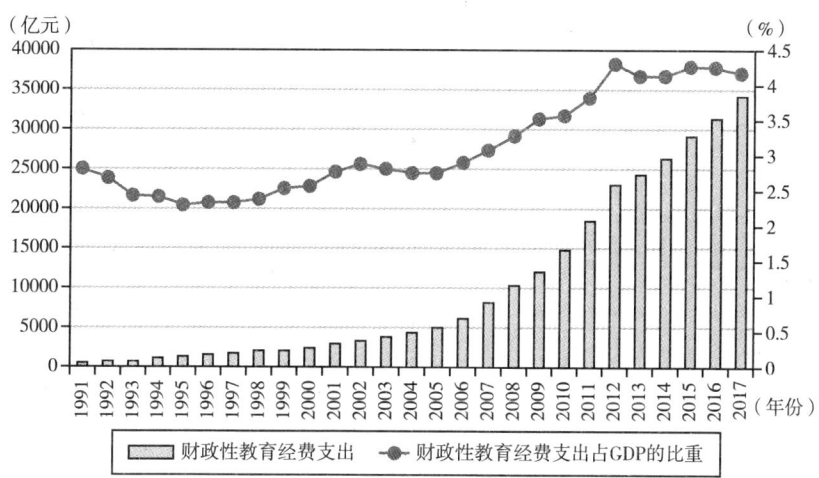

图 3-5 1991~2018 国家财政性教育经费支出绝对规模和相对规模变化趋势

资料来源:根据相关年度《中国统计年鉴》《中国教育经费统计年鉴》绘制。

根据以上对我国公共教育投入绝对规模和相对规模的分析,可以得出以下结论:第一,我国公共教育投入的绝对规模和相对规模都在不断扩大,并呈现出飞速增长的态势;第二,从相对规模上来看,国家对于公共教育投入的重视程度在日益加深;第三,我国公共教育投入呈现出稳定增长的趋势。由此,本书提出第一个研究假设(假设1):公共教育投入与贫困之间呈现出负相关的

---

① 公共预算教育经费包括教育事业费,基建经费和教育费附加。

关系,即公共教育投入对贫困的抑制作用明显。

第二节 我国公共教育投入结构分析

一、公共教育投入结构基本情况

公共教育投入的安排主要受教育财政体制的影响。随着教育财政体制的变化,公共教育投入的状况也在发生变化。我国的教育体制随着经济体制改革的产生了重大的变化,在党的十四届全国人民代表大会"必须把教育摆在优先发展的战略地位"指导思想下,1993年2月,中共中央、国务院制定通过了《中国教育改革和发展纲要》,提出要使国家财政性教育经费占GDP的比重达到的4%。以此为标准,本节将教育支出结构分析分为两个阶段:第一阶段是1994~2006年。1994年分税制实施开始,标志着财政体制及与财政体制相关的教育体制都发生了天翻地覆的变化;第二个阶段是2007年至今,2007年开始,我国开始政府收支分类的改革,为保证数据的连续性,故以2007年为分隔年份进行分析。

另外,根据教育产品的特点,本部分以教育产品的类型为划分标准,对公共教育投入进行结构分析,同时为分析问题的方便,本部分根据《中国统计年鉴》和《中国教育经费统计年鉴》中对各级各类学校的划分,将教育类型分为高等教育学校、中等教育学校以及基础教育学校。其中,基础教育学校包括中学和小学。更具体的,2007年以后,中等教育的科目变化较大,本部分相应进行了处理,2007年以前,中等教育学校即指中等专业学校[①],包括中等技术学校、中等师范学校、成人中专学校,但是技工学校和职业中学并没有包括在内,而2007年之后的《中国教育经费统计年鉴》则将技工学校和职业中学放入中等职业学校的大类下。因此,为分析问题的方便和数据的连续性,在2007年以前的分析中,本部分将技工学校、职业中学相关数据都并入中等专

---

① 2007年之后改为中等职业学校,中等职业学校包括中等专业学校、职业高中、技工学校以及成人中专学校。

业学校合并分析。

二、公共教育投入结构的绝对规模变动分析

(一) 1994~2006年各项公共教育投入绝对规模

1993年，中共中央、国务院制定通过了《中国教育改革和发展纲要》（以下简称《纲要》），《纲要》中提出在我国要逐步建立以国家财政拨款为主的教育经费筹集新体制；1994年党的十四届三中全会，通过了中国社会主义市场经济体制的总体规划性文件——《中共中央关于建立社会主义市场经济体制若干问题的决定》，再加上分税制的实施，教育财政投资体制发生了重大变化，变得更为规范和具体。

从图3-6可以看出，从绝对规模上来讲，高等教育和基础教育的国家财政性教育经费支出都呈现出明显的增长趋势，尤其是基础教育的国家财政性教育经费支出，增长幅度最为明显和显著，其次是高等教育，具有较为明显的增长趋势。而中等专业教育则表现出一种较为稳定的发展态势。这种态势与人们的客观认知相符合，随着《中华人民共和国义务教育法》以及《纲要》中对基础教育国民素质奠基工程的定位，对基础教育的重视程度越来越高，投入越来越大。从绝对额来看，1996~2006年，基础教育的国家财政性教育经费支出绝对规模增长了3.66倍，而同期的高等教育支出则增长了4.5倍，而中等

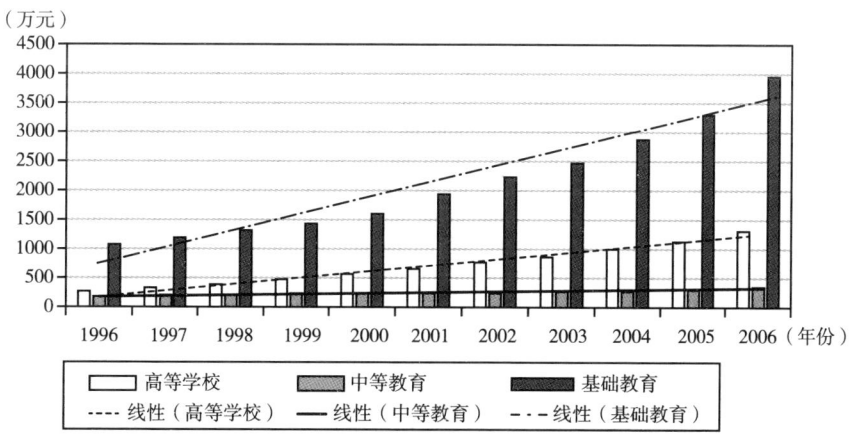

图3-6　1996~2006年各项教育产品财政性经费支出变动趋势

数据来源：根据相关年份《中国教育经费统计年鉴》数据绘制。

专业国家财政性教育经费支出绝对数额则增长了不到两倍。相比较基础教育支出及高等教育支出，增长较少。

（二）2007~2017年各项公共教育投入绝对规模

2007年，我国进行了政府收支科目分类改革，公共教育投入的各个项目都发生了变化。与上一阶段相比，中等专业学校科目改为中等职业学校，中等职业学校包括中等专业学校、职业高中、技工学校和成人中专学校。

由图3-7可以看出，与上一阶段相比，高等教育、基础教育国家财政性教育经费支出的绝对规模依然表现出较为明显的增长趋势。而中等职业教育国家财政性教育经费支出也表现出了一定的增长趋势。从绝对额来看，2007~2017年，基础教育的国家财政性教育经费支出绝对规模增长了4.14倍，同期的高等教育支出则增长了4.18倍。与上一时期相比，基础教育国家财政性教育经费支出的增长幅度较大，而尽管高等教育国家财政性教育经费支出的增长速度大于该时期的基础教育，但是与上一时期相比，却出现了下降，这表明，随着对教育产品的认识和社会的发展，对基础教育的重视和投入在逐渐超过高等教育。

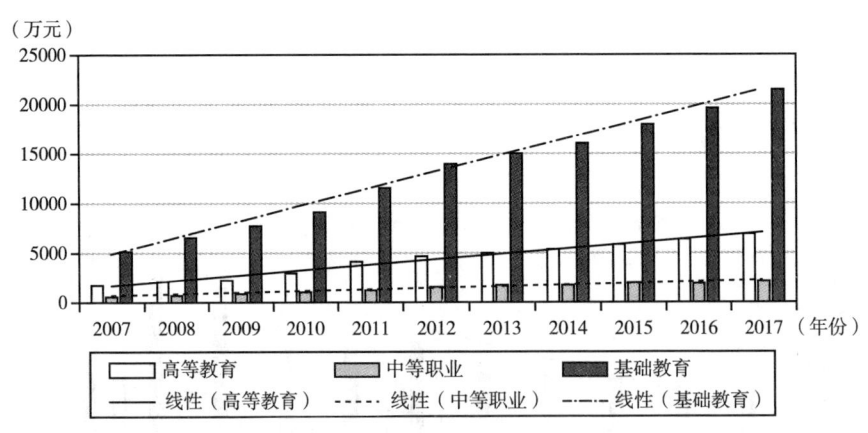

图3-7　2007~2017年各项教育产品财政性经费支出变动趋势

数据来源：根据相关年份《中国教育经费统计年鉴》数据绘制。

与此同时，中等职业教育国家财政性教育经费投入的绝对数额增长了3.98倍，远远高于1996~2006年的1.86倍，这充分表明，国家对中等职业教育的重视在加强，但是相比高等教育依然显得较弱。

三、公共教育投入结构的相对规模变动分析

对于公共教育投入结构的相对规模变动,本部分从各类型公共教育投入占财政支出以及国家财政性教育经费支出的比重着手分析。

(一) 1994~2006年各项公共教育投入相对规模分析

表3-2给出了1996~2006年我国公共教育投入的相对规模的情况。由表3-2可以看出,在各项公共教育投入占财政支出总额比重的变化趋势中,各项支出类型均呈现出一定的下降趋势,如高等教育国家财政性教育经费支出占财政支出的比重从1996年的3.64下降到2006年的3.22,中等专业教育国家财政性教育经费支出占财政支出的比重从1996年的2.49下降到0.91,基础教育国家财政性教育经费支出占财政支出的比重从13.61下降到9.78,下降幅度最大。这种趋势表明在国家的整体财政安排中,对于基础教育事业的投入在减少。

表3-2 我国公共教育投入结构相对规模(1996~2006年) 单位:%

年份	高等教育/财政支出	中等专业/财政支出	基础教育/财政支出	高等教育/财政性教育经费	中等专业/财政性教育经费	基础教育/财政性教育经费
1996	3.64	2.49	13.61	17.29	11.84	64.6
1997	3.61	2.34	12.96	17.92	11.61	64.24
1998	3.55	1.98	12.05	18.88	10.53	64.02
1999	3.59	1.77	10.91	20.67	10.21	62.89
2000	3.55	1.51	10.07	22	9.38	62.41
2001	3.52	1.3	10.25	21.79	8.06	63.39
2002	3.57	1.11	10.1	22.56	6.99	63.77
2003	3.56	1.06	9.98	22.77	6.81	63.91
2004	3.54	0.98	10.09	22.61	6.24	64.35
2005	3.33	0.91	9.77	21.87	5.95	64.2
2006	3.22	0.91	9.78	20.52	5.79	62.25

数据来源:根据相关年份《中国统计年鉴》《中国教育经费统计年鉴》计算整理。

另外，从国家对教育投入的总体份额国家财政性教育经费支出的角度即各项公共教育投入占国家财政性教育经费支出的比重来看，高等教育国家财政性教育经费支出与基础教育国家财政性教育经费支出占总体国家财政性教育经费支出的比重均呈现较为稳定的态势，其中高等教育国家财政性教育经费支出还呈现一定的上涨趋势，但是中等专业教育国家财政性教育经费支出占总体国家财政性教育经费支出的比重却出现了下降的趋势，其比重从1996年的11.84下降到2006年的5.79，这一趋势可能与我国2000年后社会对高等教育的需求日益增长相关，与此同时，由于就业门槛的提升，大众对于中等专业教育的需求逐渐减少，这都造成了高等教育的投入不断增加和中等专业教育的支出日渐减少。

（二）2007~2017年各项公共教育投入相对规模分析

表3-3是2007~2017年中国各项教育国家财政性教育经费支出的相对规模情况。从表3-3可以看出，在各项公共教育投入与财政支出的相关关系中，与上一阶段相比，高等教育、中等职业教育、基础教育国家财政性教育经费支出占财政支出的比重均呈现相对稳定的态势，并未发生太大的变化，如前所述，随着《纲要》的颁布，公共教育投入日益规范化和体系化，都使各项公共教育投入的份额日趋稳定。

表3-3　我国公共教育投入结构相对规模（2007~2017年）　　　　单位:%

年份	高等教育/财政支出	中等职业/财政支出	基础教育/财政支出	高等教育/财政性教育经费	中等职业/财政性教育经费	基础教育/财政性教育经费
2007	3.31	1.03	10.47	19.90	6.19	62.93
2008	3.30	1.09	10.41	19.74	6.53	62.33
2009	3.05	1.07	10.23	19.03	6.66	63.83
2010	3.30	1.08	10.15	20.21	6.60	62.17
2011	3.75	1.15	10.50	22.04	6.77	61.72
2012	3.68	1.24	11.09	20.00	6.74	60.33
2013	3.52	1.23	10.72	20.15	7.02	61.38

续表

年份	高等教育/财政支出	中等职业/财政支出	基础教育/财政支出	高等教育/财政性教育经费	中等职业/财政性教育经费	基础教育/财政性教育经费
2014	3.47	1.09	10.59	19.92	6.24	60.85
2015	3.37	1.06	10.21	20.29	6.37	61.47
2016	3.35	1.04	10.47	20.03	6.21	62.64
2017	3.40	1.00	10.61	20.17	5.96	62.99

数据来源：根据相关年份《中国统计年鉴》《中国教育经费统计年鉴》计算整理。

从各项教育支出类型占国家财政性教育经费支出的比重来看，与上一阶段相似，高等教育和基础教育的国家财政性教育经费支出占国家财政性教育经费支出的比重比较稳定，2007~2017年均未发生太大的变化，但是中等职业教育国家财政性教育经费支出占国家财政性教育经费支出的比重则出现了小幅下降，从2007年的6.19下降到2017年的5.96。这表明，高等教育财政投入体制和基础教育的财政投入体制日益稳定化和规范化，但是对于中等职业公共教育投入依然存在着如重视不足及体制不顺等诸多问题。

本节通过对我国公共教育投入结构变化的分析，得出了相应结论：第一，不同层级的公共教育投入的趋势存在差异；第二，公共教育投入日益规范化和体系化，各项公共教育投入的份额日趋稳定。基于此，提出本书的第二个假设：不同层级公共教育投入的减贫效应存在差异。

第三节 我国公共教育投入的区域异质性分析

我国31个省区市（因数据可得性，不包括港澳台），区域间在经济发展水平、风俗习惯以及地理环境都存在着异质性，对教育产品来说，由于其外溢性的存在，导致其受益范围可以不仅限定在本地区，因此按照公共产品的"谁受益、谁付费"原则，教育产品的投入必然存在分担机制的问题。长期以来，我国的教育投入体制都是高度分散的，长期实行分级办学的管理体制，并实行"谁办学、谁负担"的教育投入财政制度（袁连生等，2019），目前基本上形成了义务教育经费由地方政府承担的"以县为主"的管理体制；在高等院校扩招之后，高等教育的支出责任则主要交给省级政府承担。因此，总体上来说，教育投入的支出责任主要是地方政府在承担。而地方政府经济实力差异巨大，这就导致了不同地区的教育发展、教育投入存在异质性。

本部分将以国家财政性教育经费支出为分析对象对公共教育投入的区域异质性进行分析，并在进一步区域划分的基础上，考察区域间国家财政性教育经费支出的差异。

一、公共教育投入绝对规模的区域异质性分析

本部分在对公共教育投入的绝对规模剔除价格因素的基础上进行了分析，表3-4显示了按1997年可比价格计算出的相关年份东部地区、中部地区和西部地区的国家财政性教育经费支出平均值。由于1997年之前重庆市的数据缺失，因此以1997年为基期对数据进行了处理，同时起始年份也相应选择为1997年。

第一，各地区的国家财政性教育经费支出规模都呈飞速增长态势。按未消胀价格计算，2017~1997年，西藏自治区的国家财政性教育经费支出增长了53倍，广东省增长了19倍；而以1997年可比价格计算，西藏自治区国家财政性教育经费支出2017年比1997年增长了近9倍；广东省则增长了7.8倍。增长幅度都较为显著。

第二，地区之间国家财政性教育经费支出的差异较大。1997年，31省区市国家财政性教育经费支出最高的是广东省，数额为154.1211亿元，最低的是西藏自治区，数额为4.43亿元，最高的地区和最低的地区之间相差近35倍。按未消胀价格计算，2007年最低的西藏自治区与最高的广东省之间差距近17倍；2017年最低的宁夏回族自治区与最高的广东省之间相差14倍。以1997年可比价格计算国家财政性教育经费支出，2007年最低的西藏自治区与最高的广东省之间的差距为37倍，2017年，最高的广东省和最低的西藏自治区之间则相差30倍。

第三，东部、中部、西部地区之间国家财政性教育经费支出差异巨大。从表3-4可以看出，与地区间的经济差异一样，东部地区的国家财政性教育经费支出绝对数额相对较高，远远超出了中部和西部地区的支出规模，区域之

间,尤其是东部和西部地区之间差异更是巨大。这一情况与我国国家财政性教育经费支出主要由地方政府承担的教育投入体制密切相关。东部地区经济发达,地区经济实力雄厚,相应地对教育的支出就水涨船高,而西部地区经济较为落后,相应地对教育的支出也相形见绌。

表3-4 相关年份可比价格计算的东、中、西部地区国家财政性教育经费平均值　　　　单位:亿元

年份	财政性教育经费支出平均值		
	东部	中部	西部
1997	87.60	56.96	35.12
2005	176.51	114.55	68.11
2010	382.35	237.00	136.08
2015	583.94	378.31	229.70
2017	666.48	435.96	268.87

数据来源:根据相关年度《中国统计年鉴》《中国教育经费统计年鉴》整理。

二、公共教育投入相对规模的区域异质性分析

1993年2月,我国在《中国教育改革和发展纲要》中就已经正式提出"逐步提高国家财政性教育经费支出占国民生产总值的比例,本世纪末达到4%"这一目标。自《纲要》提出这一目标之后,4%就成为国家财政性教育经费支出占国内生产总值的比重的重要目标。表3-5是本章选取的各省区市国家财政性教育经费支出占当地国民生产总值比重的代表性年份,用以分析区域间公共教育投入的相对规模情况。

表3-5 相关年份各个地区财政性教育经费支出占GDP的比重　　单位:%

年份	1997	2001	2006	2011	2016	2017
北京	5.49	5.82	5.06	6.83	6.50	6.29
天津	2.57	2.79	2.39	3.32	2.85	3.02
河北	2.00	2.20	2.10	2.83	3.75	3.98
山西	2.87	3.40	3.16	3.99	5.09	4.58
内蒙古	3.15	3.26	2.40	3.11	3.68	4.20

续表

年份	1997	2001	2006	2011	2016	2017
辽宁	2.21	2.25	2.60	3.03	3.65	3.59
吉林	3.45	3.53	3.08	3.81	4.00	4.09
黑龙江	2.32	2.96	2.84	3.59	4.57	4.55
上海	2.99	2.94	2.79	3.76	3.90	3.88
江苏	2.08	2.10	1.96	2.63	2.69	2.63
浙江	1.81	2.49	2.36	2.80	3.13	3.20
安徽	2.24	2.69	3.12	4.42	4.43	4.44
福建	2.04	2.42	2.47	2.91	3.04	2.96
江西	2.20	2.82	2.45	4.31	4.78	4.94
山东	1.87	2.08	1.66	2.60	2.85	2.81
河南	2.22	2.43	2.30	3.46	3.71	3.80
湖北	1.88	2.94	2.57	3.04	3.71	3.62
湖南	2.33	2.60	2.52	3.14	3.59	3.65
广东	2.11	2.13	2.04	2.65	3.17	3.31
广西	2.73	3.43	3.26	4.19	5.00	5.36
海南	2.84	3.09	3.75	5.54	6.17	6.13
重庆	2.35	3.06	2.96	4.14	4.23	4.15
四川	2.39	3.12	2.94	4.17	4.67	4.55
贵州	3.19	4.47	5.08	6.85	7.58	7.24
云南	3.92	4.57	4.60	6.36	6.94	7.04
西藏	5.76	6.57	9.06	13.33	15.90	18.02
陕西	3.52	4.30	3.56	4.83	4.74	4.39
甘肃	3.83	4.63	4.87	6.72	8.83	8.94
青海	3.50	4.66	5.11	8.80	7.47	8.14
宁夏	3.70	4.52	4.51	5.66	5.86	5.96
新疆	3.88	5.16	4.24	7.13	8.32	8.00

数据来源：根据相关年份《中国统计年鉴》《中国教育经费统计年鉴》计算整理。

从表 3-5 可知，1997 年，在中国各个地区中，国家财政性教育经费支出占国内生产总值比重超过 4% 的地区只有北京市和西藏自治区，其值分别为 5.49% 和 5.76%，其余地区的财政性教育支出均未超过 4%，这表明，1997年，大部分地区对教育支出的重视程度均不足；2001 年，在全国 31 个省区市中，共有9个地区的比重超过了4%。值得注意的是，增加的8个地区全部为西部地区，其中比重最高的是西藏自治区，达到了6.57%，超过了北京市的5.82%。西部地区财政性教育支出占比快速提高的原因在于2000年"西部大开发"政策的提出，在各个方面国家都给予了大力的支持。西部地区之外的其余各省区市，其值均未超过4%；2011年，财政教育支出占国内生产总值的比重超过4%的地区增加到了15个，除北京市和内蒙古自治区之外的绝大多数西部地区，部分东、中部地区如安徽省、海南省、江西省的财政教育支出占国内生产总值的比重也超过了4%，这表明，各个地区对教育支出的重视在加强。2011年，占比最高的地区依然是西藏自治区，达到了13.33%。2016年和2017年相比差别不大，财政教育支出占国内生产总值的比重超过4%的地区分别为18个和19个，占比超过4%的地区已经占到全国地区数的半数以上。另外，还需要注意的是，尽管一些省区市的财政性教育支出占国内生产总值的比重从未超过4%，但总体趋势一直在增加，如人口大省河南省，这一比重从1997年的2.22%增长到了3.80%。这一发展趋势表明，对于教育事业投入的重视程度，不仅国家层面上在不断增强，各个地区对于教育投入和教育事业的重视程度都在增加。

在第一部分的财政性教育支出绝对规模的分析中，国家财政性教育经费支出绝对额排名靠前的如广东省、河南省、江苏省、山东省以及上海市等地区，其财政教育支出占国内生产总值的比重基本从未超过4%。这一情况首先与这些地区的人口众多有关，其次也说明了这些地区的公共教育投入的压力较大。

三、公共教育投入结构的区域异质性分析

如前所述，各个地区由于风俗习惯、社会经济发展状况不同，再加上分级管理的教育财政投入体制，使各地区的公共教育投入情况存在显著差异。本部分从公共教育投入的结构性差异入手，考察其结构区域异质性。

由于2007年以前《中国教育经费统计年鉴》中，仅仅列明各级各类学校的财政预算内教育经费支出，并未列明各级各类学校国家财政性教育经费支出，因此，2007年以前各级各类的财政教育支出均采用财政预算内教育经费支出数据。其中，各级各类学校的处理方式与本章第二节相同。

(一) 1997~2006年地区间财政教育支出结构分析

表3-6选取的是1997~2006年的代表年份、代表地区基础教育、高等教育和中等专业公共教育投入分别占各地区财政预算内教育经费支出的比重,并计算了各个年份各种教育支出类型占比的变异系数①。

从表3-6可以看出,1997~2006年,第一,从各地区的具体数值来看,区域间存在较为明显的差异性。如基础公共教育投入占比,同一年度内,有的地区占比超过70%,有的地区则仅有25%左右;高等教育占比也存在类型问题,同一年度,有的地区高等教育支出占比能够超过50%,而占比最小的地区仅有10%左右,差异巨大。相对来说,中等专业教育支出的地区差异较小。

第二,从横向来分析,地区间不同类型教育产品的支出差异较大。1997年,三种教育支出类型占比的变异系数分别是:0.131、0.467和0.233。其中,高等公共教育投入占比的变异系数0.467最大,而基础公共教育投入占比的变异系数0.131最小,这说明,地区间不同类型公共教育投入的情况,高等公共教育投入的地区差异最大,中等专业公共教育投入的地区差异次之,基础公共教育投入的地区差异最小。2001年和2006年均存在类似趋势。出现这一情况的原因,本书认为,这与高等教育事业的巨大地区差异关系密切,高等教育发达的地区,如北京市、湖北省、陕西省,其高等教育财政投入就大,而高等教育较不发达地区,如河南省和大部分西部地区,其高等公共教育投入就少。也可以说是,巨大的高等教育事业发展差异导致了相应的高等公共教育投入的巨大差异。

第三,从纵向上来看,地区间不同层级教育产品的差异程度在扩大。以中等专业公共教育投入占比来说,尽管从绝对数值上看似乎地区差异越来越小,但从变异系数来看,真实差异却越来越大。1997年,中等专业公共教育投入占比的变异系数为0.233,2001年增至0.321,2006年又增至0.340,持续变大的变异系数,说明地区间对中等专业公共教育投入的差异也越来越大。从具体数据来看,东部地区的中等专业教育占比的平均水平高于中西部地区,这可能是与东部地区经济较为发达,社会包容度更高,人们的就业选择更加务实有

---

① 基础教育、高等教育和中等职业教育比重加起来不等于100是由于还存在学前教育及特殊教育等教育类型。

关。除了中等专业公共教育投入占比的变异系数呈现出较为明显的趋势之外，基础公共教育投入占比和高等公共教育投入占比的变异系数也从整体上呈现出差异变大的趋势。

以上的分析说明，1997~2006年，随着时间的推移，地区之间不同类型、层级公共教育投入的结构差异在不断扩大，同时，不同类型公共教育投入的差异程度，也没有明显的改善。

（二）2007~2017年地区间财政教育支出结构分析

2007年开始，《中国教育经费统计年鉴》的分类科目发生了变化，中等专业学校变为中等职业学校，同时各个类型教育的财政性教育支出经费也正式进入统计年鉴，因此，本部分地区间不同类型财政教育支出采用国家财政性教育经费支出这一指标考察。

图3-8是2007~2017年各项教育支出类型国家财政性教育经费支出占全部国家财政性教育经费支出的比重的变异系数趋势图。从图3-8可以看出，第一，与上一阶段类似，地区之间教育类型中差异较大的仍然是高等公共教育投入，中等职业教育支出的地区投入差异次之，最后是基础公共教育投入，地区间投入差异较小；第二，不同类型公共教育投入的变异系数呈现出不同趋势，高等公共教育投入占比的变异系数出现了先上升后下降再上升最后又稳定

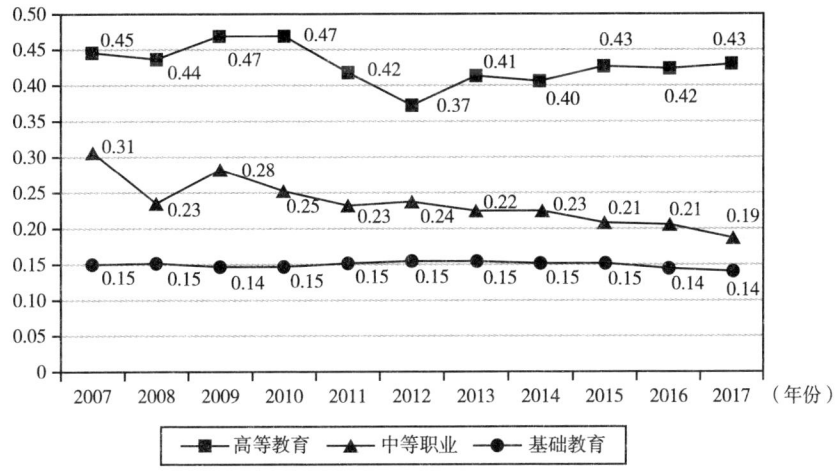

图3-8 2007~2017年各项公共教育投入占国家财政性教育经费比重变异系数

数据来源：根据相关年份《中国教育经费统计年鉴》计算整理得出。

的态势,而中等职业公共教育投入的变异系数则呈现出明显的下降趋势,说明区域间的投入差异在不断缩小。而基础公共教育投入的变异系数没有明显的变化趋势,依然保持较小的稳定状态。这说明地区间中等公共教育投入的差异程度在不断缩小,而高等公共教育投入则出现稳定中波动的趋势。

本节通过对我国公共教育投入状况的区域异质性分析,得出了以下结论:第一,地区之间国家财政性教育经费支出的差异较大,东部、中部、西部地区之间支出差异巨大。东部地区的国家财政性教育经费支出绝对数额,远远超出了中部和西部地区,相对规模也呈现出差异化的态势。第二,地区之间不同类型、层级公共教育投入的结构差异程度在不断扩大。由此,本书提出第三个研究假设(假设3):区域间公共教育投入的减贫效应存在差异。

表3-6 相关年度代表地区基础、高等、中等教育占预算内教育经费支出的比重及变异系数

地区	1997年			2001年			2006年		
	基础	高等	中等	基础	高等	中等	基础	高等	中等
北京	34.16	52.15	7.75	24.51	46.60	2.94	25.21	44.50	4.53
上海	54.71	37.94	8.28	42.45	37.26	4.37	44.36	35.60	4.06
江苏	60.80	24.48	11.38	59.57	27.12	4.89	59.60	25.28	2.37
广东	66.55	18.19	8.36	61.59	15.40	5.65	60.92	16.53	3.14
浙江	66.56	20.39	8.96	60.53	20.20	3.44	62.04	20.34	1.90
山东	63.67	19.66	10.73	67.45	16.39	5.80	67.89	17.27	3.53
河南	66.49	16.63	10.73	69.98	12.25	7.99	72.49	13.29	4.58
湖北	56.52	36.86	7.09	54.31	31.81	3.11	60.35	29.75	1.83
湖南	75.63	25.64	7.97	66.36	19.69	3.64	71.78	18.25	1.39
江西	71.51	18.42	4.47	73.00	13.18	5.19	72.69	14.00	1.66
安徽	69.21	17.88	4.69	68.82	16.91	3.02	73.75	16.47	1.55
吉林	54.50	29.19	9.42	55.99	27.13	6.50	60.58	26.09	2.87
四川	67.00	20.32	8.07	69.09	17.57	4.04	72.83	17.01	2.14
贵州	69.53	11.37	9.46	70.84	9.34	6.22	75.42	9.33	2.77

续表

地区	1997年			2001年			2006年		
	基础	高等	中等	基础	高等	中等	基础	高等	中等
云南	70.70	11.08	8.80	69.10	10.57	6.90	73.72	9.90	3.92
陕西	49.00	42.09	8.86	48.35	34.71	4.79	56.45	29.95	1.57
变异系数	0.131	0.467	0.233	0.165	0.503	0.321	0.166	0.484	0.340

数据来源：根据相关年度《中国教育经费统计年鉴》计算整理所得。

本章小结

本章对1992~2017年我国财政教育支出的总体情况进行了考察分析。

首先，从公共教育投入的规模来看，无论是绝对规模还是相对规模，公共教育投入都表现出较为明显的大幅增长趋势。尤其是公共教育投入占国内生产总值的比重，已经连续7年超过了4%的目标。

其次，从我国公共教育投入的结构来看，高等公共教育投入、基础公共教育投入和中等公共教育投入在总量上都呈上升趋势。但在相对规模指标中，除中等专业公共教育投入和中等职业公共教育投入的相对规模出现了相对小幅下降的趋势之外，高等教育、基础教育的财政支出相对规模则呈现相对较为稳定的态势。

最后，从区域异质性角度来看，各个地区公共教育投入的绝对规模都呈显著大幅增长态势，但地区之间和区域之间的公共教育投入差异较大；从相对规模来看，尽管国家层面上的公共教育投入的比重自2012年起已连续7年超过了占国内生产总值4%的目标，但是具体到各个地区，除受到国家政策倾斜的大部分西部地区之外，相当多的省区市，尤其是个别人口大省，如广东省、河南省等地区还没有实现财政性教育支出占国内生产总值4%的目标；从区域公共教育投入的结构来看，区域之间不同类型的公共教育投入差异巨大，其中高等公共教育投入状况的差异最大。另外，历年各项支出变异系数的趋势显示，1997~2006年，随着时间推移，地区之间公共教育投入的结构差异在不断扩大，同时，不同类型公共教育投入的差异程度，也没有明显的改善。2007~2017年，中等职业公共教育投入的区域差异则显示出一定的缩小趋势。

第四章

公共教育投入减贫的规模效应分析

1993年,《中国教育改革和发展纲要》提出要使财政性教育经费占GDP的比重达到4%的目标,2006年,"十一五"规划又重申了这一目标。在国家既定方针政策的指导下,我国财政性教育经费支出的绝对规模和相对规模都在不断提高,2018年,我国财政性教育经费支出为3.7万亿元人民币,相比2017年增长8.15%[①];同时,其相对规模即财政性教育经费(主要包括一般公共预算安排的教育经费、政府性基金预算安排的教育经费、企业办学中的企业拨款、校办产业和社会服务收入用于教育的经费等)占GDP的比重自2012年起连续6年保持在4%以上。大量文献已经证实,教育对贫困具有抑制作用,而财政又是目前的主要扶贫方式。在已有文献中,集中讨论公共教育投入减贫效应的文献相对较少,而在讨论公共教育投入对于贫困减缓作用的有限文献中,较多文献侧重于使用地区数据(邓宏亮等,2015;蔡文伯等,2018)。另外,相关文献在分析教育与贫困减缓关系时,大多侧重于使用各种代理变量如教育效能、教育结构对贫困的影响(单德朋,2012),缺少从整体公共教育投入角度的分析,而实际上公共教育投入的规模、结构、配置状况将会直接影响教育效能及教育结构。同时,现有文献在衡量贫困问题时,所使用的指标过于简单,多使用贫困发生率或人均消费支出作为贫困指标的代理变量。本章将采用国际通用的衡量贫困程度的FGT指数,将贫困继续分解为贫困广度、贫困深度和贫困强度三个指标,多维度分别分析公共教育投入的减贫效应。因此,本章拟直接对整体公共教育投入进行分析,以期从整体和宏观上对规模日益扩大的教育财政性支出的减贫效应做出分析和判断。

本章具体的实证步骤设计如下:首先,构建向量误差修正模型,采用时间

---

① 数据来源于《2018年全国教育经费执行情况统计公告》。

序列分析方法,在整体上从全国层面直接考察公共教育投入这一支出类型的整体减贫效应,从宏观上把握中国公共教育投入的减贫规模效应;其次,在计算全国各个地区 FGT 指数的基础上,建立省级面板数据模型,进一步分析不同地区公共教育投入减贫的具体效果,考察分析公共教育投入减贫规模效应的区域异质性。

第一节 全国层面公共教育投入减贫规模效应的实证分析

一、模型的设定

(一) 研究方法

本章拟采用协整分析的方法从宏观层面考察公共教育投入的减贫效应。借鉴吕炜、刘畅 (2008) 及周艳等 (2018) 的贫困方程,建立贫困决定方程如下:

$$POV = f(edu, pgdp) \quad (4-1)$$

该方程表示贫困的决定因素,其中 POV 表示贫困程度,本章采用贫困广度 (h)、贫困深度 (pg)、贫困强度 (spg) 三个指数分别衡量不同贫困程度;edu 表示教育支出,该指标采用国家财政性教育经费支出额来衡量;pgdp 表示经济增长,该指标用人均 GDP 表示。

其中,贫困程度 POV 采用 FGT 指数计算得出,FGT 指数由 Foster、Greer 和 Thorbecke 于 1984 年提出,目前已得到了普遍认同。其公式如下:

$$FGT(\alpha) = \frac{1}{N} \sum_{i=1}^{q} \left[\frac{z - y_i}{z}\right]^{\alpha} \quad (4-2)$$

其中,z 是贫困线,y_i 是第 i 个贫困人口的收入,N 为总人口数,q 为贫困人口数,α 表示贫困转移敏感度,反映穷人受剥夺的程度。α 越小,敏感度越小,相反则越大。

当 α = 0 时,$FGT_0 = \frac{q}{N} = h$ 即为贫困发生率或贫困广度指标,该指标反映贫困人口的数量变化;

当 α = 1 时，$FGT_1 = pg$ 是等比例贫困缺口率或贫困深度指标，它反映贫困人口收入距离贫困线的远近；

当 α = 2 时，$FGT_2 = spg$ 表示加权贫困缺口率或贫困强度指数，它可反映贫困人口收入分配状况的改善或恶化。相关变量具体说明见表 4 – 1。

表 4 – 1　　　　　　　　　　相关变量说明

变量名	变量含义
h	贫困广度（反映贫困人口的数量变化）
pg	贫困深度（反映贫困人口收入距贫困线的远近）
spg	贫困强度（反映贫困人口收入分配状况的改善或恶化）
edu	国家财政性教育经费支出额
pgdp	人均国民生产总值

注：h、pg、spg 根据公式计算得来。

（二）向量误差修正模型的构建

上述贫困方程为非结构化方程，通过式（4 – 1）可以得到向量自回归模型。向量自回归（VAR）模型基于数据的统计性质建立，系统中每一个内生变量都是系统中所有内生变量滞后值的函数，能较好地处理多个相关经济指标，并对其进行分析和预测。其定义表达式如下：

设 $Y_t = (y_{1t}, y_{2t}, \cdots, y_N)^T$ 是 N × 1 阶时序应变量列向量，则 p 阶 VAR 模型为：

$$Y_t = \sum_{i=1}^{p} \prod_1 Y_{t-1} + \prod_2 Y_{t-2} + \cdots + \prod_p Y_{t-p} + U_t \qquad (4-3)$$

$$U_t \sim IID(0, \Omega)$$

其中，$\prod_i (i = 1, 2, \cdots, p)$ 是第 i 个待估参数 N × N 阶矩阵；$U_t = (u_{1t}, u_{2t}, \cdots, u_{Nt})^T$ 是 N × 1 阶随机误差列向量；Ω 是 N × N 阶方差协方差矩阵；P 为最大滞后阶数。

VAR 模型要求所选取变量为平稳时间序列，如果所选取变量为非平稳时间序列，则考虑建立 VEC 模型进行估计。误差修正模型（VECM）既能表示短期的动态不稳定过程，还能体现长期的稳定关系。建立误差修正模型的前提是：变量之间存在协整关系，在协整关系成立的基础上可使用误差修正模型估计，误差修正模型可认为是具有协整关系的 VAR 模型。误差修正模型表达式如下：

首先将式 4-3 经过变换之后得：

$$\Delta Y_t = A_1 \Delta Y_{t-1} + A_2 \Delta Y_{t-2} + \cdots + A_{K-1} \Delta Y_{t-k+1} + \prod Y_{t-k} + U_t \quad (4-4)$$

$$\Delta Y_t \sim I(0)$$

其中，$\prod$ 为协整矩阵；$\prod Y_{t-k}$ 为修正项矩阵。

进一步得到误差修正模型：

$$\Delta Y_t = \alpha ecm_{t-1} + A_1 \Delta Y_{t-1} + A_2 \Delta Y_{t-2} + \cdots + A_{K-1} \Delta Y_{t-k+1} + \prod Y_{t-k} + U_t \quad (4-5)$$

其中，$ecm_{t-1} = \beta' y_{t-1}$ 是误差修正项，反映变量间的长期均衡关系；α 为系数矩阵，反映当短期偏离长期均衡状态时，调整到均衡状态的速度，这里预估此系数为负。其余差分项系数反映各变量短期波动对被解释变量的短期影响。

二、数据来源及说明

本章选择的样本区间为 1995~2017 年，各项数据均来源于相关年份《中国统计年鉴》《中国劳动统计年鉴》《中国教育经费统计年鉴》等。对于国家财政性教育经费支出额及人均 GDP 等数值，为剔除价格因素影响，均以 1995 年为基期，使用价格指数进行消胀处理。

对于贫困程度的衡量指标，由于中国的贫困大多发生在农村，因此，本章主要通过测量农村贫困水平的发展变化趋势作为代理变量来反映中国贫困总体变动。具体测算方法如下：测算数据采用中国收入分组数据，使用世界银行 Povcal net[①] 在线贫困测量工具进行测算，测算了 1995~2017 年我国总体贫困变动情况。其中 1995~1996 年数据通过相关年份《中国劳动统计年鉴》的 11 等分收入分组数据结合调查人口比重测算；1997~1998 年数据通过相关年份《中国劳动统计年鉴》的 20 等分收入分组数据进行测算，具体测算方法参考

---

① http://iresearch.worldbank.org/PovcalNet/PovCalculator.aspx.

陈立中（2007）的方法，计算出每组平均值，其中最低收入组上限的80%作为最低收入组的组平均值，最高收入组取其下限的130%作为最高收入组的组平均值，其余各组的平均值为期区间值的平均值，结合调查人口比重测算得出；2000~2017年数据则通过相关年份《中国统计年鉴》农村居民家庭人均纯收入五等分数据测算得出。

在使用Povcal net计算时，贫困线的标准对于测算结果有较大影响。在相关采用FGT指数的贫困测算中，有学者采用历年国定贫困线绝对值作为测算标准，但是2011年前国定贫困线绝对值较低，较低的贫困线标准使贫困测算结果波动较大，为消除贫困线波动对贫困测算结果的技术影响，借鉴大多数学者做法，本章以2011年国定贫困线2300元人民币为基准，通过居民消费价格指数（CPI）进行纵向消胀，得到消除通货膨胀影响之后的历年（1995~2017年）贫困线标准。

为了降低可能存在的异方差性及统一数据量级，相关变量均进行了取自然对数处理。表4-2为各项原始数据的描述性统计分析。

表4-2　　　　　　　　数据的描述性统计分析

变量名	均值	标准差	最小值	最大值
贫困广度（h）	30.05	17.12	6.4	60.52
贫困深度（pg）	10.67	6.10	2.76	22.74
贫困强度（spg）	5.21	2.98	1.4	11.56
财政性教育经费支出（edu）（亿元）	322308.30	62433.22	1411.52	257152.81
人均国内生产总值（pgdp）（元）	14844.57	8210.84	5091.00	30397.14

三、实证过程及结果分析

（一）平稳性检验

现代计量经济学要求计量模型建立在变量平稳的基础上，如果数据非平稳，就会出现"伪回归"，影响回归分析的有效性和正确性。因此，在对时间序列进行处理时，首先应对时间序列数据进行平稳性检验，以确定其平稳性及单整阶数。本章采用ADF检验，结果如表4-3所示。

由表4-3的ADF检验结果可以看出，变量lnh、lnpg、lnspg、lnedu和lnpgdp 在 1% 和 5% 的显著性水平上的 ADF 统计值都大于其相应的临界值,表明变量都是非平稳的,而其相应的一阶差分序列则都是平稳序列,表明这些变量的差分序列是一阶单整的差分平稳序列。

表 4-3　　　　　　　　ADF 变量平稳性检验结果

变量名称	ADF 统计值	检验类型(c,t,k)	临界值(5%)	检验结果
Lnh	-2.109	(c,t,1)	-3.012	非平稳
D.lnh	-6.701	(c,t,0)	-3.645	平稳
Lnpg	-2.375	(c,t,0)	-3.632	不平稳
D.lnpg	-6.779	(c,0,0)	-3.012	平稳
Lnspg	-2.849	(c,t,0)	-3.633	不平稳
D.lnspg	-6.656	(c,t,1)	-3.644	平稳
Lnedu	2.791	(0,0,0)	-1.957	不平稳
D.lnedu	-3.499	(c,0,0)	3.012	平稳
Lnpgdp	-2.963	(c,t,3)	-3.673	不平稳
D.lnpgdp	-4.276	(c,t,1)	-3.673	平稳

(二) 协整检验

非平稳的时间序列可以考虑建立向量误差修正模型(VEC),在建立向量误差修正模型之前,首先要验证各变量之间是否存在协整关系,只有变量之间确实存在协整关系才能建立 VEC 模型。协整检验要求变量为单整阶数相同的单整变量,根据表 4-3 结果可知,模型所有变量均为一阶单整,因此可以对变量进行协整关系分析。

由于本章涉及两个以上变量的分析,因此本章采用适合多变量分析的基于回归系数的 Johansen 协整检验方法。

由于本章分析的被解释变量分别为贫困广度(h)、贫困深度(pg)和贫困强度(spg),因此,对 lnh、lnedu、lnpgdp;lnpg、lnedu、lnpgdp;lnspg、lnedu、lnpgdp 三组变量分别进行 Johansen 协整检验。Johansen 协整检验结果如表 4-4、表 4-5、表 4-6 所示。

1. 贫困广度与公共教育投入及经济增长的协整检验结果。

表 4-4 结果显示,在不存在协整方程和最多只存在一个协整方程的原假设下,迹统计量均大于 5% 显著性水平的临界值,所以接受变量之间存在两个

协整关系的假设。因此,认为变量之间存在两个协整关系,即贫困广度与公共教育投入之间存在长期稳定的均衡关系。

表 4-4　　　　　　　基于 lnh 的 Johansen 协整检验结果

原假设	特征根	迹统计量	5%临界值	λ-max（P值）
无 *	0.761441	44.74831	29.79707	28.663（0.0005）
At most 1 *	0.465810	16.08554	15.49471	12.540（0.0407）
At most 2	0.162449	3.545451	3.841466	3.545（0.0597）

本部分采用 EViews 9 估算标准化后的协整系数,并选取能准确反映变量间关系的协整方程,贫困广度标准化的协整方程式为:

$$\ln h_t = -0.129 \ln edu_t - 0.288 \ln pgdp_t + 7.088 + ecm \quad (4-6)$$
$$\quad\quad\quad (0.03614) \quad\quad (0.06655)$$
$$\quad\quad\quad [3.58022] \quad\quad [4.32029]$$

其中,ecm 为误差修正项,圆括号为标准差,方括号内为 t 值。由式 (4-6) 可知,长期中,公共教育投入和经济增长均对贫困广度产生显著抑制作用。具体来说,贫困广度公共教育投入的长期减贫弹性为 -0.129,公共教育投入每增加 1 个百分点,贫困广度将会下降 12.9 个百分点,且统计意义显著;贫困广度对经济增长的长期减贫弹性为 -0.288,表明人均 gdp 每增加 1 个百分点,贫困广度将下降 28.8 个百分点,统计意义显著。这表明,公共教育投入减贫效果明显,但是在长期中,其减贫效果弱于经济增长。

2. 贫困深度与公共教育投入及经济增长的协整检验结果。

表 4-5 结果显示,在不存在协整方程原假设下,迹统计量大于 5% 显著性水平的临界值,所以接受变量之间仅存在一个协整关系的假设。因此,变量之间存在一个协整关系,即贫困深度与公共教育投入之间也存在长期稳定的均衡关系。

表 4-5　　　　　　　基于 lnpg 的 Johansen 协整检验结果

原假设	特征根	迹统计量	5%临界值	λ-max（P值）
无 *	0.738005	42.85695	29.79707	28.128（0.0009）
At most 1	0.468889	14.72896	15.49471	13.288（0.0650）
At most 2	0.066295	1.440482	3.841466	1.440（0.2301）

经过估算标准化后的协整系数,建立变量间的协整关系方程,贫困深度标准化的协整方程式为:

$$\ln gppg_t = -0.181\ln edu_t - 0.287\ln pgdp_t + 3.278 + ecm \quad (4-7)$$
$$\quad\quad\quad (0.04383) \quad\quad (0.10670)$$
$$\quad\quad\quad [-4.13150] \quad [2.69124]$$

3. 贫困强度与公共教育投入及经济增长的协整检验结果。

如表4-6所示,在不存在协整方程原假设下,迹统计量大于5%显著性水平的临界值,所以接受变量之间仅存在一个协整关系的假设。这说明 lnfgt 与 lnedu、lnpgdp 之间有且仅有一个协整关系,这同样意味着贫困强度与公共教育投入之间存在长期稳定的均衡关系。

表4-6　　　　基于 lnspg 的 Johansen 协整检验结果

原假设	特征根	迹统计量	5%临界值	λ-max（P值）
无*	0.731015	42.71285	29.79707	27.575（0.001）
At most 1	0.476755	15.13778	15.49471	13.601（0.0565）
At most 2	0.070530	1.535955	3.841466	1.536（0.2152）

经过估算标准化后的协整系数,建立变量间的协整关系方程,贫困深度标准化的协整方程式为:

$$\ln spg_t = 0.413\ln edu_t - 0.478\ln pgdp_t + 2.294 + ecm \quad (4-8)$$
$$\quad\quad\quad (0.15830) \quad (0.06485)$$
$$\quad\quad\quad [3.02144] \quad [-6.36160]$$

式(4-7)和式(4-8)表明,公共教育投入与贫困深度和贫困强度之间存在正向关系,且系数的统计意义显著。这说明,我国公共教育投入在抑制贫困深度和贫困强度方面不仅没有发挥积极作用,反而对贫困深度和贫困强度存在正向加强效应。

综上分析,公共教育投入对不同类型贫困的改善作用却存在差异。从以上协整方程的结果来看,公共教育投入对贫困线附近人口的脱贫具有显著的积极作用;但对于远离贫困线的深度贫困人口作用较小,甚至还有正向的强化其贫困的效应;同时,对于贫困线下的贫困人口的收入分配改善,作用也并不显著,同样也存在正向强化贫困深度的效应。这表明,尽管教育能够抑制贫困、教育支出有利于贫困人口脱贫的认知普遍存在,但目前我国公共教育投入并没有发挥应有的作用,这从另一侧面说明我国公共教育投入的结构及支出路径有调整的必要。

另外,我国人均 GDP 提升对于贫困广度、贫困深度和贫困强度均产生了显著的抑制作用,且统计意义显著。人均 GDP 每提高 1 个百分点,贫困广度、贫困深度和贫困强度将分别减少 28.8 个、28.7 个和 47.8 个百分点。这说明,长期中,经济增长仍然是我国贫困人口脱贫的最主要因素。

(三) 向量误差修正模型

本部分在变量间协整关系成立的基础上,构建 VEC 模型来考察变量间的短期关系,即在变量间协整关系及长期均衡关系存在的前提下,考察当变量之间短期偏离长期均衡状态时,是否存在误差修正机制将其拉回长期均衡状态。

根据相关指标的误差修正模型结果可知:第一,三个方程的误差修正项 ecm_h、ecm_{pg} 和 ecm_{spg} 的系数均为负号,且至少在 10% 的显著性水平上通过检验,符合误差修正模型的反向修正机制,说明模型具备误差修正机制,进一步证明了各变量之间存在长期均衡关系。这表明,尽管在短期内公共教育投入对贫困广度、贫困深度及贫困强度的影响可能会偏离均衡状态,但是通过误差修正机制的作用,短期偏离将会逐步向均衡状态靠近,以上结果同时进一步验证了贫困广度、贫困深度与贫困强度与公共教育投入以及经济增长之间确实存在长期稳定关系。第二,误差调整系数的大小反映了偏离长期均衡时的调整力度,我们注意到,三个协整方程的误差调整系数分别为 -2.784、-0.848、-1.101,这表明对于不同类型的贫困,其回归至长期均衡水平的收敛速度不同。以贫困广度来说,每一年贫困广度对其长期均衡值的偏离,会有 278% 得到方向修正,使其向长期均衡状态收敛,且修正力度最强。第三,从短期来看,公共教育投入及人均 GDP 都对贫困广度、贫困深度及贫困强度有向下的拉动作用,但其效果多不显著。值得注意的是,滞后两期的公共教育投入对贫困广度产生的抑制作用不仅效应较滞后一期公共教育投入大,同时统计上的显著性也在增强。这从侧面印证了由于教育产品的特点决定了公共教育投入对于贫困的抑制作用发生有一定的时滞性。

(四) 脉冲响应分析

为了进一步研究贫困广度、贫困深度和贫困强度与公共教育投入之间的长期动态关系，本部分利用脉冲响应函数和方差分解进行进一步分析。脉冲响应函数可反映短期内各变量的动态关系，在随机误差项受到短期冲击时，能够捕捉一个变量的冲击因素对另一个变量的动态影响路径。

本章选取为期 10 年的响应期，考察贫困广度对公共教育投入、人均 GDP 的脉冲响应曲线，描述其冲击的长期响应态势。图 4-1 是基于向量误差修正模型的 lnh 脉冲响应图，反映我国贫困广度对公共教育投入等经济因素 1 个单位标准差的脉冲响应。

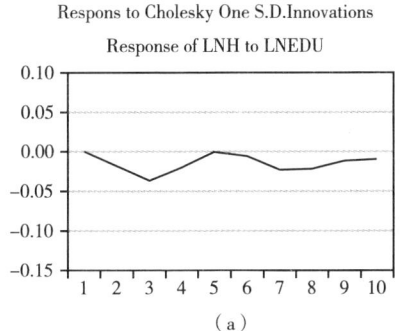
(a)

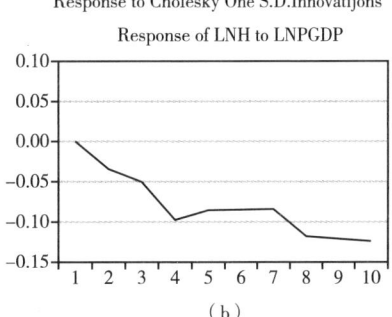
(b)

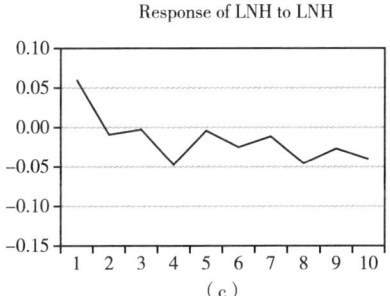
(c)

图 4-1　贫困广度对公共教育投入脉冲响应图

图 4-1a 显示了贫困广度对公共教育投入 1 个单位标准差冲击的脉冲响应。由图 4-1a 可知，对于公共教育投入的冲击，贫困广度呈现先减少再增加而后在减少最后趋于稳定的波动特征。其具体时间轨迹如下：前 3 期内趋势显著向下，表明公共教育投入对贫困广度呈负向拉动态势；第 4 期后，冲击转为正向拉动，正向拉动持续到第 5 期，自第 5 期开始呈现逐渐缓慢向下拉动趋势，并且这种负向拉动在随后冲击期出现小幅波动，整体上看，贫困广度对于公共教育投入的冲击，整体上呈现负向拉动趋势，且此趋势具有持续性。

图 4-1b 为贫困广度对人均 GDP 1 个单位标准差冲击的脉冲响应。由图 4-1b 可知，人均 GDP 对贫困广度呈现较强的负向拉动趋势。具体时间轨迹为：在人均 GDP 增加的前 4 期，贫困广度呈现大幅下降态势，第 4 期至第 7 期的冲击力度较为平稳，但仍保持稳定的负向拉动，自第 7 期之后，人均 GDP 对贫困广度的负向冲击力度继续加大，同时自第 8 期之后，这种负向冲击力度趋于平稳。长期来看，人均 GDP 对贫困广度的负向拉动作用不仅明显而且力度较大，这显示出在我国经济增长的"涓滴"效应依然是抑制贫困的重要手段。

（五）方差分解

方差分解可对系统中各变量冲击所作的贡献进行估计，并计算出每一个变量冲击的相对重要性，即变量的贡献，进一步评价各个冲击的重要性。图 4-2

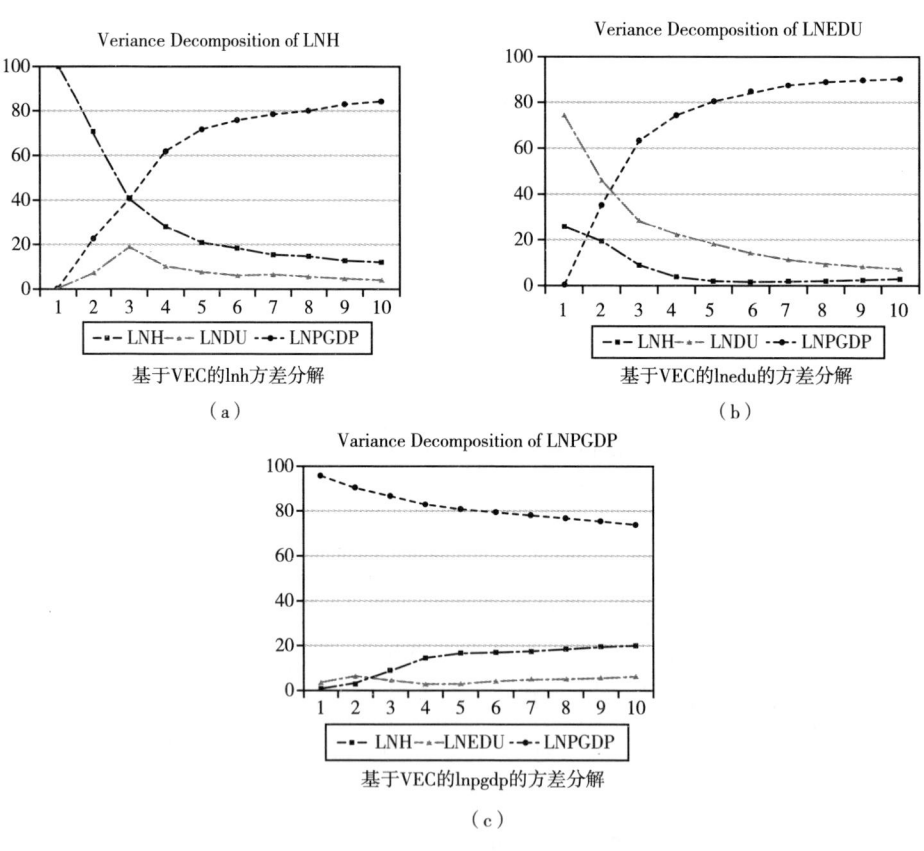

图 4-2 基于 VEC 模型的方差分解

为基于向量误差修正模型的方差分解图,反映了公共教育投入、经济增长对于抑制贫困广度的贡献率。横轴为滞后期间数,纵轴表示各变量对贫困广度的贡献率(5%)。

从图4-2中对lnh的方差分解可知,公共教育投入对贫困广度的贡献率相对较为稳定,其平均值为6.85,即公共教育投入对贫困广度的贡献率平均为6.85%。在整个响应期,公共教育投入对贫困广度的影响在第3期达到峰值,达到18.78%,此后出现下滑态势,随后各期一直稳定在5%左右。本章认为出现这种态势的原因在于,公共教育投入的主要目的是提升国民的综合素质,其主要目标并不是减贫。但是从理论和现实可知,教育支出又具有减贫的功能,因此,在贫困问题较为严重的时期,公共教育投入对于贫困减缓的作用较大,但随着贫困问题日益缓解,教育产品功能逐步回归,因此公共教育投入对贫困的抑制作用也在逐步减少并日趋稳定。同时,由图4-2对lnh的方差分解同样可知,经济增长对贫困广度的抑制作用异常显著,从整个响应期看,经济增长对贫困广度在前5期增加迅速,此后,经济增长对贫困广度的贡献率的增加开始减缓,但仍呈增加态势。在整个响应期,其对贫困广度的贡献率平均值为59.86%,解释了大部分的贫困抑制因素。与经济增长的贡献率相比,公共教育投入的贡献率比重偏低,但是这也符合现实情况以及教育产品的特性(见表4-7)。

表4-7 相关变量对lnh的方差分解值 单位:%

响应期	S.E(标准差)	Lnh	Lnedu	Lnpgdp
1	0.060546	100	0	0
2	0.072808	70.74838	6.763757	22.48786
3	0.096059	40.72581	18.77924	40.49495
4	0.146488	27.9799	9.994194	62.0259
5	0.169784	20.8913	7.44114	71.66756
6	0.191336	18.17111	5.960841	75.86805
7	0.210737	15.27978	6.134815	78.58541
8	0.246881	14.54441	5.280644	80.17495
9	0.276404	12.55915	4.402478	83.03837
10	0.305877	12.00299	3.701435	84.29557

第二节

区域层面公共教育投入减贫规模效应的实证分析

教育对于贫困的影响既受国家宏观经济政策及其时效性的影响，具有时间纵向的效应和特征，同时也受到不同地区社会经济发展差异的影响，即区域间横向上的效应及特征。因此，在时间序列分析结果的基础上，本节进一步分析不同地区公共教育投入减贫的具体效果。面板数据具有控制个体的异质性，弥补截面数据或时间序列数据无法反映或确定的经济关系及信息反映等各方面的优点，因此，本节采用面板数据模型进行回归分析，以期通过横向与纵向、时序与面板的对比与分析，揭示公共教育投入减贫的特征及基本规律。同第一部分相同，本节依然采用FGT指数作为衡量贫困的指标，因此，本节的被解释变量包括贫困广度（H）、贫困深度（PG）和贫困强度（SPG），以公共教育投入作为核心解释变量。在本节将分别考察公共教育投入对贫困广度、贫困深度和贫困强度这三个维度的影响。

本节的实证过程安排如下：第一，计算出各省区市的具体的FGT指数，进一步选取省级面板数据，构建固定效应模型，实证分析公共教育投入在不同区域间贫困广度、贫困深度和贫困强度的减贫效果。同时考虑到我国地域广阔，各省区市区域之间在人文、地理、社会习俗以及经济发展中存在一定的差异，因此考虑采用双向固定效应模型进行回归。第二，在回归估计中，除了采用最小二乘法（OLS）回归之外，为了避免解释变量与随机干扰项相关可能导致的OLS参数估计的不一致性，在实证中使用核心解释变量的滞后一期作为工具变量使用工具变量二阶段最小二乘法（IV - 2SLS）进行进一步的回归，以增加回归结果的稳定性。第三，根据经济发展水平的不同，对不同省区市进行分组分样本回归，进一步对不同地区的结果进行对比分析。

一、变量说明

1. 被解释变量：贫困水平。

目前衡量贫困水平的指标很多，较多文献采用贫困发生率（贫困人口占总人口的比例）以及人均纯收入水平、人均消费水平等替代指标，表示贫困状况。但这些指标只能反映贫困的一些基本状况,并不能深入具体地反映如贫困人口收入距离贫困线的远近、贫困人口收入分配状况变化等方面。因此,本节仍然利用 Foster、Greer 和 Thorbecke 于 1984 年提出的 FGT 指数作为衡量贫困的主要指标。由于各地区统计年鉴并不统一,因此根据各省区市的收入分组公布情况,只能计算出 21 个省区市的 FGT 指数,本节就以这 21 个省区市作为考察对象进行面板数据回归[①]。该指数的数据来源见第二章。

2. 核心解释变量:公共教育投入占当地国民生产总值的比重(edugdp)。

在衡量各个地区财政性教育支出的指标中,生均教育经费最能反映出各地的财政教育支出水平,但是生均教育经费在《中国教育经费统计年鉴》中只统计了各种层次(高等教育、职业教育、中等教育等)教育的生均经费,并未从整体上统计各地生均经费。而公共教育投入占国内生产总值的比重,反映了当地政府在教育方面的支出力度,数值越大,表明该地区的教育工作越受到重视,也越能够全面地反映一个地区对于教育事业的投入状况,故采用这个指标衡量不同地区的教育支出水平。本部分公共教育投入数据使用各地区财政性教育经费支出。

3. 控制变量。

由于贫困水平不仅受到教育因素的影响,同时还受到诸多其他因素如城市化水平、收入分配状况、当地的基础设施状况等的影响。因此,除公共教育投入以外,本节考察的变量还包括以下控制变量:人均国内生产总值(pgdp)、收入分配状况(inc)、城市化水平(city)、基础设施状况(road)、产业结构状况(indus)、财政支出占当地国内生产总值的比重(fgdp)、人均受教育年限(pye)、金融发展水平(fina)、对外开放水平(open)、人口规模(popu,各省区市的总人口数)。将这 9 个变量作为控制变量。变量具体说明如表 4-8 所示。

表 4-8　　　　　　　　　　变量说明

H	贫困广度
PG	贫困深度

[①] 21 个省区市为:河北省、江苏省、浙江省、福建省、广东省、海南省、山西省、内蒙古自治区、黑龙江省、安徽省、江西省、河南省、湖北省、湖南省、广西壮族自治区、重庆市、四川省、贵州省、陕西省、甘肃省、新疆维吾尔自治区。

续表

SPG	贫困强度
edugdp	公共教育投入占 GDP 的比重
pgdp	人均国内生产总值
inc	收入分配状况（城乡居民收入比）
city	城市化水平（各省区市城镇人口/总人口）
road	基础设施状况（各省区市的公路里程数）
lndus	产业结构状况（各省区市第三产业增加值占国民生产总值的比重）
fdgp	财政状况（各省区市财政支出/各省区市国民生产总值）
pye	人均受教育水平
fina	金融发展水平（各省区市金融机构贷款余额/各省区市国民生产总值）
popu	人口规模（该地区总人口数）
open	对外开放水平（各省区市货物进出口总额/各省区市国民生产总值）

注：人均受教育水平计算公式为：小学文化程度人口数×6＋初中×9＋高中×12＋大专及以上×16)／六岁以上抽样总人口数。

（1）经济发展水平（pgdp）。人均国内生产总值是反映一个地区经济发展水平的重要指标，人均国民生产总值水平的高低直接影响了一个地区的贫困状况。国内外众多研究均已证实，经济增长对贫困减缓具有"涓滴"效应，能够有效抑制贫困。因此，采用该指标考察总体经济运行对贫困的总体影响。为消除可能存在的异方差性，对该数值取对数处理，并以2000年为基期采用消费者价格指数CPI进行消胀处理。

（2）收入分配因素（inc）。除了经济增长因素之外，一个国家和地区的收入分配状况对贫困减缓也具有重要影响。已有文献研究证实，如果收入差距持续缩小，则有利于贫困减缓。如果一国的收入分配状况持续恶化，即使经济增长速度较快，那么该国的贫困状况也将不断恶化。因此，考察贫困减缓问题，也必须考察一国或一个地区的收入分配状况。

（3）基础设施因素（road）。研究证实，基础设施状况对贫困减缓也具有重要作用（龚维进等，2019），"要想富，先修路"真实反映了这一状况。尤其是在我国还存在着典型的区域性贫困问题，而交通扶贫被视为解决贫困问题的又一重要手段。而公路交通是最重要的交通基础设施，尤其是对于贫困农村地区，基本交通基础设施的缺乏严重限制了贫困地区的减贫。Parikh 等（2015）研究证实，公路里程每增加1个百分点，收入将增加0.36个百分点。

因此，本章采用各个省份公路交通里程数的对数值作为衡量基础设施状况的指标。

（4）地方政府因素（fgdp）。地方政府的政策或行为会对辖区的经济发展以及地区社会状况产生重大影响，而地方财政支出状况最能够从整体上反映该地区政府对社会生活各个方面的干预或介入状况。因此，在控制变量中加入地方财政支出状况考察地方政府行为对贫困减缓的作用。

（5）人力资本水平（pye）。人力资本水平的高低是个体收入水平的重要影响因素，较高的人力资本水平有助于提高个体的收入能力，有利于个体脱离贫困状态并免于再次陷入贫困境地。因此，我们也将人均受教育水平纳入控制变量进行考察。借鉴通用做法，采用人均受教育年限作为衡量人力资本水平的指标。其具体计算公式为：小学文化程度人口数×6+初中×9+高中×12+大专及以上×16）/六岁以上抽样总人数。

（6）区域重要发展特征。第一，人口因素（popu）。一般认为，过快的人口增长率和过多的人口不利于贫困的消除。我们用各地区总人数反映该地区的人口规模，并对其进行对数处理。第二，城市化水平（city）。城市化的发展能够带动区域经济发展，创造就业机会，增加贫困人口收入。但城市化对贫困减缓的影响具有复杂性。一方面，城市化的持续推动，有利于促进就业机会的增加，进而增加贫困人口的收入水平；另一方面，随着城市化的不断深入推进，贫困问题可能有原来单纯的农村地区的贫困，演变为城市和农村共同存在贫困现象。第三，产业结构因素（indus）。产业结构的状况能够反映一个国家或地区的经济发展水平以及经济发展质量。根据已有文献，产业结构状况也会影响政府对教育的投资力度（詹新宇等，2019）。借鉴吴丰华等（2013）的研究，我们采用第三产业增加值占国内生产总值的比重来反映产业结构状况。第四，金融发展水平（fina）。金融发展对于贫困消除的积极作用已被诸多研究证实，无论是正规金融还是非正规金融，都有利于经济的发展和社会的活力，有助于贫困人口的贫困消除。本章采用各省区市金融机构贷款余额与GDP的比重表示各地区金融发展水平。第五，对外开放水平（open）。对外开放度的提高，也有利于贫困的减缓。我们用各省区市的贸易依存度即进出口总额与GDP的比值来反映对外开放度。各省区市进出口总额均以各年人民币兑美元汇率均价折算。

二、数据来源及说明

以上数据来源于 2001~2018 年的《中国统计年鉴》《中国教育经费统计年鉴》《中国教育统计年鉴》《中国农村统计年鉴》以及 EPS 中国区域经济数据库。

由表 4-9 可以看出，2000~2017 年，21 个被考察对象的贫困广度均值为22.734，最小值为 0.637，最大值为 78.597，标准差为 18.997；贫困深度均值为 8.100，最小值为 0.0291，最大值为 37.387，标准差为 7.696；贫困强度均值为 4.205，最小值为 0.00171，最大值为 20.638，标准差为 4.327。初步表明，贫困广度的离散程度明显远远高于贫困深度和贫困强度，这说明各个被考察对象在贫困广度方面差别较大，而在贫困深度和贫困强度方面的差异较小。在公共教育投入占国内生产总值的比重上，其均值为 3.764，同时最大值和最小值相差 6.986，标准差为 1.406，这说明这 21 个被考察对象在教育支出占国内生产总值的比重上差异不大，由于这 21 个考察对象都属于一个国家，差异不大的情况也是可以理解的。其他指标，从标准差来看，除城市化水平、地方财政支出占国内生产总值的比重、对外开放程度以及金融发展水平存在较大差异之外，21 个样本的差异均不明显。

表 4-9　　　　　　　　变量的描述性统计分析

变量名称	观测数	均值	标准差	最小值	最大值
贫困广度	378	22.734	18.997	0.637	78.597
贫困深度	378	8.100	7.696	0.0291	37.387
贫困强度	378	4.205	4.327	0.00171	20.638
公共教育投入占 GDP 的比重	378	3.764	1.406	1.955	8.941
人均实际 GDP 对数值	378	9.655	0.673	7.923	11.132
城乡收入比	378	2.936	0.531	1.892	4.594
公路交通里程数的对数值	378	11.569	0.632	9.764	12.71
地方财政支出/GDP	378	18.669	7.666	6.889	44296
人力资本水平	378	8.311	0.773	5.438	9.923
城市化水平	378	45.895	10.909	19.60	69.85

续表

变量名称	观测数	均值	标准差	最小值	最大值
对外开放度	378	23.898	29.204	3.227	158.111
金融发展水平	378	104.443	28.093	53.721	237.366
产业结构状况	378	39.181	5.512	27.411	56.097
人口数量的对数值	378	8.374	0.567	6.668	9.321

三、实证过程及估计结果分析

(一) 模型设置

本节利用 2000~2017 年 21 个样本的面板数据进行计量处理，与时间序列模型一样，本部分从贫困的广度（H）、深度（PG）和强度（SPG）三个方面考察贫困问题。在建立面板回归模型之前，考虑到我国地域广阔，各样本区域之间在人文、地理、社会习俗以及经济发展中存在一定的差异，因此考虑采用双向固定效应模型进行回归。由于存在三个被解释变量，故建立以下三个面板数据模型：

$$H_{it} = \alpha_0 + \alpha_1 edugdp + \theta^T \sum X_{it} + \phi_i + \gamma_i + \varepsilon_{it} \quad (4-9)$$

$$PG_{it} = \beta_0 + \beta_1 edugdp + \delta^T \sum X_{it} + \phi_i + \gamma_i + \kappa_{it} \quad (4-10)$$

$$SPG_{it} = \lambda_0 + \lambda_1 edugdp + \sigma^T \sum X_{it} + \phi_i + \gamma_i + \tau_{it} \quad (4-11)$$

在式 (4-9) 中，下标 i 表示第 i 个省区市，t 表示年份，被解释变量 H_{it} 为贫困广度指数，其核心解释变量为 edugdp，即公共教育投入占 gdp 的比重，$\sum X_{it}$ 为各项控制变量；ϕ_i 和 γ_i 表示个体效应和时间效应；α_0、α_1 和 θ^T 表示各个变量的回归系数，ε_{it} 表示随机误差项。式 (4-10) 中被解释变量 PG 为贫困深度指数，其他变量与式 (4-9) 相同，其中 β_0、β_1 和 δ^T 表示各变量的回归系数，κ_{it} 为随机误差项；式 (4-11) 中被解释变量 SPG 为贫困强度指数，其他变量与式 (4-9)、式 (4-10) 相同，其中 λ_0、λ_1 和 σ^T 表示各变量的回归系数，τ_{it} 为随机误差项。

(二) 模型选择与检验

面板数据的类型包括：完全忽略截面个体异质性的混合数据模型、随机效应模型、固定效应模型。在这三种模型中，最常用的就是固定效应模型，固定效应模型又具体分为个体固定效应模型、时间固定效应模型和时间个体双向固定效应模型。在三种固定效应模型中，双向固定效应模型不仅固定了时间，还固定了个体，更能全面说明解释变量对被解释变量的影响。为了确定面板数据模型的类型，我们首先进行如下检验：

第一，通过F检验、LM检验以及Hausman检验确定模型类型。F检验的P值=0.0000；LM检验P值为0.0000，同时Hausman检验结果强烈拒绝原假设，因此选择固定效应模型进行分析。第二，通过生成时间虚拟变量，显示时间趋势项对贫困消除有显著影响，因此建立时间个体双向固定效应模型。

1. 总样本回归结果及分析。

本节采用Stata15.1进行回归分析，同时为了消除可能存在的异方差性，采用稳健标准误分析。基准回归结果见表4-10。

从表4-10的回归结果可以看出，采用双向固定效应回归的结果显示，公共教育投入对贫困的消除具有显著的影响。当公共教育投入占国民生产总值的比重每提高1个单位，贫困广度、贫困深度和贫困强度将分别下降4.35个、2.291个和1.345个单位，且均通过5%的显著性检验。同样的，采用两阶段工具变量法（IV-2SLS）回归的结果显示，公共教育投入对贫困消除的作用依然显著，回归结果显示，当公共教育投入占国内生产总值的比重每提高1个单位，贫困广度、贫困深度和贫困强度将分别下降4.166个、2.081个和1.175个单位，并分别在1%和5%的水平上显著。对两种方法的回归结果进行对比分析，我们发现，公共教育投入占国内生产总值这一项的回归系数非常接近，且显著性也没有太大差异。同时，两种回归方法均显示教育支出在抑制贫困广度方面更为显著，其作用大大高于对贫困深度和贫困强度的抑制。

另外，两种回归方法的结果均显示，在具有减贫效应的变量中，除了经济增长和道路基础设施之外，公共教育投入因素的减贫效果最好。

在控制变量上，第一，对于经济增长状况这一控制变量，诸多文献已证实，经济增长对贫困消除的"涓滴"效应是减贫的重要推力，根据回归结果，在两种回归方法下，人均GDP对数值的结果无明显差异，均在1%的显著性水平上通过检验，但值得注意的是，对于贫困强度指标，从系数上来看，经济增长状况对其有抑制作用，但并未通过显著性检验。这种现象可能是因为虽然经济的增长有助于贫困人口的减少和贫困人口收入的提高，但是对于贫困人口的福利状况或收入分配的改善没有发挥太大的作用，即贫困人口的收入水平提高了，但是其福利状况却没有得到改善。

第二，两种回归方法中各个控制变量的系数并没有太大差异，系数符号也一致，大部分与现有文献的结论一致。比较意外的是人力资本水平和金融服务的回归结果。人力资本水平（pye）的回归结果系数为负但不显著，究其原因，这可能是由于，我国目前教育的投入与收益之间并不均衡，贫困人口面临着教育投入大于教育收益的尴尬境地；而金融发展状况对贫困消除则具有比较显著的消极作用，即导致了贫困状况的恶化。究其原因，根据现有文献研究结果分析，这可能是因为，目前广大的贫困人口并不是我国的金融服务的对象，金融服务对贫困人口具有较高的门槛，而在农村存在的针对农村人口的金融服务，也并没有发挥出其应有的作用，因此，金融服务不仅没有发挥出减贫的功效，反而进一步强化了贫困状态。

表 4-10　　　　　　　　　基准回归结果

估计方法	双向固定效应			工具变量两阶段最小二乘法		
	模型 1	模型 2	模型 3	模型 4	模型 5	模型 6
变量名	h	pg	spg	h	pg	spg
edugdp	-4.350** (1.6699)	-2.291** (1.0465)	-1.345** (0.5481)	-4.166*** (1.0649)	-2.081*** (0.5848)	-1.175** (0.4624)
lnpgdp	-32.847*** (9.5702)	-8.765*** (3.0554)	-0.743 (1.9032)	-30.772*** (4.2650)	-8.021*** (2.3422)	-0.553 (1.8519)
inc	12.467*** (3.4825)	4.487** (1.8365)	2.030 (1.4185)	13.996*** (1.5989)	5.323*** (0.8780)	2.527*** (0.6942)
city	-0.225 (0.2327)	-0.084 (0.0976)	-0.069 (0.0679)	-0.199 (0.1478)	-0.100 (0.0811)	-0.089 (0.0642)
lnhighw	-5.975***	-3.699***	-1.887**	-7.970***	-4.624***	-2.322***
fdgdp	-1.007*** (0.2644)	-0.548*** (0.1558)	-0.267*** (0.0730)	-0.944*** (0.2039)	-0.531*** (0.1120)	-0.263*** (0.0885)
pye	-0.695 (2.1678)	-1.344 (1.0686)	-1.346* (0.6626)	-0.097 (1.3191)	-0.714 (0.7244)	-0.884 (0.5728)
fina	0.130** (0.0502)	0.082*** (0.0214)	0.057*** (0.0144)	0.104*** (0.0196)	0.070*** (0.0108)	0.050*** (0.0085)
open	0.119** (0.0538)	0.052* (0.0277)	0.021 (0.0168)	0.115*** (0.0296)	0.052*** (0.0163)	0.023* (0.0128)
lnpopu	27.754*** (8.7728)	8.869 (7.2280)	7.694 (4.8792)	25.684*** (7.2261)	8.139** (3.9682)	7.544** (3.1376)

续表

估计方法	双向固定效应			工具变量两阶段最小二乘法		
	模型1	模型2	模型3	模型4	模型5	模型6
常数项	162.409 (134.1435)	69.746 (71.7530)	-16.275 (49.7474)	180.285** (89.5941)	76.510 (49.2010)	-13.995 (38.9017)
个体效应	Yes	Yes	Yes	Yes	Yes	Yes
时间效应	Yes	Yes	Yes	Yes	Yes	Yes
N	378	378	378	357	357	357
R^2	0.944	0.879	0.743	0.9422	0.878	0.725

注：括号内为系数标准误，***、**和*分别表示系数在1%、5%和10%水平下显著。

第三，值得注意的是，除了教育支出之外，地方政府行为状况即地方政府支出占当地国内生产总值的比重这一因素对贫困消除的影响在两种估计方法下均显著为正，这一结果说明，在我国当前的发展阶段，贫困消除仍然需要政府的重视和努力。

2. 分地区样本回归结果及分析。

为了进一步分析考察公共教育投入的减贫效应，本章将全部样本分为东部地区和中西地区，进一步分别采用双向固定效应和两阶段工具变量法进行区域分析。东部地区和中西部地区的划分标准为国家统计局中国东、中、西部地区划分标准和本章的样本情况。具体回归结果见表4-11和表4-12①。

表4-11　　　　　　　　双向固定效应分地区回归结果

区域	东部			中西部		
	模型1	模型2	模型3	模型4	模型5	模型6
变量名	h	pg	spg	h	pg	spg
edugdp	-2.443 (1.4445)	-1.695 (0.9489)	-1.501 (0.8781)	-3.684** (1.6882)	-2.702** (1.0285)	-1.739*** (0.5549)
lnpgdp	3.161 (7.8102)	1.197 (2.7427)	-1.019 (1.7826)	-22.572** (9.0929)	-7.444* (4.0634)	-0.465 (3.0161)
inc	-1.996 (3.9651)	0.238 (1.6444)	0.429 (1.1752)	16.458*** (3.8491)	6.643** (2.4666)	2.967 (2.0702)

---

① 由于篇幅限制，将回归结果分别在表4-11和表4-12中展示。

续表

区域	东部			中西部		
	模型1	模型2	模型3	模型4	模型5	模型6
city	-0.492**	-0.243**	-0.164**	-0.698***	-0.224	-0.144
	(0.1644)	(0.0763)	(0.0449)	(0.2137)	(0.1349)	(0.1140)
lnhighw	-1.918	-0.971	-0.800	-4.042	-3.111*	-1.955
	(3.2172)	(1.5648)	(1.1795)	(2.6158)	(1.6838)	(1.4096)
fdgdp	-1.489***	-0.630***	-0.342***	-0.482**	-0.411***	-0.227***
	(0.1797)	(0.0891)	(0.0752)	(0.2161)	(0.1182)	(0.0744)
pye	2.641	0.216	-0.186	-2.999	-2.497*	-2.090**
	(1.9995)	(1.0665)	(0.7717)	(2.2174)	(1.3272)	(0.9653)
fina	0.003	0.009	0.008	0.084	0.103***	0.085***
	(0.0391)	(0.0194)	(0.0136)	(0.0542)	(0.0267)	(0.0193)
open	0.088	0.032	0.022	0.533***	0.241**	0.093
	(0.0564)	(0.0272)	(0.0183)	(0.1596)	(0.0905)	(0.0650)
lnpopu	-20.601*	-6.134	-5.119	10.225	1.838	6.539
	(9.6894)	(5.7725)	(5.0623)	(11.6631)	(7.8088)	(5.7457)
常数项	200.897	69.503	72.557	222.669	119.405	-1.693
	(145.5722)	(77.0580)	(69.0042)	(128.6042)	(86.3234)	(71.6067)
个体效应	Yes	Yes	Yes	Yes	Yes	Yes
时间效应	Yes	Yes	Yes	Yes	Yes	Yes
样本数	108	108	108	270	270	270
R^2	0.958	0.920	0.859	0.962	0.900	0.764

注：括号内为系数标准误，***、**和*分别表示系数在1%、5%和10%水平下显著。

表4-12　　　　　　分地区两阶段工具变量法回归结果

区域	东部			中西部		
	模型1	模型2	模型3	模型1	模型2	模型3
变量名	h	pg	spg	h	pg	spg
edugdp	-2.705	-1.792	-1.563*	-3.245***	-2.305***	-1.453**
	(2.3551)	(1.1656)	(0.8358)	(1.1475)	(0.6940)	(0.5806)
lnpgdp	0.357	-0.308	-2.081	-20.804***	-6.425**	0.060
	(7.5946)	(3.7588)	(2.6954)	(4.9286)	(2.9808)	(2.4935)
inc	-1.110	0.641	0.623	18.071***	7.510***	3.424***
	(4.1318)	(2.0449)	(1.4664)	(1.8865)	(1.1410)	(0.9545)

续表

区域	东部			中西部		
	模型1	模型2	模型3	模型1	模型2	模型3
city	-0.412**	-0.200**	-0.132**	-0.623***	-0.194	-0.143
	(0.1850)	(0.0916)	(0.0657)	(0.1967)	(0.1189)	(0.0995)
lnhighw	-2.531	-1.150	-0.934	-7.845***	-5.421***	-3.101**
	(2.6199)	(1.2967)	(0.9298)	(2.7190)	(1.6444)	(1.3756)
fdgdp	-1.390***	-0.573***	-0.305**	-0.431*	-0.372**	-0.213*
	(0.3686)	(0.1824)	(0.1308)	(0.2393)	(0.1447)	(0.1211)
pye	2.848	0.436	-0.029	-2.258	-1.682*	-1.524**
	(1.7395)	(0.8609)	(0.6173)	(1.4791)	(0.8946)	(0.7483)
fina	0.003	0.008	0.006	0.049*	0.080***	0.071***
	(0.0265)	(0.0131)	(0.0094)	(0.0291)	(0.0176)	(0.0147)
open	0.083***	0.029**	0.020**	0.529***	0.233***	0.086**
	(0.0286)	(0.0141)	(0.0101)	(0.0741)	(0.0448)	(0.0375)
lnpopu	-16.450	-3.767	-3.622	3.303	-2.322	4.823
	(13.5843)	(6.7233)	(4.8211)	(9.7332)	(5.8865)	(4.9244)
常数项	194.679	63.355	70.102	298.912***	164.666**	17.592
	(145.614)	(72.0688)	(51.679)	(111.2323)	(67.2723)	(56.2763)
个体效应	Yes	Yes	Yes	Yes	Yes	Yes
时间效应	Yes	Yes	Yes	Yes	Yes	Yes
样本数	102	102	102	255	255	255
R^2	0.9551	0.9073	0.8358	0.9607	0.9003	0.7469

注：括号内为系数标准误，***、**和*分别表示系数在1%、5%和10%水平下显著。

从表4-11和表4-12回归结果来看，对中西部地区来说，无论采用哪种回归方法，公共教育投入对贫困广度、贫困深度和贫困强度的抑制效应都非常显著，且均至少在5%的水平上显著；对东部地区来说，回归系数为负，表示东部地区的教育支出对贫困消除呈现负向抑制作用，但是其结果并不显著，同时，从系数的绝对值大小来看，其数值也小于中西部地区。这说明随着人均GDP的提高，公共教育投入对贫困的消除作用可能会趋于减小，因此，在中西部地区加大教育投入的必要性更大。

从控制变量来看，首先，经济增长状况对于东部和中西部的贫困消除效果也存在差异,对中西部地区来说,经济增长具有非常显著的减贫作用,但是对于东部地区来说,经济增长的减贫作用不仅系数的绝对值变小,同时有些系数的符号甚至发生了改变。出现这种状况的原因可能在于,随着区域经济发展水平的提高,经济增长减贫的"涓滴"效应逐步减弱。

其次,在其余控制变量中,中西部地区城市化和产业结构状况两项变量的减贫效果都好于东部地区,这说明东部地区的城市化以及产业结构的减贫效果已经得到较好的发挥,而中西部地区在接下来仍然需要进一步促进城市化进程,继续优化产业结构。值得注意的是,人力资本水平在总样本的结果中减贫效果并不好,但是在中西部地区的回归结果中,这一变量的绝对值和系数的显著性也有提高,这表明人力资本水平在中西部地区的减贫中的作用仍然不容忽视。同时,在基础设施状况这一解释变量下也出现了类似情形,中西部基础设施的减贫作用优于东部地区。这一结果与中西部地区交通基础设施落后于东部地区的现实也相符合。

3. 稳健性检验。

本部分验证回归结果的稳定性。考虑到被解释变量难以找到较为合适的替代指标,因此本章采取替换核心解释变量的方式进行稳健性检验。原有的核心解释变量为公共教育投入占国内生产总值的比重(edugdp),这一指标主要反映该地区对教育事业的支持力度,考虑到这一因素,本章采用同样可以反映一个地区对教育事业支持力度的公共教育投入占当地财政支出总额的比重(edufin)这一变量替代原有核心解释变量进行稳健性检验。稳健性检验结果如表4-13所示。

表4-13 替换核心解释变量的稳健性检验回归结果

估计方法	双向固定效应回归			两阶段工具变量法回归		
	模型1	模型2	模型3	模型1	模型2	模型3
被解释变量	h	pg	spg	h	pg	spg
财政性教育经费支出占财政支出的比重	-0.903*** (0.3048)	-0.420** (0.1858)	-0.221* (0.1211)	-0.857*** (0.1843)	-0.360*** (0.1023)	-0.170** (0.0811)
常数项	164.964 (131.80)	68.074 (74.053)	-18.668 (52.9098)	172.559* (88.3651)	69.701 (49.0175)	-19.292 (38.8687)
其余控制变量	已控制	已控制	已控制	已控制	已控制	已控制

续表

估计方法	双向固定效应回归			两阶段工具变量法回归		
	模型1	模型2	模型3	模型1	模型2	模型3
个体效应	Yes	Yes	Yes	Yes	Yes	Yes
时间效应	Yes	Yes	Yes	Yes	Yes	Yes
样本数	378	378	378	357	357	357
R^2	0.946	0.880	0.743	0.9434	0.8779	0.7228

注：括号内为系数的标准误，***、** 和 * 分别表示系数在1%、5%和10%水平下显著。

从表4-13的稳健性检验的回归结果可知，用地区财政性教育经费支出占地区财政支出总额比重（edufin）这一指标和用财政性教育经费支出占地区国内生产总值的比重的结果是一致的，均能有效且显著减少贫困的发生。同时，对于贫困广度和贫困深度以及贫困强度来说，其估计系数的大小均表现出与基准回归相同的趋势，即财政性教育经费支出的减贫效果表现出"贫困广度 > 贫困深度 > 贫困强度"的趋势。这些都表明，基准回归的结果是稳健的。

本章小结

本章采用时间序列分析和面板数据固定效应回归估计方法，分别从公共教育投入整体规模角度和区域整体角度对公共教育投入的减贫效应进行了分析和考察。实证结果显示：

第一，从时间序列的结果即公共教育投入整体规模角度来看，公共教育投入能够有效地抑制贫困广度，但是对贫困深度和贫困强度反而呈现正向加强作用，并未发挥应用的贫困消除作用，这说明贫困深度与贫困强度相比较贫困广度消除难度更大，更难克服；根据相关文献的解释，其原因在于贫困存在"自我强化"现象，即由于贫困的代际传递现象，很容易使贫困者陷入贫困的恶性循环，更加难以脱贫（Nurkse，1953）。因此，对于贫困的消除，不仅需要在规模上加大教育的支出，同时，教育支出的结构也是另一个需要关注的话题。

第二，从面板的回归结果来看，公共教育投入对贫困的消除作用较为显著，但是其对贫困广度、贫困深度和贫困强度的效应存在差异，在这三个指标中，教育支出的减贫效应呈现"贫困广度 > 贫困深度 > 贫困强度"的趋势，这同样说明了深度贫困问题复杂性和根深蒂固；同时，在对不同区域的分样本回归结果中显示，短期来看，在地区经济发展水平差异的影响下，公共教育投入的减贫效果也呈现差异化态势，经济发展水平低的中西部地区，教育减贫的效果要好于经济发展水平高的东部地区。

第三，城乡居民收入比的提高不利于贫困的消除。城乡居民收入比代表了收入分配的状况，在未来减贫政策选择时，首先应致力于消除贫富差距，努力实现收入分配的公平性，务求实现最好的减贫效果。

第四，地方政府行为能够显著地促进贫困消除。贫困问题是一项社会问题，很多贫困者仅靠个体无法完全脱离贫困，甚至即使脱离贫困，也很容易出现返贫等脱贫不彻底的现象。同时，结合我国总体依然处于经济发展水平相对较低这一事实，具体到减贫这一问题，依然需要发挥政府的重要作用。

第五，经济增长减贫效应显著。这说明发展经济仍然是减贫的第一动力，未来仍然需要重视发展经济。

第五章

公共教育投入减贫的结构效应分析

在第四章从总体规模视角分析公共教育投入的减贫效应的研究基础上，本章进一步拓展研究范围，从教育支出的不同类型出发，分析公共教育投入结构的减贫效应。教育产品结构，从投入来源上可以分为私人教育投入和公共教育投入，从教育产品类别上可以分为高等教育、基础教育和中等职业教育支出。不同的教育产品带给个体的受益也不相同。因此，本章试图从教育产品类别出发，从结构视角分析不同类型的教育支出的减贫效应。本章将基于教育支出结构分析的视角，选取中国省级面板数据，构建固定效应模型和面板门槛模型，对不同类型和层级的国家财政性教育经费支出的减贫效应进行对比和分析。

第一节 模型的构建

一、理论模型的构建

考虑到教育支出影响贫困的主要途径是通过提升人力资本和推动经济增长实现的。而创新型内生增长模型强调，教育有助于技术进步，是研发投入的主要来源，并对技术进步存在外溢效应（Nelson，1965）。同时，创新型内生增长模型还认为，由于创新异质性的存在，使不同层级和类型的教育支出对产出的影响机制存在差异（Aghion et al.，2005）。同时借鉴 Cao 等（2016）及徐爱燕、沈坤荣（2017）采用收入水平来衡量贫困等研究，本章拟在创新型内生增长模型的基础上，基于理论分析得出实证模型，进而考察我国不同类型、层级教育投入的减贫的结构效应。

首先，建立生产函数如下：

$$Y(t) = A(t)F(K(t), L(t)) \tag{5-1}$$

其中，A(t)为第 t 期的内生技术状况，根据内生增长模型，其具体形式为：

$$A(t) = A(E(t), X(t)) \tag{5-2}$$

其中，E(t)为一组变量，表示不同类型层次的教育支出。X(t)为其他影响技术进步的变量，如研发支出等。

根据式（5-1），可以得到式（5-3）：

$$y = a + \lambda k + \delta l \tag{5-3}$$

其中，y、a、k、l 分别表示变量 Y、A、K、L 的增长率，即，y = (dY/dt)/Y，k = (dK/dt)/K，l = (dL/dt)/L。λ 和 δ 分别表示资本和劳动的产出弹性。

根据式（5-2），我们可以得到：

$$a = \beta \cdot e + \gamma \cdot d \tag{5-4}$$

其中，e 为不同类型教育支出的增长率向量组合，d 为其他影响技术进步因素的增长率的向量组合。β 和 γ 分别为相应变量的弹性的向量组合。

由式（5-3）和式（5-4），可得：

$$y = \beta \cdot e + \gamma \cdot d + \lambda k + \delta l \tag{5-5}$$

式（5-5）即为本章的基本分析方程。

二、计量模型的设定

前面的分析揭示了教育支出与经济增长之间的关系。本部分将以我国省级面板 2007~2017 年的数据为样本进行实证分析。因此先将设定计量模型。

通过推导，已得出了本章的基本分析方程，但是方程中具体的变量还没有明确，因此，本部分需先明确各个变量的内容。

本章主要的分析目的是不同层级类型的教育支出的减贫的结构效应。因此先对教育支出的层级和类型进行分类。在我国，根据人们的认知和教育减贫的基本逻辑，有助于减贫的教育类型包括：基础教育、中等职业教育和高等教育三种教育类型。我们分别选择这三种教育的国家财政性教育经费代表这三种类型的教育支出。

在其他变量中,根据理论模型的分析结果,选择资本存量和公路里程数作为物质资本的代理变量,劳动人口数作为劳动力水平的代理变量,并将其纳入计量方程;对于除教育支出之外的能够影响技术进步的变量,参考大多数文献的做法,各个地区的研发投入和地区经济发展水平都将影响技术进步水平。因此,本章选取各省区市研发投入占国内生产总值的比重和人均国内生产总值这两个变量作为控制变量纳入计量模型。

此外,考虑到教育投入与贫困之间由于因果关系可能导致产生内生性问题,同时,教育投入与经济增长、与贫困减缓之间属于一种长周期的关系,即教育投入对经济增长的影响,对贫困减缓的影响存在滞后性。为了消除内生性问题,同时使估计结果更加符合经济和社会现实,故参考陈万明和沈婷(2012)、李祥云(2014)、金戈(2014)及詹宏毅(2018)等的研究,对各种不同类型的教育支出均进行了滞后处理。其中,高等教育国家财政性教育经费投入,考虑到高等教育其学制一般为4年,故采取滞后4期处理;中等教育国家财政性教育经费支出,考虑到职业教育学制一般为2年,故采取滞后2期处理;基础教育国家财政性教育经费支出,尽管基础教育学制较长,但由于样本量有限,本章为最大限度地保持数据的数量,因此采取滞后5期处理;最后,对于总体的国家财政性教育经费支出,对其滞后期的处理,取上述各种教育类型的平均值进行滞后处理,取其滞后6期数据。

对于控制变量来说,为了避免解释变量之间的内生性问题,本章将除劳动人口投入、公路里程数及比例性数据之外数据均取滞后一期处理。

综上分析,本章确定以下四个计量模型:

$$\ln pov_{it} = \alpha_i + \lambda \ln k_{i,t-1} + \delta \ln l_{it} + \beta_1 \ln te_{i,t-6} + \gamma_1 \ln road_{it} + \gamma_2 \ln pgdp_{i,t-1} + \gamma_3 rdg + \varepsilon_{it} \quad (5-6)$$

$$\ln pov_{it} = \alpha_i + \lambda \ln k_{i,t-1} + \delta \ln l_{it} + \beta_1 \ln ge_{i,t-4} + \gamma_1 \ln road_{it} + \gamma_2 \ln pgdp_{i,t-1} + \gamma_3 rdg + \varepsilon_{it} \quad (5-7)$$

$$\ln pov_{it} = \alpha_i + \lambda \ln k_{i,t-1} + \delta \ln l_{it} + \beta_1 \ln ze_{i,t-2} + \gamma_1 \ln road_{it} + \gamma_2 \ln pgdp_{i,t-1} + \gamma_3 rdg + \varepsilon_{it} \quad (5-8)$$

$$\ln pov_{it} = \alpha_i + \lambda \ln k_{i,t-1} + \delta \ln l_{it} + \beta_1 \ln je_{i,t-5} + \gamma_1 \ln road_{it} + \gamma_2 \ln pgdp_{i,t-1} + \gamma_3 rdg + \varepsilon_{it} \quad (5-9)$$

其中,pov_{it}代表第i个地区第t年的贫困状况,为本章的被解释变量。根据前面理论模型分析的结果和参考相关文献(龚维进等,2018),选择收入水平衡量贫困指标，借鉴邹文杰等（2018）、徐爱燕等（2017）的做法，采用各个地区农村居民人均纯收入作为贫困状况的代理变量。核心解释变量有：te 代表各个地区总体国家财政性教育经费支出，ge 表示各个地区高等教育国家财政性教育经费支出，ze 代表各个地区中等职业教育国家财政性教育经费支出，je 代表各个地区基础教育国家财政性教育经费支出；参照 Qin 和 Zhang（2016）的做法，将区域的资本存量进行扩展，k 代表各个地区的物质资本存量，加入各个地区的公路里程数 road，用以说明交通基础设施作为物质资本对贫困的影响，这两个变量共同构成区域的资本存量状况；l 为各个地区的就业人口数，代表劳动力投入状况；各个地区的人均国内生产总值 pgdp 和各地研发投入占当地国民生产总值的比重，作为控制变量代表影响技术进步的其他因素。

除去 rdg 研发投入占国内生产总值的比重为比例形式外，其他变量均为对数形式，而对数形式即为变量的增长率，因此计量模型方程与前述理论基本分析方程是对应的。

第二节　变量的选择和说明

一、样本选择及数据说明与处理

本章的研究样本为全国 30 个省区市（西藏自治区由于数据缺失严重，因此删除西藏数据，同时由于数据的限制，研究样本也不包括香港特别行政区、澳门特别行政区和台湾地区），时间跨度为 2007~2017 年的面板数据。研究起始期之所以从 2007 年开始，是由于《中国教育经费统计年鉴》中对于不同层次学校分类的统计条目自 2008 年年鉴开始进行了调整，为保持数据的连贯性和一致性，本章选择 2007 数据作为基期开始分析。相关经济数据均以 2007 年为基期进行了消胀处理。

此外，为分析问题的方便，以及对各种类型、层级的教育进行相对系统规范的分类，本章按照社会经济现实，同时主要参考《中国教育经费统计年鉴》中对于各级各类学校的划分，将教育机构分为高等学校、中等职业学校以及基础教育学校,并对相关的国家财政性教育经费数据进行了合并处理。分类后的各层级、类型学校的主要构成如下:基础教育学校包括中学和小学①;中等职业学校包括中等专业学校、职业高中、技工学校以及成人中专学校;高等学校包括普通高等学校和成人高等学校。

二、变量说明及数据来源

(一) 变量说明

1. 被解释变量

如前所述,根据理论模型的分析结果及参考相关文献,本章采用收入水平形式的贫困指标说明不同地区的贫困状态。相关数据来源于相关年份的《中国统计年鉴》。同时借鉴徐爱燕、沈坤荣(2017)龚维进等(2018)等的做法,选择本书的被解释变量为各地区农村居民人均纯收入。一般来说,收入水平直接反映了个体的贫困状况,收入水平高,其贫困的概率就低;收入水平低,则其贫困的概率就相应高。农村居民人均纯收入数据来源于相关年份《中国统计年鉴》。

2. 核心解释变量

衡量政府扶持教育事业力度的指标有很多,其中最能准确反映政府财政扶持教育力度的指标是生均国家财政性教育经费支出,但生均国家财政性教育经费支出必须对教育层次加以区分才能体现其优越性。尽管《中国教育经费统计年鉴》中对高等学校和中等职业学校的生均公共财政预算教育经费进行了统计,但是由于分析的需要,本章需要将中学和小学统一划分为基础教育,而《中国教育经费统计年鉴》中并未对基础教育的生均公共财政预算教育经费进行统计。同时在 2011 年《中国教育经费统计年鉴》的 2010 年实际数据中,生均经费统计科目又进行了调整,其具体内容发生了变化,由生均预算内财政教育经费变为生均一般公共预算教育经费支出。故而借鉴詹新宇等(2019)的做法,选用各层次人均财政性教育支出作为核心解释变量。由于国家财政性教育经费涵盖的范围更广,更能反映国家财政对教育事业的总体支出,因此本章

---

① 中学包括普通中学和成人中学,普通中学包括普通高中和普通初中;小学包括普通小学和成人小学。

选择国家财政性教育经费支出作为分析对象。历年各层次国家财政性教育经费的数据均来源于相关年份《中国教育经费统计年鉴》,并根据 GDP 平减指数以 2007 年为基期进行了消胀处理。

其中,te 代表各地区总体上的国家财政性教育经费支出;ge 表示各个地区高等教育国家财政性教育经费支出,ze 代表各个地区中等职业教育国家财政性教育经费支出,je 代表各个地区基础教育国家财政性教育经费支出。

3. 控制变量

(1) 资本存量数据 K。本章物质资本存量的计算是根据张军(2004)的估算方法,以 2007 年为基期,估算了 2007~2017 年的各省区市资本存量数,其中资本积累方程为:$K_{it} = (1-\delta)K_{it} + I_{it}$,其中 δ 为经济折旧率,取值为 9.6%。I_{it} 为第 i 个省级行政区第 t 年的投资,本章取各省区市当年的固定资本形成总额作为当年的投资额。各省区市固定资产形成总额数据来源于相关年份《中国统计年鉴》及 EPS 数据库。各年份的固定资产形成总额及资本存量均以 2007 年为基期以各个地区的固定资本投资价格指数折算为 2007 年不变价格。

(2) 人力资本投入 L。借鉴金戈(2014)的做法,本章采用各省区市的就业人口数作为人力资本投入的指标。具体数据来源于各地区统计年鉴及统计公报。考虑到统计年鉴以及统计公报中报告的就业人口数均为年末就业人口数,因此根据通用做法,本章取每年年初就业人口数和每年年末的就业人口数的平均值作为当年的人力资本投入量。具体公式为:(年初就业人口数+年末就业人口数)/2。

(3) 公路里程数 road。交通基础设施是一个地区重要的物质资本,对贫困减缓有着重要的影响(Parikh, 2015)。便利的交通不仅能推进区域市场的一体化,促进居民消费,增加收入水平减少贫困,还能增强地区要素的流动性,促进劳动供给的便利性,提升劳动者收入减少贫困,因此本章将公路里程拓展到物质资本。相关数据来源于历年《中国统计年鉴》。

(4) 研发投入占 GDP 的比重 rdg。根据理论模型推导的结果,结合经济现实考虑,同时借鉴相关大量文献,研发投入对技术进步的影响非常重要。因此,本章将研发投入占 GDP 的比重纳入控制变量,考察其对贫困减缓的影响。数据来源于相关年份《中国科技统计年鉴》。

(5) 人均 GDP。众多研究表明,经济增长不仅有利于技术进步还有利于贫困减缓，经济增长被证实通过"涓滴"效应使贫困群体受益，进而摆脱贫困。因此将各地区人均GDP作为经济增长的代理变量纳入控制变量。相关数据来自各年份《中国统计年鉴》，并使用GDP平减指数以2007年为基期进行平减，消除价格因素影响。

（二）主要变量的描述性分析

根据所收集数据的特点，在实证回归之前，本章对除比例性数据之外的所有解释和被解释变量均进行了取对数处理，具体原因如下：第一，对数化处理一方面有助于缩小数据的波动性，另一方面可有助于在一定程度上克服可能存在的异方差问题；第二，对数化处理后得到的回归系数直接就是各个解释变量的弹性，有助于分析问题的方便；第三，对数化处理从经济含义上也符合第一节理论模型的推导结果。表5-1给出了未经处理的原始相关数据的描述性统计分析。

表5-1　　　　　　主要变量原始数据的描述性统计分析

变量名	变量说明及单位	均值	标准差	最小值	最大值	样本量
pov	农村居民人均纯收入（元）	7949.44	3949.10	2328.92	22646.61	330
te	财政性教育经费总支出（亿元）	470.94	291.84	40.55	1610.32	330
ge	高等教育财政性教育经费支出（亿元）	95.03	82.17	4.51	484.39	330
ze	中等职业教育财政性教育经费支出（亿元）	29.73	20.37	2.10	107.23	330
je	基础教育财政性教育经费支出（亿元）	304.88	192.33	29.24	1093.78	330
k	物质资本存量（元）	45872.71	31659.78	4804.3	132430.7	330
l	就业人口数（万人）	2634.30	1731.05	296.38	6746.5	330
road	公里里程数（公里）	138349.25	73541.72	11163	329950.5	330
pgdp	人均国内生产总值（元）	42556.37	23928.05	6915	128994.1	330
rdg	研发投入占gdp的比重（%）	1.47	1.06	0.21	6.01	330

第三节 实证过程及结果分析

一、实证设计

本章具体的实证步骤设计如下：第一，估计财政性教育经费支出结构对贫困减缓的总体影响。分别将各个地区的国家财政性教育经费支出总额、高等教育国家财政性教育经费支出总额、中等职业财政性教育经费支出总额及基础教育国家财政性教育经费支出总额与贫困减缓之间的关系进行回归，对比分析各个不同类型国家财政性教育经费支出对贫困减缓的差异及不同影响。第二，进行地区间的分类比较。对30个省区市划分为东、中、西部，分别对东、中、西部的国家财政性教育经费支出总额、高等教育国家财政性教育经费支出总额、中等职业国家财政性教育经费支出总额及基础教育财政性教育经费支出总额与贫困减缓之间关系进行对比分析。第三，对不同类型、层级的国家财政性教育经费支出进行面板门槛回归，进一步明确国家财政性教育经费支出对贫困减缓的影响及效果。第四，为保证结果的稳定性，采用稳健性分析，对所有结果进行稳健性分析。

二、固定效应回归结果及分析

本章的数据结构为2007~2017年30个省区市的面板数据，属于典型的大N小T的短面板类型。因此，采用标准的面板数据固定效应分析方法进行回归。

（一）总样本回归结果及分析

表5-2给出了全部样本四个模型的固定效应回归结果。模型1对应方程（5-6），考察教育支出总量对贫困减缓的影响；模型2对应方程（5-9），考察基础教育国家财政性教育经费支出对贫困减缓的影响；模型3对应方程（5-8），考察中等职业教育国家财政性教育经费支出对贫困减缓的影响；模型4对应方

程（5-7），考察高等教育国家财政性教育经费支出对贫困减缓的影响。

表5-2　　各种类型国家财政性教育经费支出减贫效应
总样本基准回归结果

变量名	农村居民人均纯收入对数值（lnpov）			
	模型1	模型2	模型3	模型4
L6. lnte	0.335*** (0.0282)			
L. lnk	0.855*** (0.2634)	0.619*** (0.2336)	-0.073 (0.1805)	0.319 (0.2255)
lnl	0.327*** (0.0528)	0.215*** (0.0404)	0.103*** (0.0307)	0.155*** (0.0362)
lnroad	-0.099* (0.0555)	-0.072 (0.0475)	-0.017 (0.0382)	-0.038 (0.0436)
L. lnpgdp	0.321*** (0.0263)	0.357*** (0.0244)	0.215*** (0.0196)	0.308*** (0.0215)
rdg	0.056*** (0.0125)	0.056*** (0.0121)	0.036*** (0.0090)	0.054*** (0.0113)
L5. lnje		0.343*** (0.0267)		
L2. lnze			0.627*** (0.0332)	
L4. lnge				0.408*** (0.0273)
常数项	-6.591** (2.5487)	-3.903* (2.2477)	4.917*** (1.7911)	-0.009 (2.1795)
样本数	150	180	270	210
R^2	0.988	0.990	0.994	0.991

注：括号内为标准差；*、**、***分别表示在1%、5%和10%的水平上显著。

由表5-2的回归结果分析可知：第一，不同层级、类型的国家财政性教育经费支出的回归系数均显著为正，回归系数分别为0.335、0.343、0.627、0.408，且均在1%的水平上通过检验。这表明从长期来看，各种类型、层级的教育支出均具有非常明显、显著的减贫效应。

第二,不同类型、层级的财政性教育经费支出的回归系数大小存在差异。具体来说,不同类型、层级的教育支出的回归系数大小依次为:中等职业教育>高等教育>基础教育>总体教育支出。中等职业教育的回归系数最大且显著为正。即当中等职业教育财政性教育经费支出每增加1个百分点,则农村居民人均纯收入水平增加0.627个百分点;而基础教育和高等教育支出每增加1个百分点,农村居民人均纯收入水平仅增加0.343个和0.408个百分点。这表明,不同类型、层级的教育支出的减贫效应存在差异,且中等职业教育的减贫效应最大。

第三,人均GDP滞后一期的回归系数显著为正,减贫效果明显。经济增长的代理变量人均GDP的回归系数均在1%的水平上通过检验,这表明,在减贫中,经济增长的"涓滴"效应始终发挥着重要的作用,不可忽视。值得注意的是,大部分教育支出类型的减贫弹性系数均大于经济增长的减贫弹性系数,这说明,从长期来看,经济增长的减贫效应总体上低于教育支出的减贫效应,教育支出的长期减贫效果最好。

第四,其他控制变量中,大部分变量的整体回归结果也符合经济和社会现实。其中,物质资本存量k的增加总体上对贫困减缓有积极作用;就业人口数的增加也显著增加了人均纯收入,表明对贫困减缓有积极作用,客观上验证了经济增长"人口红利"的存在,也验证了教育支出通过经济增长减贫的间接性;控制变量研发投入的系数在各种类型的教育支出中系数均显著为正,这表明研发投入与教育支出共同显著减少了贫困。同时,这也意味着,随着经济社会的发展,反贫困的策略也需要与时俱进,各种有效的政策工具相配合才能取得更好的减贫效果,综合发挥各种政策工具的减贫效力。

(二)分样本回归结果及分析

本部分将按照国家统计局对于东部、中部、西部三大经济区的划分标准,对样本中30个省区市进行区域划分,进而分地区对不同区域进行回归,进一步对不同区域间国家财政性教育经费支出减贫效应的区域差异进行分析。根据国家统计局的划分标准,东部地区包括北京、江苏、浙江、山东、上海等11个省市;中部地区包括河南、湖北、湖南、山西等8个省;西部地区包括重庆、四川、云南、贵州、广西、甘肃等12个省区市。

表5-3是对地区分组的各种类型层级公共教育投入贫困消除效应的回归

结果。为分析问题的方便和直观,本节将不同类型的教育支出的地区分组回归结果全部放在表 5-3 中。

从表 5-3 的回归结果可以看出,对于经济发展水平处于不同阶段的各个区域,各种类型、层级的国家财政性教育经费支出对贫困的消除作用均在 1% 的水平上显著,这表明公共教育投入的减贫效应均十分显著。且从系数的总体表现上来说,东部地区的教育减贫效应更大,举例来说,以总体财政性教育经费支出的减贫效应这一支出类型来说,当总体财政性教育经费支出每增加 1 个单位,各个地区的贫困代理变量农民人均纯收入将分别增加 0.392 个、0.364 个、0.284 个百分点。这种效应差异产生的原因可能是:受不同区域经济发展水平差异的影响和限制,地区经济较为发达的地区,其教育回报率也会相应较高,另外,相对较低经济发展水平也有可能会使中西部地区尤其是西部地区的教育经费支出的使用效率及支出总量等方面较低,这都会影响教育支出减贫效应的发挥。

表 5-3　　各种类型国家财政性教育经费支出减贫效应地区分样本回归结果

变量名	农村居民人均纯收入对数值（lnpov）		
	东部	中部	西部
L6. lnte	0.392 *** (0.0590)	0.364 *** (0.0548)	0.284 *** (0.0435)
常数项	-3.678 (7.3306)	-5.025 (5.4348)	-10.464 *** (3.5689)
N	55	40	55
R^2	0.983	0.993	0.995
L5. lnje	0.414 *** (0.0523)	0.395 *** (0.0562)	0.308 *** (0.0423)
常数项	2.521 (5.8457)	-4.181 (4.3517)	-7.230 ** (3.2578)
样本数	66	48	66
R^2	0.985	0.994	0.995
L2. lnze	0.663 *** (0.0447)	0.612 *** (0.0982)	0.595 *** (0.0639)

续表

变量名	农村居民人均纯收入对数值（lnpov）		
	东部	中部	西部
常数项	7.357**	3.006	3.696
	(3.1301)	(4.9581)	(3.3002)
样本数	99	72	99
R^2	0.994	0.994	0.996
L4.lnge	0.494***	0.475***	0.352***
	(0.0467)	(0.0567)	(0.0456)
常数项	8.132	0.987	-4.842
	(4.8778)	(4.3405)	(3.3943)
样本数	77	56	77
R^2	0.988	0.995	0.995
控制变量	已控制	已控制	已控制
地区固定效应	是	是	是

注：**、***分别表示在5%和10%的水平上显著；括号内为标准差。

我们发现，与总样本回归结果相比，在东部地区，无论何种类型、层级的公共教育投入的减贫系数，均高于总样本的回归结果，以总体财政性教育经费支出的减贫回归系数为例，总样本回归系数为0.335，而东部地区这一类型的教育支出减贫系数为0.392，且高等教育、中等教育以及基础教育的减贫回归系数均存在这一趋势。而西部地区的公共教育投入减贫系数与总样本结果相比，则呈现出相反趋势，西部地区各种类型、层级的公共教育投入减贫系数均低于总样本的回归结果。这在一定程度上说明，一个地区的经济发展水平越高，公共教育投入消除贫困的作用将会越大。分析这一现象产生的原因，可能在于随着经济水平的日益发达，社会当中对于受教育程度较高的劳动者的教育回报率是呈日益提高的态势，而在经济较为落后的区域，由于社会经济发展的水平相对较低，人均收入水平也相对较低，对于受教育程度较高的劳动者的教育回报率也远远低于经济发达地区，这一现象也能够与中西部地区人才外流的现实相印证。

（三）稳健性检验

已有文献的稳健性检验方法通常由替换被解释变量或者解释变量进行稳健

性检验。为保证结果的稳定性,本章采用替换被解释变量和解释变量两种方式对基准回归结果进行稳健性检验。首先,采用替换被解释变量的方法进行检验,衡量收入贫困的指标包括贫困发生率、农村居民人均纯收入以及农村居民人均消费支出、FGT指数等。考虑到FGT指数缺失的省份较多,同时在农村贫困发生率指标中,许多省区市,如北京、上海、天津等,由于经济较为发达,绝对的收入贫困已经不复存在,因此贫困发生率指标与FGT指标都不符合本节的数据要求,故选择与居民收入相关的消费支出作为替代的被解释变量来进行稳健性分析。其次,对核心解释变量进行替换。采用各种不同类型的人均国家财政性教育经费支出替代总量指标。稳健性检验结果如表5-4和表5-5。

表5-4　　　　　替代被解释变量的稳健性检验结果

变量名	农村居民人均消费支出对数值(lnpov)			
	模型1	模型2	模型3	模型4
L6. lnte	0.298*** (0.0272)			
L. lnk	0.783*** (0.2538)	0.535** (0.2068)	0.179 (0.1978)	0.731*** (0.2118)
lnl	0.140*** (0.0509)	-0.013 (0.0332)	-0.099*** (0.0336)	0.054 (0.0366)
lnroad	-0.074 (0.0534)	-0.035 (0.0400)	-0.012 (0.0418)	-0.068 (0.0431)
L. lnpgdp	0.325*** (0.0253)	0.321*** (0.0197)	0.288*** (0.0215)	0.357*** (0.0221)
rdg	0.047*** (0.0121)	0.047*** (0.0103)	0.014 (0.0099)	0.052*** (0.0109)
L5. lnje		0.291*** (0.0243)		
L2. lnze			0.489*** (0.0363)	
L4. lnge				0.335*** (0.0250)

续表

变量名	农村居民人均消费支出对数值（lnpov）			
	模型1	模型2	模型3	模型4
常数项	-4.850* (2.4560)	-1.181 (1.9986)	3.134 (1.9620)	-3.946* (2.0382)
样本数	150	210	270	180
R^2	0.987	0.991	0.991	0.990

注：*、**、*** 分别表示在1%、5%和10%的水平上显著；括号内为标准差。

表5-5　　　　　　替代核心解释变量的稳健性回归分析

变量名	农村居民人均纯收入对数值（lnpov）			
	模型1	模型2	模型3	模型4
L6.lnpte	0.304*** (0.0357)			
L.lnk	1.339*** (0.2993)	1.217*** (0.2727)	0.850*** (0.2343)	1.102*** (0.2669)
lnl	0.339*** (0.0637)	0.282*** (0.0516)	0.335*** (0.0406)	0.271*** (0.0472)
L.lnpgdp	0.346*** (0.0312)	0.371*** (0.0303)	0.233*** (0.0288)	0.312*** (0.0277)
lnroad	-0.102 (0.0689)	-0.072 (0.0606)	-0.066 (0.0529)	-0.055 (0.0565)
L5.lnpje		0.292*** (0.0343)		
L2.lnpze			0.507*** (0.0466)	
L4.lnpge				0.335*** (0.0352)
常数项	-12.047*** (2.8606)	-10.785*** (2.5675)	-6.234*** (2.2218)	-8.926*** (2.5093)
样本数	150	180	270	210
R^2	0.983	0.985	0.988	0.985

注：*** 表示在10%的水平上显著；括号内为标准差。

由表 5-4 和表 5-5 的回归结果可知,第一,无论是替换被解释变量还是替换核心解释变量,稳健性检验的回归结果都显示各种不同类型的财政性教育支出的减贫效应显著;第二,在表 5-4 和表 5-5 的回归结果中,不同类型的国家财政性教育经费支出减贫弹性系数的大小也表现出相同的趋势。即无论是何种稳健性检验方法,中等职业教育国家财政性教育经费支出的回归系数最大,其次是高等教育支出,而总体教育支出和基础教育支出的减贫弹性系数差异不大。以上分析表明,本章的基准固定效应回归结果是非常稳健的。

三、门槛回归结果及分析

大量文献证实,个体的收入水平受其受教育程度的影响。一般来说,受教育水平高,则其相应的收入水平也高。但是根据前面的回归结果,减贫效应最大的教育类别为中等职业教育即技能教育,而中等职业教育的教育接受者的受教育年限并不是最长的。因此,教育支出与贫困减缓之间的关系可能并非单纯的线性关系,两者之间极有可能存在着非线性的关系,即教育支出的减贫效应可能存在"门槛"特征。为了进一步明确各类教育支出与贫困减缓之间的关系,本部分拟构建面板门槛模型,考察人均受教育年限影响贫困的门槛水平以及受此影响的教育支出减贫效应的差异。

(一)面板门槛回归模型设定

本部分借鉴 Hansen 的研究(1999)建立固定效应面板门槛模型。Hansen 将门槛值作为一个未知变量构建分段函数纳入回归模型,并对其进行"门槛效应"及相关的门槛值进行检验和估计。该模型不仅能够估计出待估参数的置信区间,也能采用 Boostrap 方法对门槛值的显著性进行分析。因此本部分采用该模型对公共教育投入进行门槛估计。Hansen 门槛模型的基本形式如下:

$$Y_{it} = \mu_i + X_{it}\beta_1 \times I(q_{it} \leq \gamma) + X_{it}\beta_2 \times I(q_{it} > \gamma) + \varepsilon_{it} \quad (5-10)$$

其中,$i = 1, 2, \cdots, N$;$t = 1, 2, \cdots, N$;q_{it} 是门限变量,γ 为待估门限值,X_{it} 为外生解释变量,ε_{it} 为与 X_{it} 不相关的独立同分布。$I(\cdot)$ 为示性函数,当括号内条件成立时,取值为 1;当括号内条件不成立时,取值为 0。

第五章　公共教育投入减贫的结构效应分析

根据前面分析，并借鉴单德朋（2012）做法，教育支出的减贫效应受到个体受教育年限的影响，因此，本章采用各个地区平均受教育年限作为门槛变量，分析财政教育支出的减贫效应。设置多重门槛面板模型如下：

$$\ln pov = \alpha_i + X_{it}\phi + \delta_1 \ln E_{it} \times I(pye_{it} \leq \gamma_1) + \delta_2 \ln E_{it} \times I(\gamma_1 < pye_{it} \leq \gamma_2)$$
$$+ \delta_3 \ln E_{it} \times I(pye_{it} > \gamma_3) + \varepsilon_{it} \qquad (5-11)$$

其中，α_i 表示 30 个省区市的个体效应；$I(\cdot)$ 为示性函数；X_{it} 表示矩阵形式的各种控制变量，包括有各省区市物质资本存量 K 对数值，各省区市就业人口数 L 对数值，各省区市 RD（研发支出占 GDP 的比重）以及各省区市公路里程数的对数值，ϕ 为矩阵形式的控制变量系数；pye 为门槛变量人均受教育年限；γ_1、γ_2、γ_3 为门槛值；δ_1、δ_2、δ_3 为待估参数值；$\ln E_{it}$ 分别表示各种不同类型的财政性教育支出，主要有高等教育财政性支出、中等职业教育财政性支出和基础教育财政性支出；ε_{it} 为扰动项。

（二）面板门槛检验及其结果分析

门槛回归第一步应确认门槛个数。首先，按照不存在门槛值的原假设或存在一个门槛值的备择假设，以及只存在一个门槛值的原假设或存在两个门槛值的备择假设和只存在两个门槛值的原假设或存在三个门槛值的备择假设分别检验。采用 Hansen（1999）的门槛回归方法，采用 Bootstrap 抽样 300 次估计其 P 值及 LM 值，检验结果如表 5-6、表 5-7 和表 5-8 所示。本章使用 Stata15.1 进行分析。

表 5-6　　　　基础教育国家财政性教育经费支出的门槛
效应检验结果

门槛变量	Model	Bootstrap LM 值	P 值	不同显著水平临界值		
				10%	5%	1%
人均受教育年限	单一门槛	28.74*	0.0567	23.29	30.00	41.43
	双重门槛	6.82	0.630	33.68	42.53	56.70
	三重门槛	19.77	0.1067	20.34	26.45	31.73

注：* 表示在 1% 的水平上显著。

表5-7　中等职业教育国家财政性教育经费支出的门槛效应检验结果

门槛变量	Model	Bootstrap LM值	P值	不同显著水平临界值		
				10%	5%	1%
人均受教育年限	单一门槛	38.23*	0.0567	30.48	38.87	49.78
	双重门槛	40.49***	0.0067	24.46	27.06	35.26
	三重门槛	25.46	0.2000	35.88	43.44	49.51

注：*、***分别表示在1%、10%的水平上显著。

表5-8　高等教育国家财政性教育经费支出的门槛效应检验结果

门槛变量	Model	Bootstrap LM值	P值	不同显著水平临界值		
				10%	5%	1%
人均受教育年限	单一门槛	31.95**	0.0320	23.90	28.82	42.28
	双重门槛	43.68***	0.0060	23.89	28.04	38.14
	三重门槛	34.69	0.1280	44.27	70.21	116.19

注：**、***分别表示在5%和10%的水平上显著。

表5-6、表5-7和表5-8中的LM统计量及其P值表明，在门槛变量pye（人均受教育年限）下，核心解释变量高等教育国家财政性教育经费支出在1%的显著性水平上显示存在2个门槛值，中等职业教育国家财政性教育经费在1%的显著性水平上显示存在两个门槛值，基础教育国家财政性教育经费支出在10%的显著性水平上存在一个门槛值。

门槛检验表明，高等教育支出和中等职业教育支出的面板门槛回归应该采用双重门槛模型，基础公共教育投入的面板门槛回归应采取单一门槛模型。在确定门槛值的个数之后，本章利用Hansen的三部法确定各自变量的门槛值以及其估计系数，结果如表5-9所示。

表5-9　门槛值估计结果

门槛变量	变量	门槛数	门槛值	95%的置信区间
人均受教育年限	高等教育	2个	Pye<9.92 9.92≤Pye<9.98 pye≥9.98	[7.68, 9.92] [9.68, 9.97] [9.76, 10.10]

续表

门槛变量	变量	门槛数	门槛值	95%的置信区间
人均受教育年限	中等职业教育	2个	Pye < 7.44 7.44 ≤ Pye < 9.92 pye ≥ 9.92	[7.36, 7.51] [7.36, 7.51] [9.91, 9.97]
	基础教育	1个	pye < 9.92 pye ≥ 9.92	[9.90, 9.97]

图 5-1、图 5-2 和图 5-3 是门槛回归的似然比函数图，似然比函数图有助于更清晰地观察和理解门槛值及其置信区间的构造。

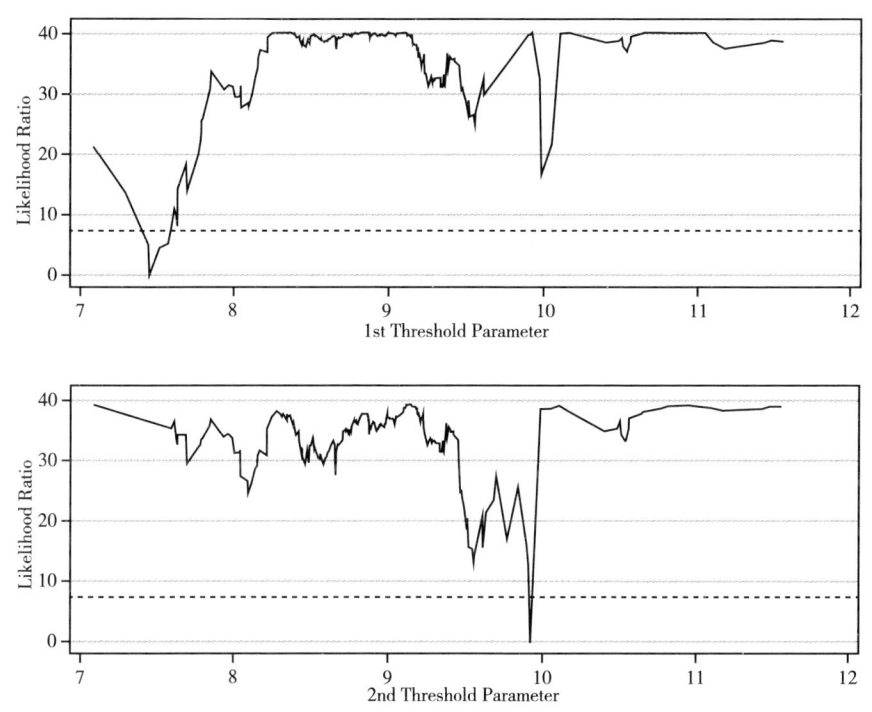

图 5-1　中等职业教育的门槛估计值及其置信区间

(三) 面板门槛回归结果分析

从门槛面板模型回归的估计结果可以发现，各项国家财政性教育经费支出与贫困之间的关系比较复杂，不是简单的线性关系。

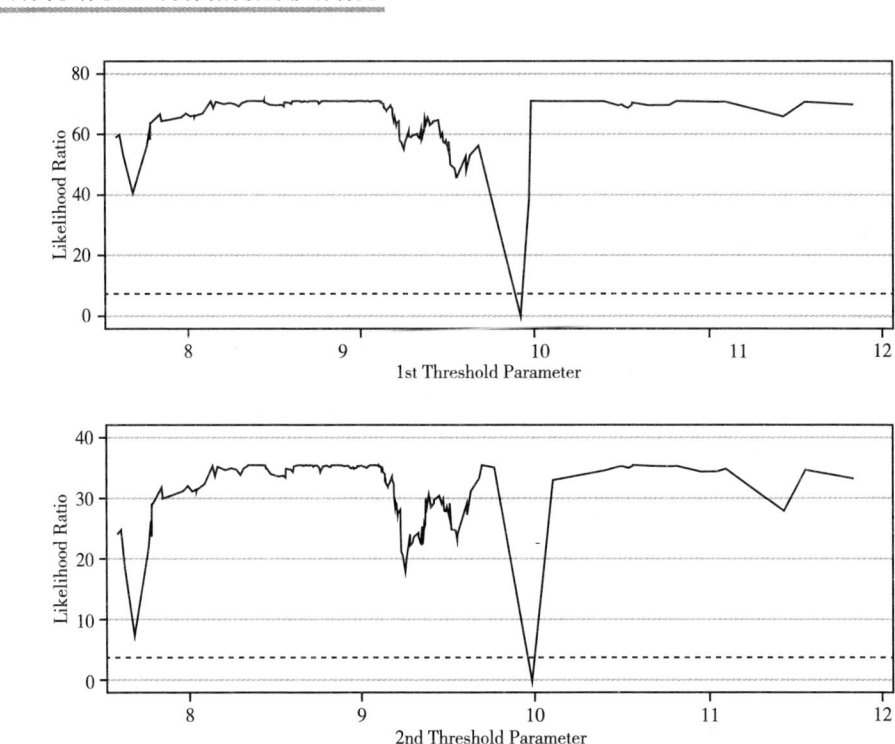

图 5-2 高等教育的门槛估计值及其置信区间

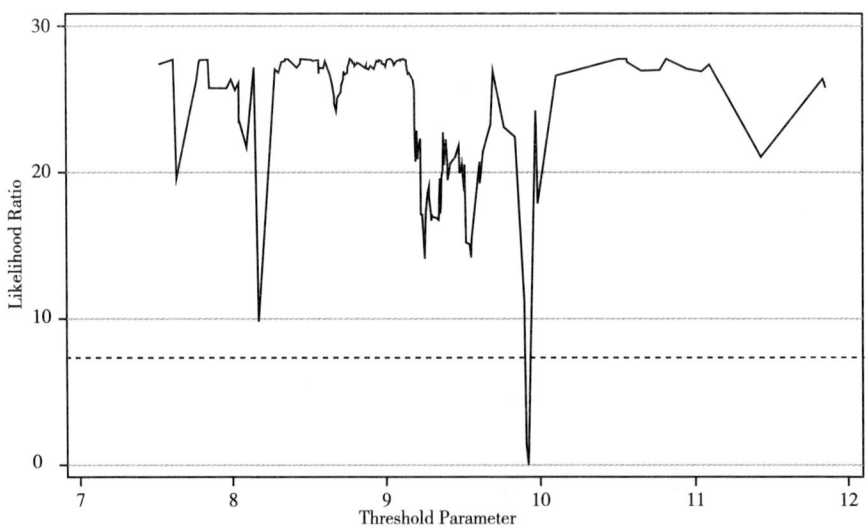

图 5-3 基础教育的门槛估计值及其置信区间

第五章 公共教育投入减贫的结构效应分析

第一，基础教育国家财政性教育经费支出与贫困减缓之间的关系受到人均受教育年限的影响。表 5-10 的结果显示，当人均受教育年限低于门槛值 9.9227 时，系数的估计值为 0.432，即基础教育国家财政性教育经费支出对贫困发生的弹性系数为 0.432，并且在 1% 的水平上显著；当人均受教育水平跨域门槛值 9.9227 时，基础教育国家财政性教育经费支出对贫困发生的弹性系数为 0.419，估计值有所下降，但仍然在 1% 的水平上显著。这表明，基础教育的国家财政性教育经费支出与贫困减缓之间存在一个"拐点"或门槛。其次，弹性系数从 0.432 下降到 0.419，减贫作用略微下降。造成基础教育国家财政性教育经费支出减贫效应随着平均受教育年限提高而下降的原因可能是：由于教育产品是通过提升个体的人力资本水平，进而改善个体收入能力而实现减贫的，其减贫效果具有间接性。然而对于个体来说，其人力资本水平和收入能力是会随着受教育年限的提升而提升，但当其受教育年限突破一定的阶段，或达到一定的"拐点"之后，受教育年限的增加对收入能力的提升作用相比较"拐点"之前，其提升效应在降低，即教育产品对收入能力提升的边际效应在减少。举例来说，初中学历者的收入水平高于小学学历者，高中学历者的收入水平也高于小学学历，但高中学历者的收入水平与初中学历者的收入水平可能相差并不大。

表 5-10　　　　　　　　　　门槛效应系数估计结果

变量	(1) lnpov	(2) lnpov	(3) lnpov
L5. lnje(pye < γ_1)	0.432*** (0.0390)		
L5. lnje(pye ≥ γ_1)	0.419*** (0.0387)		
L2. lnze(pye < γ_1)		0.811*** (0.0291)	
L2. lnze(γ_1 ≤ pye < γ_2)		0.844*** (0.0277)	
L2. lnze(pye ≥ γ_2)		0.827*** (0.0279)	
L4. lnge(pye < γ_1)			0.501*** (0.0343)

续表

变量	(1) lnpov	(2) lnpov	(3) lnpov
L4. lnge($\gamma_1 \leq $ pye $< \gamma_2$)			0.476***
			(0.0341)
L4. lnge(pye $\geq \gamma_2$)			0.507***
			(0.0345)
Controls	控制	控制	控制
Model	FE	FE	FE
R^2	0.979	0.993	0.986
N	180	270	210

注：*** 表示在1%的水平显著；括号内为标准差。

第二，中等职业教育国家财政性教育经费支出与贫困减缓之间的关系也受到平均受教育年限的影响。当平均受教育年限跨越第一个门槛7.44时，中等职业公共教育投入的减贫作用上涨，其弹性系数由0.811上升到0.844；当平均受教育年限跨越第二个门槛9.92时，中等职业公共教育投入的减贫作用出现少许下降，弹性系数下降到0.827。中等职业公共教育投入减贫效应出现先增加后减少规律的可能原因是：中等职业教育主要由中等专业学校、职业高中、技工学校以及成人中专学校这几类学校组成，这几类学校的受教育者基本上都是初中毕业之后再去接受的职业教育，其平均受教育年限大致在7年，当一个地区的平均受教育水平较低时，接受中等职业教育可能是个体的一个好选择，因为其接受了中等职业教育之后，具备了相应的技能，同时加上由于提前进入了社会，使其收入能力得到迅速提升。但是当一个地区的受教育年限即教育水平又达到更高的水平之后，接受中等职业教育可能并不是最好的选择，更多的个体将会选择接受更高层次的教育，因此其减贫效果开始下降。

第三，高等教育国家财政性教育经费支出与贫困减缓之间也存在非线性关系。当平均受教育年限跨越第一个门槛9.92时，高等公共教育投入的减贫系数为0.476，且在1%的水平上显著，相比较跨越第一个门槛之前，其弹性系数由0.501下降到0.476；当平均受教育年限跨越第二个门槛9.98时，高等公共教育投入的减贫系数又出现上升的态势，从0.476上升到0.507，这说明高等公共教育投入的减贫作用的边际效应是递增的。高等公共教育投入的减贫作用出现先下降后上升的规律的原因可能是：当一个地区的教育水平较低时，接受高等教育有助于个体取得更高的收入;当地区的教育水平提高时,其社会发展水平也相应提高,取得更高的收入与所接受的教育之间的关系可能并不密切,但是当一个地区的教育水平进一步提高时,其社会发展状况又进入更高层次,整体社会对劳动者受教育水平的要求进一步提高,更高的学历将会带来更高的收入。这种情况也符合现实社会中人们对现实的认知。因此,随着受教育年限的提升,高等公共教育投入的减贫效应的边际效应出现了先下降又上升的变化态势,而这种变化态势也符合社会对高等教育认知的发展和变化。

综上所述,根据门槛回归的结果来看,各项教育支出与贫困减缓之间均存在非线性关系。同时本章注意到,尽管各类别的教育支出与贫困减缓之间的变化规律不尽相同,但是各种类别的教育支出与贫困减缓之间的关系均非常显著。这说明,教育支出的减贫效应值得重视,持续加大对教育事业的支出,有利于贫困减缓。

(四) 面板门槛回归的区域分析

本部分根据门限变量平均受教育年限的门槛值7.44、9.92和9.98来分析30个省区市目前公共教育投入状况所处的阶段。根据对2017年各省区市平均受教育年限的分析,我们发现,30个省区市在2017年其平均受教育年限均突破了7.44这个门槛值,但大部分省区市还没有突破9.92这个门槛值。具体分布情况如表5-11所示。

表5-11　　　　　　　　2017年各省区市门槛值及其分布

门槛值	省区市
$Pye < 7.44$	无
$7.44 \leq Pye < 9.92$	河北、内蒙古、吉林、黑龙江、江苏、浙江、安徽、福建、江西、山东、河南、湖北、湖南、广东、广西、海南、重庆、四川、贵州、云南、陕西、甘肃、青海、宁夏、新疆
$9.92 \leq Pye < 9.98$	山西
$9.98 \leq pye$	北京、天津、辽宁、上海

如表5-11所示,结合中等职业教育门槛估计的回归系数及门槛值,尽管所有地区在2017年均突破了平均受教育年限7.44的门槛值,但是仍有25个省区市的平均受教育年限处于第二个门槛值之下。因此,大部分地区的中等教

育支出的减贫效应仍然处于上升阶段,即中等职业教育支出的减贫弹性系数从 0.811 上升到 0.844 的阶段,还没有到达边际效应递减的阶段。因此,对于大部分省区市来说,仍有必要持续加大对中等职业教育的支出。

具体到基础公共教育投入来说,在 2017 年大部分省区市依然处于门槛值 9.92 之下,即基础教育支出的减贫效应也还没有到边际效应减少的阶段,仍需加大对基础教育的支出。而对于高等教育来说,在 2017 年,与基础教育相同,除少数发达地区之外,大部分省区市的平均受教育年限没有突破门槛值 9.92,同时,只有极少数地区突破了第二个门槛值 9.98,因此,对于高等教育来说,大部分地区还没有到达减贫边际效应递减的阶段,而少数发达地区如北京、上海、天津等地已经到达高等教育减贫边际效应递增阶段,这一现象也与本章之前的分析相对应。由以上分析可知,对于高等教育来说,持续加大公共教育投入依然是非常必要的。

本章小结

在第四章从总体规模视角分析公共教育投入的减贫效应的研究基础上,本章进一步拓展研究范围,选取中国省级面板数据,在教育产品分类为高等教育支出、基础教育支出和中等职业教育支出的基础上,构建固定效应模型和面板门槛模型,对不同类型和层级的国家财政性教育经费支出的减贫效应进行对比和分析,主要结论如下:

第一,不同层级、类型的国家财政性教育经费支出的回归系数均显著为正,这表明从长期来看,各种类型、层级的教育支出均具有非常明显、显著的减贫效应;同时,回归结果显示,不同类型、层级的教育支出的减贫效应存在差异。具体来说,不同类型、层级的教育支出的回归系数大小依次为:中等职业教育>高等教育>基础教育>总体教育支出。其中,中等职业教育的回归系数最大且显著为正,这表明各种类型的教育支出中,中等职业教育的减贫效应最大,这一现象产生的原因可能在于,中等职业教育的学制较短,教育投入相对较低,同时中等职业教育的教育目的明确,即以就业为导向,受教育者可迅速进入就业市场并取得收入,因此中等职业教育的减贫效应相对来说更大。

第二,长期中,教育支出的减贫效应也存在区域异质性。对于不同类型、层级的教育支出来说,经济发展水平的差异导致国家财政性教育经费支出的减贫效应也存在着差异。长期来看,各地区总体教育支出的减贫效应均十分显著，但差异明显。从减贫的弹性系数上来看，东部地区公共教育投入的减贫弹性系数最大，表明减贫效果最好。出现这种情况的原因可能是由地区经济状况差异所导致的，由经济发展水平以及受其影响的社会生活各个方面的限制，导致西部地区的教育经费支出量以及支出使用效率都远低于东、中部地区。

第三，经济增长的减贫特征与教育支出不同。从经济增长的代理变量人均GDP的减贫弹性系数来讲，其值呈现与教育支出不同的差异，西部地区经济增长的减贫弹性系数最大。这表明，西部地区减贫的第一推动力还是经济的增长。

第四，各项教育支出与贫困减缓之间均存在非线性关系。门槛面板模型结果显示，公共教育投入的减贫效应存在门槛效应。具体来说，大部分地区的中等教育支出的减贫效应仍然处于上升阶段，因此，对于大部分省区市来说，仍有必要持续加大对中等职业教育的支出；具体到基础公共教育投入来说，基础教育支出的减贫效应也还没有到达边际效应减少的阶段，仍需加大对基础教育的支出。而对于高等教育来说，除少数发达地区之外，大部分地区也还没有到达减贫边际效应递减的阶段，因此持续加大高等公共教育投入也是非常必要的。

第五，由于教育减贫具有间接性，而受教育者接受教育之后，其收入能力不断提升，收入也逐年提高。因此，从长期来看，经济增长的减贫效应低于教育支出的减贫效应。

第六章

公共教育投入减贫的空间效应分析

研究区域问题，不能忽视区域之间的空间关系（李婧等，2010）。在第四章和第五章从公共教育投入规模和结构减贫效应的实证分析中，我们发现不同地区的公共教育投入规模、结构对贫困减缓均存在显著的差异。出现这种现象的原因可能在于区域的异质性，也有可能是相关研究忽视了贫困以及公共教育投入的空间相关性。研究显示，财政支出存在"示范"效应和"竞争"效应，伴随着财政支出这种要素的流动，政府财政支出的影响不仅不会局限于本地区，还会扩散到其他区域，即财政支出会产生空间溢出效应（李永友，2015），如果在分析中忽视财政支出的空间效应，容易使财政支出估计效应产生偏差，最终夸大或缩小其实际效应。因此，近些年越来越多的学者开始采用空间计量方法研究财政支出的空间效应。而作为财政支出的重要组成部分，公共教育投入对于贫困减缓的空间效应也不应忽视。因此，本章拟运用空间计量方法对公共教育投入与贫困减缓之间的关系进行实证分析，分析其空间效应，考察两者之间是否存在空间依存性。本章的思路安排如下：首先，确定省区市之间的空间权重矩阵，构建贫困减缓与公共教育投入之间的空间计量模型，并纳入相关控制变量；其次，采用不同类型的空间面板模型回归并对回归结果对比分析，从中选择拟合效果最好的空间面板计量模型，在此基础上，计算出公共教育投入对贫困减缓的空间溢出效应。

第六章 公共教育投入减贫的空间效应分析

第一节 模型的介绍和设定

"几乎所有的空间数据都具有空间依赖性或空间相关性的特征。"[①] 要素在各省区市、地区之间的流动并不是相互独立的，某个省区市的要素流动很有可能会受到其他省区市、地区的经济行为的影响。因此，忽视空间相关性的研究很容易导致模型的错误设定。

研究财政支出的相关问题时，由于财政支出固有的空间分配特点，不可避免地会涉及财政支出存在的空间相关性和空间差异性问题。对于公共财政支出来说，一个地区的财政支出规模，会受到周边地区财政收支规模的横向影响（周文通等，2019），即，如果周边地区扩大财政支出的规模，而本地支出规模不变，则周边地区在经济增长和公共服务供给上会具有相对优势，这种相对优势有利于吸引更多的资源流入本地，进一步地刺激本地的经济增长和公共服务水平的发展。因此，地方政府在支出上所面临的这种溢出效应，意味着本地的财政支出规模与周边地区的支出规模存在空间上的相关性。具体到公共教育投入，教育水平的高低受教育支出的影响非常明显，而教育水平的高低又是影响本地资源流入或流出的重要影响因素。Jung 等（2015）的研究证实了教育支出的空间外溢性有助于减少本区域和邻近区域的贫困状况。而具体到减贫，大量文献证实空间效应也影响着减贫效应，Ravallion（2012）指出，贫困存在空间依赖性。林伯强（2005）也指出，公共投资的减贫效应存在空间差异性。

因此，研究公共教育投入的相关问题时，采用传统的 OLS 模型仅能从区域内部揭示变量之间的相互关系，而忽略教育产品及教育支出所伴随的空间相关性，这可能会导致模型被错误设定。因此，本章采用空间计量分析技术，考虑空间相关性，考察公共教育投入与贫困抑制之间的关系，并对教育支出的空间溢出效应进行测度。

---

① Anselin L. Spatial Econometrics: Methods and Models. Dordrecht, The Netherlands: Kluwer Academic Publishers, 1988.

一、空间计量模型介绍

(一) 模型基本内容

根据 Tobler (1979) "任何事物之间均相关,而离得较近事物总比离得较远的事物相关性要高"的地理学第一定律。空间因素在研究区域问题时越来越被重视。Anselin (1988) 在空间相关性和空间依赖性的基础上,提出了空间滞后模型 (SAR)、空间误差模型 (SEM) 和空间杜宾模型 (SDM)。模型基本设定如下:

空间滞后模型 (Spatial Lag Model,SAR):

$$Y = \rho WY + X\beta + \varepsilon \tag{6-1}$$

空间误差模型 (Spatial Error Model,SEM):

$$Y = X\beta + \mu$$
$$\mu = \lambda W\mu + \varepsilon \tag{6-2}$$

空间杜宾模型 (Spatial Durbin Model,SDM):

$$Y = \rho WY + X\beta + \theta WX + \varepsilon \tag{6-3}$$

其中,Y 为被解释变量,X 为解释变量矩阵;ρ 为被解释变量的空间效应系数,λ 为扰动项的空间效应系数,δ 为解释变量的空间效应系数,空间效应系数越大,说明空间依赖性或空间相关性就越大;β 参量系数,W 为空间权重矩阵。以上都为空间计量经济学模型的核心。

(二) 空间权重矩阵

使用空间计量经济学,首先需要选择适合的空间权重矩阵,这是空间计量的核心内容之一。空间权重矩阵的主要作用在于表达了空间的相互作用。因此,在空间计量分析中,空间权重矩阵的选择和设定至关重要(李婧等,2010)。空间权重矩阵通常被定义为二元对称空间,表示 n 个位置的空间区域的邻近关系,常用的空间权重矩阵有两种:一种是简单的二进制邻接空间权重矩阵,另一种是基于距离的二进制空间权重矩阵。其具体形式如下:

二进制邻接矩阵。其第 i 行第 j 列元素为:

$$W_{ij} = \begin{cases} 1 & \text{当 i 与 j 相连时} \\ 0 & \text{其他} \end{cases} \tag{6-4}$$

基于距离的二进制矩阵。其第 i 行第 j 列元素为：

$$W_{ij} = \begin{cases} 1 & \text{i 与 j 距离小于 d} \\ 0 & \text{其他} \end{cases} \quad (6-5)$$

在现有文献中，除了使用真实地理坐标计算地理距离的权重矩阵外，还有包括经济和社会因素更加复杂的权重矩阵的设定方法。例如，根据地区经济发展水平的空间相关性建立的经济距离权重矩阵（林光平等，2006）；基于人力资本水平空间相关性建立的人力资源距离权重矩阵（李婧等，2010）。

二、实证策略

根据以上分析，本章发现，公共教育投入的减贫效应存在显著的区域异质性，这表明由于经济发展水平的不同，公共教育投入的减贫效应存在明显的地区差异。为解释区域异质性的原因，本部分拟从公共教育投入及减贫的空间效应入手，构建空间计量模型，深入分析教育支出的减贫效应。

实证步骤安排如下：第一，构建传统的 OLS 模型，进而对其残差项进行空间相关性检验，以证明引入空间项的必要性；第二，考虑到不同的空间计量模型的传导机制不相同，各个模型的经济含义也存在差异（白俊红等，2017），借鉴白俊红等的做法，本部分将按照"OLS—SAR—SEM—SDM"的研究路径对模型进行设定和检验，以获取具有最优拟合效果的空间计量模型；第三，通过 LR 检验和 Wald 检验进一步探讨不同类型的空间计量模型之间是否能够互相转化；第四，根据空间效应作用的范围和对象的差异，测度解释变量对被解释变量的具体影响，即对空间效应进行分解，以直接效应、间接效应（空间溢出效应）和总效应具体说明解释变量对被解释变量的空间效应大小；第五，分别从更换权重矩阵和考虑内生性两个方面对基准回归结果进行稳健性分析，以保证回归结果的稳健性。

（一）空间计量模型的设定

根据前面所述，建立以下计量模型：

$$\ln Pov_{it} = \alpha + \beta_1 \ln edu_{it} + \beta_2 \ln X_{it} + \varepsilon_{it} \quad (6-6)$$

$$\ln Pov_{it} = \alpha + \delta W \ln Pov_{it} + \beta_1 \ln edu_{it} + \beta_2 \ln X_{it} + \varepsilon_{it} \quad (6-7)$$

$$\ln Pov_{it} = \alpha + \beta_1 \ln pedu_{it} + \beta_2 \ln X_{it} + \mu_{it}$$
$$\mu_{it} = \lambda W \mu_{it} + \varepsilon_{it} \qquad (6-8)$$

$$\ln Pov_{it} = \alpha + \delta W \ln Pov_{it} + \beta_1 \ln pedu_{it} + \beta_2 \ln X_{it}$$
$$+ \theta_1 W \ln pedu + \theta_2 W \ln X_{it} + \varepsilon_{it} \qquad (6-9)$$

其中，式（6-6）为未考虑空间因素的传统 OLS 模型，式（6-7）、式（6-8）、式（6-9）分别为空间滞后模型（SAR）、空间误差模型（SEM）和空间杜宾模型（SDM）。这个三个公式的内在联系说明如下：当 $\theta_i = 0$（$i = 1, 2$）时，即式（6-9）中的空间作用不存在，则只存在空间单向相关，空间杜宾模型（SDM）即退化为空间滞后模型（SAR）；当空间杜宾模型（SDM）中的空间交互项系数 θ_i、被解释变量空间滞后项系数 δ 以及回归系数 β_i 之间满足 $\theta_i = -\delta\beta_i$ 时，空间杜宾模型退化为空间误差模型（SEM）。

其中，pov 为本章的被解释变量，pov_{it} 表示第 i 个地区第 t 年的贫困水平，用以度量各个地区公共教育投入的减贫效应；pedu 为本章的核心解释变量，即人均国家国家财政性教育经费支出，$pedu_{it}$ 表示第 i 个地区第 t 年的教育支出水平；X 代表一系列控制变量；α 代表常数项、W 为空间权重矩阵；θ_i 为空间交互系数；μ_{it} 和 ε_{it} 是服从独立同分布的扰动项，其中 $\mu_{it} \sim iid\ (0 - \sigma^2)$，$\varepsilon_{it} \sim iid\ (0 - \sigma^2)$。

（二）空间权重矩阵的确定

如前所述，空间计量模型中，空间权重矩阵的选择非常重要，因此第一步就需要确定空间权重矩阵。一般来说，较为常用的空间权重矩阵是按照空间单元邻接性确定的二进制邻接矩阵，即如果两地区相邻，则权重矩阵中的对应元素为1，否则取值为0，其中主对角线的值为0。但是有学者认为，一方面经济活动的空间效应不仅仅存在于相邻地区之间；另一方面，由于地理距离的不同，区域之间的空间关联强度等存在差异，因此，邻接矩阵并不能全面反映区域间关联的全部客观事实（李婧等，2010）。因此，有学者分别建立了基于相邻地区经济发展差异的经济距离空间权重矩阵和基于各省经纬度距离和省会距离的地理空间距离权重矩阵（林光平等，2006），考虑到教育产品的外溢性主要会受到地理距离的影响，因此，根据研究需要，本章选择基于各省区市省会距离的地理空间距离权重矩阵。即主对角线的元素均为0，非主对角线上的元

素为 $1/d^2$，其中 d 为两个省份之间的省会距离，并对空间权重矩阵进行了标准化处理。

三、变量选取与数据来源

（一）变量说明

1. 被解释变量。

贫困水平（pov）。目前相关文献中对于贫困指标一般选取贫困发生率（贫困人口占总人口的比例）、贫困距指数、贫困指数等来衡量贫困水平。这些指数的优点在于能够较为直观和直接地反映贫困状况。但是在我国，各个地区的统计标准和统计数据存在不一致及不完善等问题，导致获取各地区如省际的贫困指标比较困难。也有很多学者采用各种代理变量反映各地贫困状况，如采用恩格尔系数、农村居民人均纯收入等指标作为代理变量来衡量省际或地市的贫困状态，但是有学者指出我国居民消费结构中个别商品的比重过大，导致恩格尔系数不能较好地反映各地贫困状况。因此，考虑到数据的可得性及相关文献的做法，本章选择农村居民人均消费水平作为贫困状况的代理指标，其原因有：第一，我国大部分的贫困人员都集中在农村，因此使用农村居民人均消费水平可以较好地反映各省区市的贫困水平；第二，一般来说，一个地区越是贫穷，则该地居民消费水平及农村居民人均消费水平就越低，则代表该地贫困水平越高；反之亦然。

2. 核心解释变量。

人均国家财政性教育经费（pedu）。在衡量各个地区财政性教育支出的指标中，生均教育经费最能反映出各地的财政教育支出水平，但是生均教育经费在《中国教育经费统计年鉴》中只统计了各种层次[①]教育的生均经费，并未从整体上统计各地生均经费，因此，本章选择次优指标人均国家财政性教育经费作为衡量各省区份教育支出水平的变量。具体计算公式为：

各省区市人均国家财政性教育经费支出 = 各省区市国家财政性教育经费总额/各省区市总人口。

[①] 生均经费数据主要有高等教育、职业教育、中等教育等。

3. 控制变量。

由于影响贫困状况的因素较多，如各地经济发展水平、收入分配状况、固定资产状况等。因此，在核心解释变量的基础上，本章增加了若干控制变量。

（1）收入分配状况（disr）。诸多文献证实，收入分配状况将会影响到贫困水平，收入分配状况合理，则有利于贫困水平的改善；若收入分配状况恶化，则相应地会使贫困水平恶化。衡量收入分配状况的主要指标有：基尼系数、泰尔指数以及城乡收入比。本章选择城乡收入比作为衡量收入分配状况的指标。其公式为：

城乡收入比＝城市居民人均纯收入/农村居民人均纯收入。

（2）产业结构状况（indus）。一般来说，一个地区的第三产业越发达，就越有利于经济发展，相应地也就越有利于贫困的减缓。因此，加入产业结构状况作为控制变量，具体以各地区第三产业增加值占各地国内生产总值的比重作为衡量产业结构状况的指标。具体公式如下：

产业结构状况＝各省区市第三产业增加值/各省区市国民生产总值。

（3）道路基础设施状况（road）。道路基础设施的好坏也将会影响贫困状况。相关文献证实，贫困区域道路交通薄弱会阻碍贫困区域与外界的联系，不利于贫困地区的经济发展和居民收入状况改善，最终有可能导致贫困区域处于长期贫困状态并陷入空间贫困"陷阱"（Jalan et al., 2002）。而公路交通是最主要的道路基础设施，公路交通条件的改善，能够增强贫困地区的劳动人口和要素的流动性，促进收入增长。因此，本章选择各地区公路里程数作为衡量各地区道路基础设施状况的代理变量。

（4）各省区市金融发展水平（fina）。金融扶贫被普遍认为是有效的扶贫方式。一方面，金融发展可以通过影响贫困人口对金融服务的可获得性，对贫困人口的收入等产生有益预期（Geda et al, 2006）；另一方面，金融的发展有助于贫困人口进行自主人力资本投资，提高其收入水平，进而通过缩小收入分配差距影响贫困。因此，本章引入各地区金融发展状况这一控制变量。其具体公式如下：

各省区市金融发展水平＝各地区金融机构贷款余额/各地区国民生产总值。

（5）城镇化水平（city）。研究证实，城镇化一方面能够通过促进经济的增长实现贫困的减缓（Dollar & Kraay, 2000；Bertinelli & Black, 2004）；另一方面，城镇化一般伴随着贫困人口的城市化移动或迁移，随着城镇化的发展，就业机会不断增加,这都有助于贫困人口增加收入。同时,城镇化水平较高的地区,富裕程度也较高,相应的贫困水平也会较低。城镇化水平的衡量公式为:

城镇化水平=各省区市城镇人口数/各省区市总人口。

(6)对外开放程度(open)。对外开放一方面能够通过直接影响区域的经济增长状况,实现贫困的减少;另一方面,对外开放能够增加就业机会,促进劳动力的非农转移,进而增加收入使贫困人口摆脱贫困。因此,本章将对外开放程度纳入控制变量以全面考察教育支出的减贫效应。具体公式为:

对外开放程度=各地区进出口货物总额/各地区GDP的数值。

其中各年进出口货物总额数据以人民币兑美元年均汇率折算。

以上数据均来自相关年份的《中国统计年鉴》《中国教育经费统计年鉴》以及EPS数据库等。相关经济变量均以2000年为基期消除了价格影响。为消除可能存在的异方差性,除比例性数据外,其余变量均进行了对数处理。

具体变量说明见表6-1。

表6-1 变量说明

变量名称	符号	含义
贫困水平	pov	农村居民人均消费水平
人均国家财政性教育经费	pedu	各省区市人均财政性教育经费/各省区市总人口
收入分配状况	disr	城市居民人均纯收入/农村居民人均纯收入
产业结构状况	indus	各省区市第三产业增加值/各地区国民生产总值
基础设施状况	road	各省区市公路里程数
金融发展水平	fina	各地区金融机构贷款余额/各地区国民生产总值
城镇化水平	city	各省区市城镇人口数/各省区市总人口
对外开放程度	open	各地区进出口货物总额/各地区GDP

(二)样本选择与描述性统计分析

本章的研究样本为全国30个省区市(西藏自治区由于数据缺失严重,因此删除西藏数据,同时由于数据的限制,研究样本也不包括香港特别行政区、澳门特别行政区和台湾地区),时间跨度为2000~2017年的面板数据(因数据原因,未将西藏、香港、澳门及台湾列入相关分析)。基于省会距离的地理空间权重矩阵中的各元素以《中华人民共和国地图》(2016)为基准统计所得。

变量描述性统计分析见表6-2。

表6-2　　变量原始数据的描述性统计分析结果

变量名	均值	标准差	最小值	最大值	样本量
农村居民人均消费水平（pov）元	2139.83	870.28	1084	5946	540
人均国家财政性教育经费（pedu）元	1236.42	1136.691	117	8122	540
收入分配状况（disr）%	2.89	0.574	1.8	4.8	540
城镇化水平（city）%	49.84	14.999	20	90	540
金融发展水平（fina）%	115.88	39.313	54	258	540
对外开放程度（open）%	31.07	38.148	1.7	172	540
贫困水平（pov）元	2139.83	870.276	1084	5946	540
基础设施状况（road）（公里）	109850.70	72723.324	4325	329951	540

注：数据由相关年份《中国统计年鉴》《中国教育经费统计年鉴》整理所得。

从表6-2的描述性统计分析可以看出，人均国家财政性教育经费最大值为8122，最小值为117，均值为1236.42，最大值和最小值相差8005，标准差为1136.691，这说明不同省区市之间的人均国家财政性教育经费的差异较大。而贫困水平的代理变量农村居民人均消费水平的最大值为5946，最小值为1084，而标准差为870.276，这说明以农村居民人均消费水平衡量的贫困状况，地区之间尽管有差异，但差异不大。其他变量中，基础设施状况（road）、金融发展水平（fina）、对外开放程度（open）和城镇化水平（city）的标准差数值较大，表明数据间的离散程度较大，说明区域间差异较为明显，而其他的控制变量，如收入分配状况（disr）、产业结构状况（indus）标准差较小，表示离散程度较小，区域间差异不大。

第二节
实证估计结果及分析

一、空间相关性检验

在使用空间计量模型进行空间估计之前，首先需要确定经济数据之间是否存在空间的相互依赖性，即空间相关性和相关程度。考察经济数据的空间相关

性的常用指标有莫兰指数、吉尔里指数等,本章使用莫兰指数(Moran's I)考察。莫兰指数的计算公式如下:

$$I = \frac{n \sum_{i=1}^{n} \sum_{j=1}^{n} W_{ij}(x_i - \bar{x})(x_j - \bar{x})}{\sum_{i=1}^{n} \sum_{j=1}^{n} W_{ij} \sum_{k=1}^{n}(x_k - \bar{x})^2} \qquad (6-10)$$

其中,x_i 表示第 i 个空间的观察值,n 为空间单元数,W_{ij} 为空间权重矩阵。

莫兰指数 I∈[-1,1],莫兰指数小于 0 表示存在空间负相关,大于 0 表示存在空间正相关,等于 0 则表示无空间相关。莫兰指数的绝对值越大,表示空间相关程度越大,反之亦然。

由于莫兰指数只能检验截面的空间相关性,因此本部分将对样本期内的各个年份分别进行莫兰检验,进而判断空间相关性是否存在。

实证部分采用 Stata 15.1 软件进行估计。表 6-3 和表 6-4 分别表示 2000～2017 年我国各省区市农村居民人均消费支出及人均国家财政性教育经费的 Moran's I 指数和相应的 Moran's I 检验的 Z 值。原假设为不存在空间相关性。权重矩阵为基于省会距离的地理空间权重矩阵。

表 6-3　2000~2017 年各省区市农村居民人均消费性支出全局莫兰指数及其对应的 Z 值

年份	2000	2001	2002	2003	2004	2005	2006	2007	2008
Moran's I	0.326	0.318	0.319	0.323	0.329	0.328	0.327	0.329	0.325
Z 值 (0.05)	4.01	3.92	3.947	3.983	4.037	4.017	4.002	4.023	3.994
年份	2009	2010	2011	2012	2013	2014	2015	2016	2017
Moran's I	0.322	0.324	0.322	0.319	0.316	0.316	0.314	0.315	0.317
Z 值 (0.05)	3.971	3.999	3.972	3.942	3.908	3.915	3.9	3.928	3.954

表 6-4　2000~2017 年各省区市人均国家财政性教育支出全局莫兰指数及其对应的 Z 值

年份	2000	2001	2002	2003	2004	2005	2006	2007	2008
Moran's I	0.16	0.174	0.189	0.218	0.215	0.212	0.21	0.177	0.192
Z 值 (0.05)	2.67	2.987	2.998	3.424	3.387	3.353	3.526	3.059	3.375

续表

年份	2009	2010	2011	2012	2013	2014	2015	2016	2017
Moran's I	0.191	0.2	0.234	0.237	0.279	0.276	0.171	0.107	0.123
Z值（0.05）	3.262	3.329	3.568	3.524	4.229	4.154	2.848	1.998	2.174

从表6-3及表6-4的莫兰指数数据可以看出，我国农村居民人均消费支出及人均国家财政性教育经费支出在样本年份内均呈现出正的空间相关性，这说明我国各地的贫困状况及人均国家财政性教育经费支出在各省区市之间都受到了邻近地区的影响，并不是随机产生或存在的。所选年份的农村居民人均消费支出的Moran's I指数的Z值均大于5%的置信水平的临界值1.6449，说明样本年份内我国农村居民人均消费支出的莫兰指数值均通过显著性检验，所选地区的贫困状况分布存在空间相关性；人均国家财政性教育经费支出的莫兰指数的Z值在样本年份内也都大于5%置信区间的临界值1.6449，同样说明所选地区的人均国家财政性教育经费支出的空间相关性显著存在。

Moran's I指数主要揭示区域间经济活动的全局相关性，而局部相关性则依靠描绘Moran's I散点图来说明空间集聚性。Moran's I散点图包括4个象限，表示4种局部空间相关关系；第一象限表示高高集聚，即高观测值单元的集合；第二象限为低高集合，即低观测值被高值单元包围；第三象限为低低集聚，表示低观测值的集合；第四象限表示高低集合，即高观测值被低值单元包围。为更加直观地显示区域之间的空间相关性，本部分选择2005年、2010年及2017年的两个核心变量的Moran's I散点图加以说明。

图6-1为选取的三个年份的各省区市贫困指标代理变量农村居民人均消费支出的Moran's I散点图。从农村居民人均消费支出的Moran's I散点图中可以看出，大部分省区市落在了第一象限和第三象限，即大多数地区呈现高高集聚和低低集聚的模式，这表明大多数地区的农村居民人均消费支出呈现出正的空间关联。其中北京、天津、上海、江苏、浙江、福建等一直处于第一象限（HH），即高高集聚区域，属于自身及周边省区市的农村居民人均消费支出都较高的集群。安徽、河北、江西等一直处于第二象限，属于自身农村居民人均消费水平较低，但周边区域的农村居民人均消费水平较高的区域；第四象限为湖南、广东，属于自身农村居民人均消费水平较高而周边区域较低的集群；第

三象限的省区市较多，大多数为中西部区域，属于自身和周边的农村居民人均消费水平都较低的集群区域。

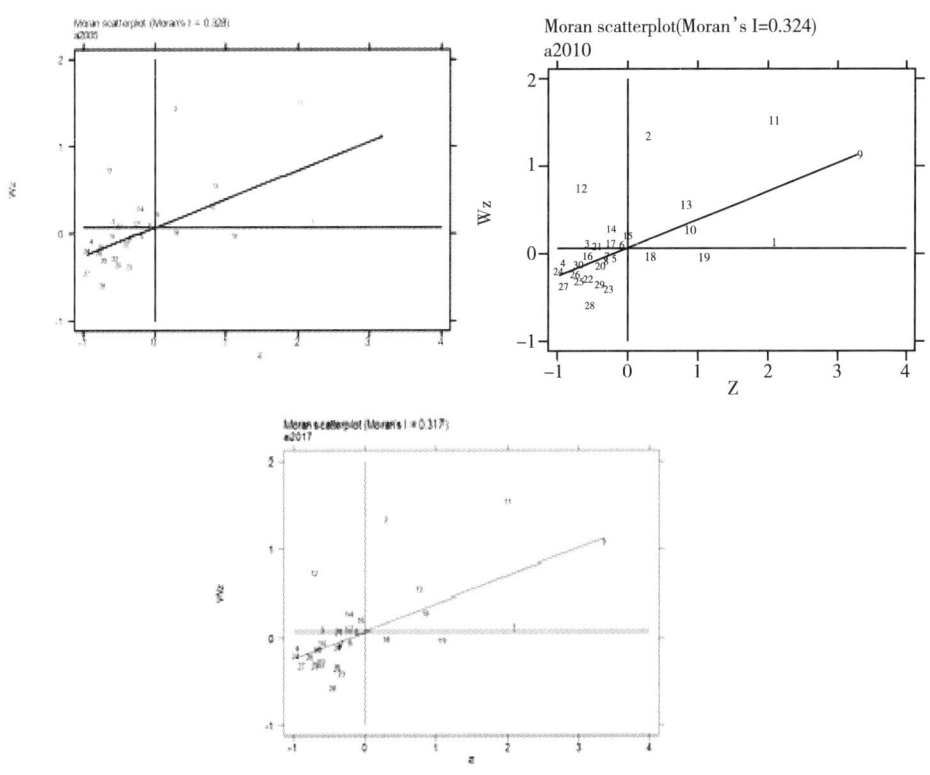

图6-1 人均农村居民消费支出的Moran'I散点图

图6-2为选取的三个年份的核心解释变量各省区市人均国家财政性教育经费支出的Moran's I散点图。从人均国家财政性教育经费支出的Moran's I散点图可以看出，同图6-1类似，大部分省区市都集中在第一和第三象限，这同样说明大多数地区间的人均国家财政性教育经费呈现显著的空间正相关。由图可知，北京、天津、内蒙古、浙江等一直处于第一象限，即高高集聚区域，属于自身和周边区域的人均国家财政性教育经费都较高的集群区域；河北、辽宁、山东等一直处于第二象限（LH），即低高集聚区域，属于自身人均国家财政性教育经费支出较低而周边区域水平较高的集群区域；第四象限（HL）的省区市主要包括甘肃、宁夏、新疆等，属于自身人均国家财政性教育经费较高而周边区域较低的集群区域。与农村居民人均消费支出散点图相同，第三象限

（LL）的省区市较多，属于自身和周边的人均国家财政性教育经费支出都较低的集群区域。

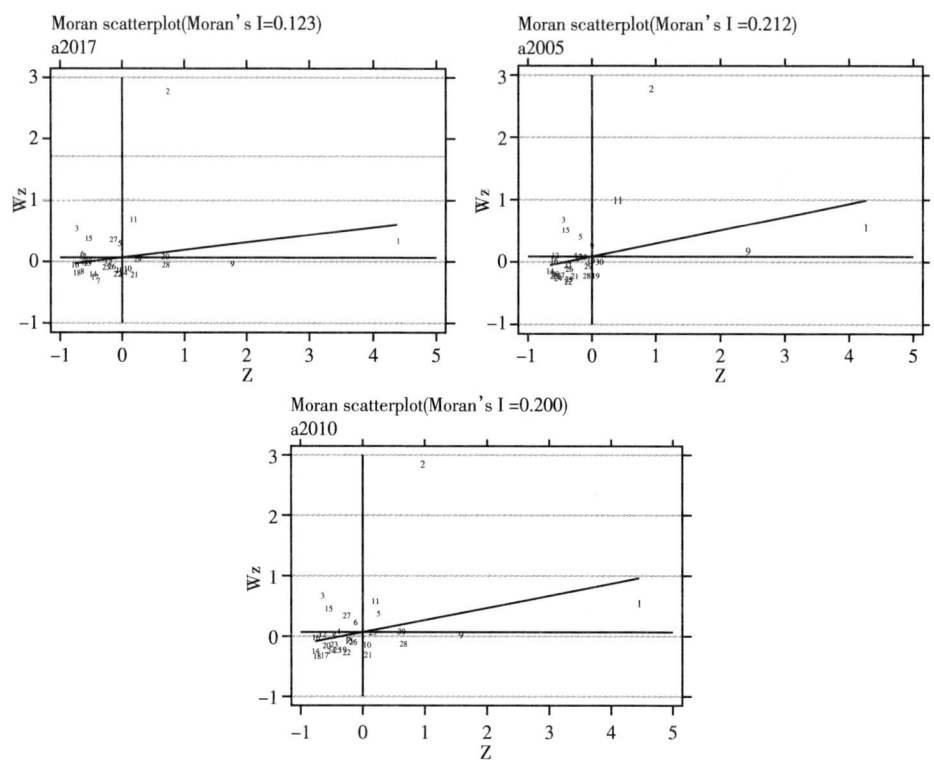

图 6-2　人均国家财政性教育经费支出的 Moran'I 散点图

二、实证结果与分析

在证实了经济数据之间的空间相关性之后，接下来的部分，本章将空间因素纳入计量模型，建立相应的空间计量模型，进行空间回归分析。

（一）传统 OLS 面板模型估计结果及 LM 检验结果分析

首先需要验证计量模型的设定是否合理。为了验证空间计量模型的合理性，本章用传统的非空间面板（OLS）方法进行分析，借助回归残差的空间相关性分析，来判断是否存在空间关联性，以更好地揭示贫困水平与人均国家财政性教育经费支出的关系。回归结果及空间相关性检验结果如表 6-5：

表 6-5　　　　　　　传统 OLS 估计结果及残差项空间相关性分析

变量	lnpedu	disr	city	lnroad	indus	fina
回归结果	0.0607*** (4.04)	-0.140*** (-8.46)	0.283*** (-4.77)	0.0057*** (4.97)	0.00654*** (4.65)	-0.0002 (-0.63)
	open	R_sq	LMLAG	R-LMLAG	LMERR	R-LMERR
	0.0036*** (11.91)	0.8046	7.791***	9.222***	54.678***	56.109***

注：*** 表示在1%的水平上显著；括号内为t值。

由表 6-5 可以看出，人均国家财政性教育经费支出的系数显著为正，表明增加一个单位的人均国家财政性教育经费支出，农村居民人均消费支出将会增加 6.07%，即对贫困存在显著的抑制作用。

其次考察空间效应，根据 Elhorst（2010）提出的对 OLS 回归结果残差的 LM 检验结果可以看出，残差的 LM 检验均在 1% 的显著性水平上拒绝了不存在空间滞后和空间自回归误差项的原假设，同时稳健的 R-LMLAG 和 R-LMERR 也均在 1% 的显著性水平上拒绝了不存在空间误差和空间滞后的原假设。LM 检验结果一方面佐证了空间相关性的存在，另一方面足以说明普通 OLS 回归的结果存在偏差，不足以反映贫困状况与公共教育投入在空间层面上的作用关系之全部，需要借助空间计量方法进一步予以考察。

（二）空间面板模型回归结果及分析

为了提高空间回归结果的准确性和可靠性，首先，本章将能够反映经济活动空间相关性的空间面板 SAR、SEM 和 SDM 模型进行分别估计，并按照 Anselin 等（2004）提出的空间模型选取判断规则，根据回归结果，结合最大似然值（Log-likelihood），及模型最小方差 δ^2、最优拟合优度 R^2 等指标，选择出最适合本章所分析问题的空间计量模型。其次，进一步对模型的拟合效果进行检验和判断，本章选择通过 Wald 检验和 LR 检验模型的拟合效果，最终判断出最优的空间面板模型。

Hausman 检验结果证明，空间面板应采用固定效应模型。基准回归结果见表 6-6。其中 sf、tf、stf 分别对应固定效应下的空间固定、时间固定和空间时间双固定效应模型。

表 6-6　　　　　　　　　空间面板基准回归结果

模型名称	SAR			SEM			SDM		
回归方法	sf	st	stf	sf	st	stf	sf	st	stf
空间项系数	0.740*** (0.0265)	0.297*** (0.0491)	0.584*** (0.0593)	0.979*** (0.0041)	0.584*** (0.0593)	0.544*** (0.0639)	0.720*** (0.0353)	0.493*** (0.0594)	0.439*** (0.0628)
lnpedu	0.051*** (0.0048)	0.053* (0.0318)	0.140*** (0.0335)	0.052*** (0.0066)	0.140*** (0.0335)	0.060*** (0.0068)	0.047*** (0.0064)	0.109*** (0.0312)	0.055*** (0.0064)
disr	-0.012*** (0.0030)	-0.101*** (0.0187)	-0.157*** (0.0179)	-0.009** (0.0041)	-0.157*** (0.0179)	-0.010** (0.0042)	-0.007* (0.0040)	-0.123*** (0.0189)	-0.001 (0.0041)
city	-0.001*** (0.0003)	0.005*** (0.0013)	0.007*** (0.0012)	-0.001*** (0.0003)	0.007*** (0.0012)	-0.001*** (0.0003)	-0.001*** (0.0003)	0.009*** (0.0013)	-0.002*** (0.0003)
lnroad	0.000 (0.0036)	0.066*** (0.0122)	0.084*** (0.0111)	-0.006 (0.0047)	0.084*** (0.0111)	0.001 (0.0048)	-0.004 (0.0046)	0.042*** (0.0125)	-0.001 (0.0045)
fina	0.000*** (0.0000)	0.000 (0.0003)	0.000 (0.0003)	0.000** (0.0001)	0.000 (0.0003)	0.000*** (0.0001)	0.000*** (0.0001)	-0.001* (0.0003)	0.000*** (0.0001)
open	-0.000*** (0.0001)	0.003*** (0.0003)	0.002*** (0.0003)	-0.000*** (0.0001)	0.002*** (0.0003)	-0.000*** (0.0001)	-0.000*** (0.0001)	0.002*** (0.0003)	-0.000*** (0.0001)
Wx: lnpedu	\	\	\	\	\	\	0.001 (0.0091)	-0.687*** (0.0792)	0.068*** (0.0168)
disr	\	\	\	\	\	\	-0.014** (0.0062)	0.149*** (0.0516)	0.027** (0.0106)
city	\	\	\	\	\	\	0.000 (0.0007)	0.002 (0.0033)	-0.002** (0.0008)
lnroad	\	\	\	\	\	\	0.011 (0.0070)	-0.201*** (0.0359)	0.058*** (0.0138)
fina	\	\	\	\	\	\	-0.000 (0.0001)	0.002** (0.0008)	0.000 (0.0001)
open	\	\	\	\	\	\	0.000* (0.0001)	0.004*** (0.0007)	0.000** (0.0001)
L-likelihood	1501.207	267.217	1526.137	1435.363	282.060	1507.934	1509.653	340.815	1554.99
R^2	0.9802	0.8807	0.9769	0.9634	0.9272	0.9674	0.9834	0.9693	0.9200
δ^2	0.0001989	0.02138	0.000194	0.0002011	0.0192149	0.0002072	0.000194	0.015984	0.000178
N	540	540	540	540	540	540	540	540	540

注：***、**、* 分别表示在1%、5%和10%的水平上显著；括号内为标准差。

从表 6-6 的回归结果中可以看出，第一，总体上，人均国家财政性教育经费对数值（pedu）的回归系数均至少在 10% 的显著性水平上显著为正，这表明人均国家财政性教育经费支出的增加能够进一步抑制本地区的贫困状况；第二，SAR、SEM 和 SDM 三个模型的空间回归系数无论是空间滞后项系数（ρ）还是空间误差项系数（λ）全部显著，表明本地区的贫困状况会受到其他地区经济活动的空间影响。同时，在模型拟合效果上，SDM 模型的时空双固定效应模型（stf）对比 SAR 和 SEM 模型的拟合效果最好。即在 SDM 模型的时间空间双固定效应结果中，从最小方差（δ^2）、最优拟合优度（R^2）及最大似然值（Log - L）等指标的对比分析上，SDM 模型的时空双固定效应模型的回归结果总体最优。

空间滞后的 Wald 检验（49.18***）和 LR（49.30***）检验的结果均在 1% 的水平上显著，同时空间误差的 Wald 检验（31.55***）和 LR 检验（85.70***）的结果也在 1% 的水平上显著。Wald 检验和 LR 检验的结果说明了 SDM 模型无法退化为 SAR 及 SEM 模型。

综上各种分析，本章选择采用时间空间双向固定（stf）的空间杜宾模型（SDM）的估计结果进行分析。

（三）空间直接效应、空间溢出效应和空间总效应的测算

从表 6-6 的基准回归结果来看，SDM 模型显示人均国家财政性教育经费对数值（lnpedu）的水平项系数和空间交互项系数对于贫困状态确实存在显著空间效应影响，但是 SDM 模型的回归系数不能直接反映核心解释变量人均国家财政性教育经费支出对数值（lnpedu）对被解释变量贫困状况代理变量农村居民人均消费性支出（lnpov）的影响程度，因此有必要进一步估计核心解释变量对被解释变量的分解的空间效应，即直接效应、空间溢出效应（间接效应）和空间总效应。

由于空间溢出效应无法直接通过 SDM 模型的空间回归系数直接测算，Lesage 和 Pace（2008）采用偏微分法，根据空间效应作用的范围和对象的差异，将空间模型中的解释变量对被解释变量的效应分解为直接效应、间接效应（空间溢出效应）和总效应。其中，直接效应反映解释变量对本区域被解释变量的平均影响；间接效应（空间溢出效应）反映解释变量对其他区域被解释变量的平均影响；总效应则反映了解释变量对全部区域产生的平均影响。直接

效应、间接效应和总效应的偏微分方法分解，可以有效地解释随机冲击对各个变量的影响，从而正确地测度空间计量模型中解释变量对被解释变量的具体影响。

在空间杜宾模型（SDM）时空双固定效应模型（stf）下，人均国家财政性教育经费支出的三种效应分解结果见表6-7。

表6-7　　　　时空双固定效应下SDM模型直接效应、空间溢出效应和总效应

变量名	直接效应	T值	空间溢出效应	T值	总效应	T值
lnpedu	0.0633***	9.76	0.156***	5.43	0.219***	7.27
disr	0.0017	0.42	0.463***	2.61	0.0480***	2.50
city	-0.0021***	-6.15	-0.0048***	-3.65	-0.0069***	-4.89
Lnroad	0.00426	0.97	0.100***	3.98	0.104***	3.94
Indus	-0.0004*	-1.80	0.0009	0.98	0.0005	0.44
fina	0.0002***	3.17	0.0001	1.02	0.0004*	1.90
open	-0.00026**	-2.46	0.0003	1.43	0.0001	0.58

注：***、**、*分别表示在1%、5%和10%的水平上显著。

从表6-7的空间分解效应结果可以看出，首先，人均国家财政性教育经费支出的空间直接效应、空间溢出效应及总效应均在1%的水平上显著为正，这表明人均国家财政性教育经费支出的流动对本地区的贫困状况具有直接的显著作用，能够直接抑制贫困状态；间接效应（空间溢出效应）在1%的水平上显著为正，说明人均国家财政性教育经费支出的空间溢出效应显著，教育经费支出的增加可以通过其空间溢出效应，对周边地区的贫困状态产生抑制作用。这种现象出现的原因可能是本地区的教育经费支出多，产生的教育产品正外部效应相应地也越来越多，教育产品的正外部效应不断向外溢出，不仅能够抑制本地区的贫困状态，同时对周边区域的贫困也产生了较强的抑制作用。其次，观察人均国家财政性教育经费的空间溢出效应和总效应可以发现，人均国家财政性教育经费支出的空间溢出效应占总效应超过70%，这进一步证实了人均国家财政性教育经费支出巨大且重要作用空间溢出效应。最后，与传统OLS回归的估计结果相比，SDM模型的人均国家财政性教育经费支出的直接效应和总效应更大，均高于传统OLS回归0.0607的教育减贫回归系数，这在一定

程度上说明了传统的 OLS 模型由于未考虑空间溢出效应而低估了教育支出对于贫困抑制的作用。

（四）稳健性检验

1. 考虑不同空间权重矩阵的稳健性检验。

表 6-6 的结果主要是基于空间地理距离的空间权重矩阵得来的，为保证回归结果的稳健性，本部分使用二进制邻接矩阵即 0-1 矩阵重新对面板数据进行空间计量分析，以检验结果是否是稳定的。二进制邻接矩阵（0-1 矩阵）即 30 个省区市，相邻省区市记为 1，不相邻省区市为 0。结果表明，采用二进制邻接矩阵后，回归结果依然显示空间杜宾模型 SDM 的拟合效果最优。尽管估计结果的系数大小有差异，但系数方向和显著性水平没有发生太大的变化。这表明，前述估计结果是稳健的。由于篇幅原因，稳健性检验结果未列出。

2. 考虑内生性的稳健性检验。

从某种程度上说，贫困及其影响因素具有动态发展的特征，也就是说，贫困问题会同时受到当前因素和过去因素的影响。同时，由于区域间的异质性，如各省区市的地理环境、文化传统等的差异，使一些因素存在无法准确度量的问题，考虑到遗漏变量的可能性，如果仅从静态入手，难以控制诸多影响贫困的因素（白俊红等，2018），因此可能存在静态回归结果存在误差的情况。而动态空间面板模型不仅能够有效地处理除被解释变量时间滞后项和空间滞后项之外的其他解释变量引发的内生性问题，而且还能减低空间回归系数的有偏性（Elhorst，2005）。因此，为保证回归结果的稳定性，剔除内生性影响，本部分采用动态空间杜宾模型进行空间计量回归，进而对比静态空间回归结果，考察基准回归结果的稳定性。为进一步增强动态空间面板回归结果的稳定性，本章采用地理空间权重矩阵和二进制邻接矩阵分别进行回归，并对比最终结果。

从表 6-8 的回归结果来看，与静态空间面板的结果相比，动态空间面板模型中加入了被解释变量的时间一阶滞后项（L.lnpov）和空间一阶滞后项（L.Wlnpov）表示被解释变量时间和空间变化的动态影响。表 6-8 显示，第一，无论是动态空间面板还是静态空间面板，地理空间矩阵还是二进制邻接矩阵，空间项系数均显著为正，表明考虑到时间、空间滞后因素之后，公共教育投入的空间效应依然显著，表明基准空间面板回归结果稳健；第二，从公共教育投入的空间项系数（W.lnedu）来看，回归系数全部为正，且均值在 1% 的水平上通过检验，表明公共教育投入稳定的空间溢出效应确实存在；第三，从解释变量（lnpedu）的估计系数来看，估计系数均在1%的水平上通过检验，且均为正。以上分析均表明，基准回归结果具有相当的稳定性。

表6-8　　　　　　　动态及静态空间面板回归结果对比

	动态	动态	静态	静态
矩阵类型	地理空间矩阵	邻接矩阵	地理空间矩阵	邻接矩阵
被解释变量	Lnpov	Lnpov	Lnpov	Lnpov
空间项系数	0.404*** (6.19)	0.334*** (6.14)	0.439*** (6.99)	0.373*** (7.33)
L.lnpov	0.935*** (47.81)	0.982*** (50.62)	\	\
L.Wlnpov	-0.444*** (-6.26)	-0.427*** (-7.78)	\	\
lnpedu	0.00843*** (2.76)	0.0107*** (3.38)	0.0547*** (8.52)	0.057*** (8.75)
控制变量	已控制	已控制	已控制	已控制
W.lnpedu	0.0195** (2.45)	0.0269*** (3.92)	0.0677*** (4.03)	0.036** (2.53)
δ^2	0.0000341	0.0000324	0.0001783	0.0001699
L-likelihood	1246.5591	773.8546	1554.99	1568.2647
R^2	0.9886	0.9873	0.9200	0.9718
N	510	510	540	540

注：***、**、*分别表示在1%、5%和10%的水平上显著；括号内为t值。

另外，进一步分析动态空间杜宾模型的结果可知，第一，被解释变量的时间因素即其滞后一期的系数值分别为0.935和0.982，且在1%的水平上显著为正，回归系数为正说明我国的前一期的贫困状况对当期的贫困状况有着明显的影响，存在典型的路径依赖性，同时也说明了贫困代际传递和贫困恶化现象的存在，因此，减贫必须持续深入；第二，被解释变量（lnpov）的空间滞后项的系数值分别为-0.444和-0.427，且均在1%的水平上显著为负，表明被解释变量（lnpov）即贫困代理变量的负向空间溢出效应显著，表明地理相邻地区贫困状况恶化对周边地区负的溢出效应，可能会对周边地区的减贫政策效应形成压力,削弱周边地区各项教育支出减贫的效果,从而支持了基准回归结果的可靠性。

本章小结

本章利用我国各省区市 2000~2017 年的数据,就我国公共教育投入对贫困减缓的影响及其空间溢出效应进行了系统分析,主要结论如下:

第一,通过空间计量模型的分析,可知我国公共教育投入对贫困减缓存在显著为正的空间溢出效应,说明一个地区公共教育投入的增加对贫困减缓的良好效果是可以对其邻近地区产生正向的积极影响的。这是由于地理位置原因、政策的外溢性以及劳动、资本等生产要素在地区间的流动等因素产生的空间相关性决定的,加上公共教育投入的产品,教育产品本身就具有很强的正外部性,更增加了要素的流动性。因此,一个地区教育支出水平高、教育产出高都会促进邻近地区的各项发展。

第二,空间相关性检验证明,2000~2017 年,我国公共教育投入存在显著的空间正相关性,而贫困指标的代理变量也存在显著的正相关性,这说明我国的公共教育投入以及贫困的发生并不是随机存在的,而是呈现了明显的空间集聚的特点。

第三,计量模型表明,无论是否考虑空间性或者何种类型的空间计量模型,公共教育投入对于贫困的抑制作用均十分显著,但是考虑空间因素之后,发现传统的 OLS 回归将会低估公共教育投入对贫困减缓的作用,因此,采用空间计量模型考察公共教育投入的减贫效应是非常必要的。

第四,动态空间面板模型的回归结果显示,被解释变量(lnpov)的时间因素即其滞后一期的系数值显著为正,说明前一期的贫困状况对当期的贫困状况有着明显的影响,存在典型的路径依赖性,同时也说明了贫困代际传递的存在;被解释变量(lnpov)的空间滞后项的系数值均在 1% 的水平上显著为负,表明被解释变量(lnpov)即贫困代理变量的负向空间溢出效应显著,说明地理相邻地区贫困状况恶化对周边地区负的溢出效应,可能会对周边地区的减贫政策效应形成压力,削弱周边地区各项教育支出减贫的效果。

第五,从控制变量上看,尽管许多因素都具有减贫作用,但是减少贫富差距还是目前最迫切需要做的。

第七章

提升公共教育投入减贫效应的政策研究

本章在前述理论分析与实证分析的基础上,对公共教育投入的减贫效应进行系统梳理,并基于贫困减缓的视角对我国公共教育投入的安排提出具体的对策建议,即通过对目前我国公共教育投入减贫效应的研究和分析,继续完善公共教育投入的资金投入安排,提高教育财政在减贫上的支出效率,合理安排公共教育投入的结构,进而实现完善教育精准扶贫的政策体系的政策目标。本章结合前述章节对我国公共教育投入现状及减贫效应的分析,就完善我国公共教育投入状况和提高公共教育投入减贫效应的政策提出以下优化建议。

第一节 扩大公共教育投入规模,优化公共教育投入结构

一、持续加大对教育事业的投入,扩大公共教育投入规模

尽管教育具有私人受益的特征,但是由于其巨大的正外部性,使世界大多数国家承担起了教育支出的责任。从功能上说,教育能够提高个体的人力资本水平,进而影响其收入能力,同时,受教育水平的提高可以减低个体陷入贫困的概率,并且具有显著的减贫作用。除了能提升个体获得稳定收入的能力之外,教育还能够提升人民的健康人力资本水平,联合国教科文组织指出,教育应被视为一种重要并有效的健康干预手段。同时,教育还能拓宽人们追求幸福的道路。由此可见,教育在扶贫脱贫中具有基础性、先导性和持续性的作用,因此要有效减少贫困现象和缓解贫困现象,政府应当持续增加公共教

育投入，发展教育事业，完善教育扶贫政策，提高贫困者和贫困地区的教育水平，进而提升人力资本存量水平。同时，根据实证分析的结果，各项教育支出的减贫效应均未明显超过门槛值。这些都显示了扩大公共教育投入的必要性。

二、注重公共教育投入效率的提升，增强教育财政减贫效果

本书从理论和实证角度均证明，公共教育投入减贫作用突出，尽管城市化、基础设施、经济增长以及收入分配都有助于贫困消除，但是教育以其减贫效果的持久性、长期性以及多元性，在众多因素中发挥这特殊的减贫作用。一方面，我国的国家财政性教育经费支出占GDP比例尽管早已超过了4%，但这一规模与发达国家及同等发展水平国家相比，仍存在有较大提升空间；另一方面，在提高公共教育投入规模的同时，也不应忽视公共教育投入的效率，防止一味地追求教育规模的扩大，而忽视教育效能的提升。实证分析结果显示，我国公共教育投入的减贫效应在减少贫困广度即贫困人口的规模上，效果最大，但是对贫困人口的福利状况以及贫困人口收入改善情况的影响效果较小或不明显，这表明，公共教育投入减贫效应并未充分发挥，其减贫效果还具有较多的提升空间。因此，为了充分发挥教育产品的减贫功效，需要将发展教育的重点从单纯的发展教育扩展过渡到对教育质量和教育效能的提升，即提高公共教育投入的绩效。因此，一方面需要继续扩大规模，不断提升教育"硬件"设施；另一方面，更需要将大量的资金投入教育"软件"如生师比、师资水平等软环境的建设上，宏观统筹管理公共教育投入的规模、数量，并注意提升、发展教育效能，即一方面扩大公共教育投入的规模；另一方面不断提升教育效能，真正发挥教育减贫的功能和提升其效应。

三、适度扩大职业教育支出，增加技能型人力资本存量水平

职业教育是现代教育制度的重要组成，接受职业教育培训，有助于个体获得职业技能，提高人力资本水平，可以说是一种投资回收快、能够迅速提高贫困者收入水平和获得稳定收入能力的最有效、成本最小的教育类型，有利于贫困者快速脱离贫困状态。但是在我国目前的公共教育投入中，尽管中等职业教

育支出的绝对规模每年都在增加，但从更能反映国家对此项支出项目重视程度的相对规模来讲，其支出比重并没有太大的变化，这实际上反映了对中等职业教育的重视程度在逐步减弱。在实证检验中，各种类型层级的公共教育投入减贫效应的回归系数也反映出，职业教育类型的减贫效果最大。因此，从贫困减缓角度出发，有必要提高对中等职业教育的重视程度，并逐步加强中等职业教育的投入规模。

第二节

优化区域间教育资源，提高公共教育投入减贫效果

我国东、中、西部地区之间经济发展水平的差异较大，而目前的教育投入体制是"以县为主"的体制，这种体制就导致了东部地区的教育投入大，教育发展水平相应就高，而中西部地区由于经济发展水平的限制，使教育投入较小，相应地，教育发展水平较为薄弱。考虑到教育产品的外溢性和公共教育投入的空间相关性和贫困现象的空间依赖性，公共教育投入、公共教育投入减贫不能仅仅被看成是某一地区的个别事件，应该从宏观把握，从整体上规划。因此，在制订教育减贫政策以及教育财政资金的分配上，都应充分考虑到中西部地区，加大对中西部地区的教育支出，提高教育减贫的效应。

一、优化不同教育层级之间的支出，促进教育资源的合理分配

目前，我国的公共教育投入中，由于教育财政体制的原因，使我国高等、中等、初等三级教育的支出存在不合理状况，我国教育投入过于偏向高等教育，相对来说，忽视了初等和中等教育，尤其是中等教育。这种分配的不合理和不均衡，非常容易导致社会的不公平现象加剧。因此，公共教育投入的扩大，在下一步必须考虑如何在三级教育层次间的合理分配。目前来看，基础教育支出已经得到了国家层面的重视和相对规范的制度制约，政府确实发挥了其主导作用，投入力度逐年加大；而中等教育支出相比较高等教育和基础教育的支出，则显得相对较为薄弱。因此，有必要平衡各层级的教育支出状况，提高教育财政资源的配置效率。

二、建立地区间教育投入协调联动机制，发挥教育支出减贫空间效应

第六章的实证结果显示，首先，公共教育投入存在显著的空间溢出效应，即公共教育投入对社会、经济、文化等各项积极影响并不仅仅局限在本地区，还会通过空间效应溢出到邻近地区，同样对邻近地区的社会、经济、文化各个方面产生积极影响；其次，贫困现象也具有空间上的相关性，即贫困现象的负面效应也不仅仅局限在邻近地区，其负面效应也会通过空间效应扩散到邻近地区。因此，有必要重视教育减贫的空间溢出效应，并发挥其减贫空间溢出效应，提高教育减贫的空间关联带动效应。有必要建立地区间教育投入的协调联动机制，统筹各地区间的教育支出。

三、优化公共教育投入的空间布局，进一步提升教育支出减贫功效

从我国的教育资源分布上来看，在我国"以县为主"的教育财政体制下，县级政府承担基础教育支出的支出责任，而县级政府财力存在较大差异，县级财力强的地区，教育投入相对较多，教育事业的发展相对较强，教育产品的供给也较为丰富，而县级财力弱的地区，教育投入较少，使教育资源的配置和资金的使用率相对较低，这种体制和情况在客观上导致了教育投入的地区不平等，进而引起了教育事业发展的区域不均衡。这种教育资源配置上的不均衡，不利于充分发挥教育产品的减贫效应，客观上还会降低其减贫效应，因此，有必要在更高的政府层级上统筹教育事业发展，优化公共教育投入的空间布局，促进公共教育投入发挥更大的减贫效果。

四、有针对性地对贫困地区的教育支出实施倾斜

本书研究结论证实了公共教育投入减贫的重要作用，并从理论上说明了教育支出对劳动者人力资本水平提升的重要作用。目前，在我国贫困地区尤其是中西部地区人力资本水平以及教育水平都相对较低的背景下，贫困地区减贫增

收面临相当困境。为实现贫困地区成功脱贫、彻底脱贫，必须改变贫困地区面临的社会环境以及破除其固有的贫困文化等背景因素，而教育以其减贫功能的多样性，必然在贫困地区减贫增收中发挥巨大作用，因此，有必要有针对性地加大贫困地区的教育支出，通过发展贫困地区的教育事业，提高贫困群体的人力资本水平，实现治贫、治愚的减贫目标。

第三节　完善相关配套制度，充分发挥公共教育投入减贫功能

一、完善各种社会服务设施，提高教育回报率

在文献综述部分以及实证部分的分析，都指出教育回报率是影响教育减贫功能实现的重要前提，同时教育回报也是教育扶贫向教育脱贫顺利过渡的重要条件。如果教育的投入和收益之间不能有效对称，则不仅贫困者，所有社会成员的教育投资决策都会逐渐消极，最终影响整个民族的人力资本水平。因此，无论是从教育对国民素质的基础性作用考虑，还是从教育对经济增长、贫困减缓的重要作用考虑，都有必要提高教育的回报率，从而达到引导全社会重视教育，并做出正确的教育投资决策的目标。

具体来说，首先，完善劳动力市场。随着我国大学的不断扩招，大学生的规模越来越大，高等教育精英教育模式转向了大众教育模式，而大学教育注重通用型人才的培养，较少关注学生的技能培养。另外，尽管经济发展迅速，但我国的经济结构依然以低端的制造业为主，这种经济结构需要大量的低端劳动者或技能型人才，而对通用型大学生的需求较少，因此劳动力市场出现了"倒挂"的现象，这导致了教育回报率尤其是高等教育的回报率持续走低，出现了新的"读书无用论"，这直接影响了人们的教育投资决策，导致了对教育轻视，也阻碍了教育减贫功能的实现。因此，有必要在调整经济结构的基础上，完善劳动力市场，改变人们对教育的认知，更好地发挥教育的功能。其次，完善公共服务体系，拓宽人们的就业选择。教育投资的回报率低与我国公共服务体系的不完善有相关关系。大部分人选择高等教育都是为了获得更好的社会福利保障，但是社会福利保障好的就业岗位毕竟有限。一旦无法实现这一

目标,就容易使人们放弃更高的教育程度。从这个角度出发,有必要完善社会保障体系,增加人们的就业选择。

二、完善教育扶贫政策内容,重视对贫困文化的破除

根据第二章对我国贫困成因的分析内容可以知道,贫困文化对于贫困者的心理状态、生活状态、减贫积极性都有着相当重要的影响。我国的扶贫、减贫政策措施长期以来都是由政府主导的"自上而下"的模式,扶贫对象一直处于被动接受救助或帮助的情形。这种"输血式"的扶贫模式很容易导致贫困人口"等、靠、要"的心理状态,一旦贫困者习惯了被动接受式的救济式扶贫,那么久而久之,其心理状态、生活状态以及脱贫致富的意志都会越来越差,加深贫困文化的传统,进一步固化贫困状态,产生贫困循环。由此可见,在教育减贫中,不仅要重视技能培训,还要重视对贫困文化的破除。政府不仅应通过教育扶贫政策提高贫困地区和贫困人口的教育水平,还需要制订有针对性的、以提高农户各方面能力和素质为核心的教育减贫政策,帮助贫困者树立起扶贫的主体意识,充分发挥主观能动性,积极进行参与式的扶贫。在学习脱贫致富知识和技能的过程中,改善其心理状态和思想方式,更有效地实现教育减贫。

三、拓宽教育扶贫对象的范围,提高精准教育扶贫力度

当前,教育扶贫的对象主要集中在教育最薄弱的贫困地区的贫困群体,对教育扶贫对象的选择往往具有"一刀切"的倾向,这种倾向非常容易忽视对个别地区、个别人群如留守儿童、乡村教师等特定的群体的特定需求,造成教育减贫过程中的遗漏和扶贫效率的低下。因此,在精准教育扶贫的过程中,有必要针对不同地区、特定的人群的不同需求,制订更有针对性的教育扶贫政策,真正做到教育的精准扶贫。

四、合理划分各级政府间教育支出责任,促进教育均衡发展

在 2018 年印发的《基本公共服务领域中央与地方共同财政事权和支出责

任划分改革方案》(以下简称《方案》)中,将教育等八大类主要基本公共服务事项明确为中央与地方共同财政事权,同时制定和明确共同财政事权支出责任的分担方式,将全国分为四档地区,中央和地方分别按照不同比例分担支出责任。但是在《方案》中又明确提出:"基本公共服务领域中央与地方共同财政事权和支出责任划分是一个动态调整、不断完善的过程。"因此,具体到教育精准扶贫,依然有必要根据实践的发展,结合教育扶贫的具体要求,在政府间进一步明确教育支出责任,保障教育的均衡发展。

五、构建教育扶贫政策实施效果评估指标体系

精准扶贫战略实施以来,为了顺利如期实现2020年的脱贫目标,我国投入了巨量的资源。在教育减贫领域,从国家到地方再到家庭,都积极制定和实施了大量的政策措施。而教育扶贫由于其减贫功能的间接性,导致其政策效果不具有直接性,因此,在全面预算绩效管理实施的背景下,衡量和评价我国教育脱贫工作成效,已显得尤为迫切和紧要,与此同时,对教育扶贫政策做出公正客观的评价,对将来的教育脱贫工作也具有显著的督促和导向作用。特别是在当前精准扶贫已处于攻坚期,更亟待建立合理的教育扶贫绩效评价制度和体系,以推动精准扶贫和教育精准扶贫、精准脱贫的顺利实施。

结　　论

我国公共教育投入的减贫效应，从整体上来说，取得了显著的成绩，减贫效果明显。但是在肯定其显著成果的同时，也不应该忽视其存在的诸多问题与不足：中国公共教育投入的减贫效应，在贫困广度、贫困深度和贫困强度方面还存在着不同程度的提升空间；在不同区域间也存在着较大的异质性；不同类型、层次的公共教育投入，其减贫效应也不相同；与公共教育投入结构相结合分析的话，公共教育投入结构也还有待优化。在贫困变化的新形势下，有必要进一步地完善、优化公共教育投入的规模、结构。在此基础上，完善我国的公共教育投入政策，切实发挥教育在贫困减缓中的重要作用。

结合理论与实证分析总体结果，本书的主要结论如下：

（1）从公共教育投入减贫的规模效应来看，实证结果显示，一方面，公共教育投入对贫困广度的抑制作用较为明显，但是对贫困深度和贫困强度来说，贫困消除作用较为有限，这说明贫困深度与贫困强度相比较贫困广度，消除难度更大，更难克服；另一方面，不同区域的分样本回归结果中显示，随着地区经济发展水平的不同，公共教育投入的减贫效果也呈现出差异化趋势。因此，贫困现象的多样性决定了反贫困的思路和策略要与时俱进，并且需要针对不同的区域特点采用不同的减贫手段，具体到教育减贫，就要求教育扶贫同其他减贫措施相结合，才能取得更大的减贫效果。

（2）从公共教育投入减贫的结构效应来看，在将教育产品分类、分级的基础上，通过构建固定效应模型和面板门槛模型，对不同类型和层级的财政性教育经费支出的减贫效应进行对比和分析的实证检验结果显示：第一，从长期来看，各种类型、层级的教育支出均具有非常明显、显著的减贫效应，但是不同类型、层级的教育支出的减贫效应存在差异。具体来说，不同类型、层级的教育支出的减贫效应大小依次为：中等职业教育＞高等教育＞基础教育＞总体教育支出。其中回归结果显示中等职业教育的减贫效应最好。第二,从区域层面上看,由于经济发展水平的差异,各个地区的教育回报率和教育收益存在不同,导致在长期中教育支出的减贫效应也存在区域差异,总体减贫效应呈现出:"东部 > 中部 > 西部"的态势,即长期来看,西部地区公共教育投入的减贫效果远远小于东部和中部地区。第三,各项教育支出与贫困减缓之间均存在非线性关系。门槛面板模型结果显示公共教育投入的减贫效应存在门槛效应,但实证结果同样显示,无论哪一种公共教育投入类型,其减贫效应均处于上升阶段,尚未到达边际效应减少的阶段,因此,对于大部分省区市来说,仍有必要持续加大各个类型、层级的教育支出。

(3) 从公共教育投入减贫的空间效应来看,我国的公共教育投入存在显著的空间溢出效应,贫困则存在显著的空间依赖性。这说明一个地区公共教育投入的减贫效应对相邻地区也存在正向的积极作用。因此,在教育财政减贫政策安排时相应必须考虑空间相关性和空间依赖性。另外,动态空间面板模型的回归结果说明,前一期的贫困状况对当期的贫困状况有着明显的影响,即贫困存在典型的路径依赖性,说明了贫困代际传递的存在;同时,显著为负的空间滞后项的系数,证实了贫困的负向空间溢出效应的存在,侧面说明了相邻地区贫困状况恶化对周边地区存在着负的溢出效应,即地理相邻地区的贫困状况恶化可能会对周边地区的减贫政策效应形成压力,削弱周边地区各项教育支出减贫的效果。考虑到这一点,在制订教育减贫政策时,有必要在国家整体层面上进行统筹安排,实现区域的减贫协同发展。

(4) 区域经济发展水平对公共教育投入的减贫效应,以长期和短期来看有不同影响。在第四章和第五章对公共教育投入减贫效应区域异质性的实证分析中,结论有一定的差异,需要说明的是,首先,这种差异与样本量以及实际分析中的方法有关。其次,第四章的实证方法以及实证结论只能表明在短期中,对于经济发展水平较低的地区,增加教育投入的消除贫困的作用更大;而第五章的结论则说明,从长期来看,经济发展水平与教育支出的减贫效果呈正相关关系,经济发展水平越高,教育支出的长期减贫效果越好。同时,第五章的实证结果还表明,从长远来看,教育支出的长期减贫效果高于单纯的经济增长减贫效果。这一结论具有很强的政策意义,即与前述理论分析的结果类似,经济增长是贫困减缓的根本和前提,而教育对贫困减缓也有重要影响,两者之于减贫是相互促进、相辅相成的关系。丰富的物质基础,有利于充分发挥公共教育投入的减贫作用。

（5）从其他有利于贫困减缓的因素上来看，经济增长、收入分配状况、交通基础设施等因素也是减贫安排时需要重视的影响因素。具体来说，经济增长减贫效应显著。这说明发展经济仍然是减贫的第一动力，未来仍然需要重视发展经济；地方政府行为能够显著地促进贫困消除。总体上看，贫困问题是一项社会问题，仅靠个体很难完全脱离贫困，即使脱离贫困，也很容易出现返贫等现象。因此，减贫问题依然需要发挥政府的重要作用；根据前述理论分析部分的内容，收入分配是影响贫困减缓的重要因素，结合实证分析结果，在我国当前减少贫富差距依然是减贫工作中迫切需要的重要工作；交通基础设施对于贫困减缓的积极影响不容忽视，尤其是在落后的贫困山区，交通基础设施的发展有助于减贫工作效率的提高。

（6）从区域异质性角度来看，教育减贫政策需要根据不同地区的社会经济发展、经济发展水平等因素综合考虑，制订差别化的教育减贫措施和政策。以经济增长的减贫特征为例，经济增长的减贫弹性系数大小大体呈现出"西部＞东部＞中部"的趋势。这表明，经济增长的减贫效应总体上是西部地区最大，东部地区次之，中部地区最小。从政策角度出发，这说明，不同的区域之间，减贫政策的侧重点应有所区别。

参考文献

[1] 阿马蒂亚·森. 以自由看待发展 [M]. 任赜, 于真, 译. 中国人民大学出版社, 2002.

[2] 白俊红, 聂亮. 能源效率、环境污染与中国经济发展方式转变 [J]. 金融研究, 2018 (10): 1-18.

[3] 白俊红, 王钺, 蒋伏心, 等. 研发要素流动、空间知识溢出与经济增长 [J]. 经济研究, 2017, 52 (7): 109-123.

[4] 毕世杰. 发展经济学 [M]. 高等教育出版社, 1999.

[5] 蔡文伯, 杨丽雪. 中国省域高等职业公共教育投入的差异与收敛性分析——基于2005~2015年面板数据 [J]. 教育学术月刊, 2018 (3): 3-1.

[6] 陈飞, 卢建词. 收入增长与分配结构扭曲的农村减贫效应研究 [J]. 经济研究, 2014, 49 (2): 101-114.

[7] 陈晋玲. 教育层次结构与经济增长关系的实证研究——基于2000~2011年面板数据分析 [J]. 重庆大学学报（社会科学版）, 2013, 19 (5): 166-172.

[8] 陈立中. 中国转型时期城镇贫困测度研究 [D]. 华中科技大学, 2007.

[9] 陈万明, 沈婷. 高等教育结构与产业结构互动关系中的时滞性探究 [J]. 黑龙江高教研究, 2012, 30 (1): 73-76.

[10] 陈伟, 乌尼日其其格. 职业教育与普通高中教育收入回报之差异 [J]. 社会, 2016, 36 (2): 167-190.

[11] 崔艳娟. 金融发展、城镇化与贫困减缓——基于系统GMM的估计 [J]. 兰州学刊, 2014 (8): 152-158.

[12] 单德朋. 教育效能和结构对西部地区贫困减缓的影响研究 [J]. 中国人口科学, 2012 (5): 84-94, 112.

[13] 邓宏亮,黄太洋,辛娜.公共教育投入减贫效应的空间溢出与门槛特征——江西省 2001~2010 年的面板数据分析 [J].教育学术月刊,2015 (9):50-61.

[14] 樊丽明,解垩.公共转移支付减少了贫困脆弱性吗? [J].经济研究,2014,49 (8):67-78.

[15] 樊士德,江克忠.中国农村家庭劳动力流动的减贫效应研究——基于 CFPS 数据的微观证据 [J].中国人口科学,2016 (5):26-34,126.

[16] 方迎风.行为视角下的贫困研究新动态 [J].经济学动态,2019 (1):131-144.

[17] 高功敬.中国城市贫困家庭生计资本与生计策略 [J].社会科学,2016 (10):85-98.

[18] 高艳云,王曦璟.教育改善贫困效应的地区异质性研究 [J].统计研究,2016,33 (9):70-77.

[19] 高艳云,王曦璟.一维与多维标准下贫困关联性与致贫因素异同研究 [J].软科学,2018,32 (12):15-18.

[20] 高岳涵.西北民族地区职业教育服务精准扶贫路径研究 [J].中南民族大学学报(人文社会科学版),2018,38 (6):57-60.

[21] 高云虹,刘强.收入增长和收入分配对城市减贫的影响 [J].财经科学,2011 (12):90-98.

[22] 龚刚敏,江沙沙.个人教育回报率差异的实证研究——基于劳动力市场分割视角 [J].东北师大学报(哲学社会科学版),2019 (4):159-169.

[23] 龚维进,覃成林,李超.中国财政支出的减贫效应——基于结构与空间视角 [J].经济与管理研究,2018,39 (5):24-37.

[24] 龚维进,覃成林,徐海东.交通扶贫破解空间贫困陷阱的效果及机制分析——以滇桂黔石漠化区为例 [J].中国人口科学,2019 (6):111-123,128.

[25] 郭君平,吴国宝.社区综合发展减贫方式的农户收入效应评价——以亚洲开发银行贵州纳雍社区扶贫示范项目为例 [J].中国农村观察,2013 (6):22-30,92-93.

[26] 郭熙保,罗知.论贫困概念的演进 [J].江西社会科学,2005 (11):38-43.

[27] 郭熙保,周强. 长期多维贫困、不平等与致贫因素 [J]. 经济研究, 2016, 51 (6): 143-156.

[28] 郭熙保. 论贫困概念的内涵 [J]. 山东社会科学, 2005 (12): 49-54, 19.

[29] 郭晓君. 文化贫困: 内涵与界定 [EB/OL]. http://www.people.com.cn/GB/guandian/1035/2392798.html. 2004.

[30] 郭新华, 戎天美. 国外关于教育与贫困变动理论研究新进展 [J]. 教育与经济, 2009 (1): 48-52.

[31] 郝晓薇, 黄念兵, 庄颖. 乡村振兴视角下公共服务对农村多维贫困减贫效应研究 [J]. 中国软科学, 2019 (1): 72-81.

[32] 何春, 崔万田. 城镇化的减贫机制与效应——基于发展中经济体视角的经验研究 [J]. 财经科学, 2017, (4): 52-64.

[33] 侯石安, 谢玲. 贵州农村贫困程度及其影响因素分析——基于2001~2012年贵州农村FGT贫困指数的多维测度 [J]. 贵州社会科学, 2014 (7): 122-126.

[34] 姜大源. 关于加固中等职业教育基础地位的思考 (全文导读) [J]. 中国职业技术教育, 2017 (9): 18-20.

[35] 解垩. 公共转移支付对再分配及贫困的影响研究 [J]. 经济研究, 2017, 52 (9): 103-116.

[36] 金戈. 不同层次和来源教育投入对地区全要素生产率的影响 [J]. 浙江社会科学, 2014 (6): 117-127, 159.

[37] 李婧, 谭清美, 白俊红. 中国区域创新生产的空间计量分析——基于静态与动态空间面板模型的实证研究 [J]. 管理世界, 2010 (7): 43-55, 65.

[38] 李强谊, 钟水映, 曾伏娥. 职业教育与普通教育: 哪种更能减贫? [J]. 教育与经济, 2019 (4): 19-27.

[39] 李石新, 奉湘梅, 郭丹. 经济增长的贫困变动效应: 文献综述 [J]. 当代经济研究, 2008 (2): 30-34.

[40] 李祥云, 张建顺, 陈珊. 公共教育支出降低了居民收入分配不平等吗?——基于省级面板数据的经验研究 [J]. 云南财经大学学报, 2018, 34 (8): 3-13.

[41] 李祥云. 中国高等教育对收入分配不平等程度的影响——基于省级面板数据的实证分析 [J]. 高等教育研究, 2014, 35 (6): 52-58, 75.

[42] 李小云. 2020年后农村减贫需要由"扶贫"向"防贫"转变 [J]. 农村工作通讯, 2019 (8): 53.

[43] 李小云. 中国减贫的实践与经验: 政府作用的有效发挥 [J]. 财经问题研究, 2020 (9): 14-17.

[44] 李晓嘉. 教育能促进脱贫吗——基于CFPS农户数据的实证研究 [J]. 北京大学教育评论, 2015, 13 (4): 110-122, 187.

[45] 李永友, 沈坤荣. 财政支出结构、相对贫困与经济增长 [J]. 管理世界, 2007 (11): 14-26, 171.

[46] 李永友. 转移支付与地方政府间财政竞争 [J]. 中国社会科学, 2015 (10): 114-133, 206.

[47] 联合国教科文组织. 教学与学习——全民教育全球监测报告2013~2014 [M]. 北京: 教育科学出版社, 2014: 144-147, 150-155, 175

[48] 廖楚晖. 政府教育支出区域间不平衡的动态分析 [J]. 经济研究, 2004 (6): 41-49.

[49] 林伯强. 中国的政府公共支出与减贫政策 [J]. 经济研究, 2005 (1): 27-37.

[50] 林迪珊, 张兴祥, 陈毓虹. 公共教育投资是否有助于缓解人口贫困——基于跨国面板数据的实证检验 [J]. 财贸经济, 2016 (8): 34-49.

[51] 林光平, 龙志和, 吴梅. 中国地区经济σ-收敛的空间计量实证分析 [J]. 数量经济技术经济研究, 2006 (4): 14-21, 69.

[52] 刘成奎, 任飞容, 王宙翔. 公共产品供给真的能减少中国农村瞬时贫困吗? [J]. 中国人口·资源与环境, 2018, 28 (1): 102-112.

[53] 刘建民, 欧阳玲, 毛军. 财政分权、经济增长与政府减贫行为 [J]. 中国软科学, 2018 (6): 139-150.

[54] 刘建民, 欧阳玲, 毛军. 财政教育支出的农村减贫效应研究——基于网络空间结构的分析 [J]. 财经理论与实践, 2018, 39 (6): 64-68.

[55] 刘穷志. 公共支出归宿: 中国政府公共服务落实到贫困人口手中了吗? [J]. 管理世界, 2007 (4): 60-67.

[56] 刘生龙, 周绍杰, 胡鞍钢. 义务教育法与中国城镇教育回报率: 基

于断点回归设计 [J]. 经济研究, 2016, 51 (2): 154-167.

[57] 刘修岩, 章元, 贺小海. 教育与消除农村贫困: 基于上海市农户调查数据的实证研究 [J]. 中国农村经济, 2007 (10): 61-68.

[58] 柳建平, 刘卫兵. 西部农村教育与减贫研究——基于甘肃14个贫困村调查数据的实证分析 [J]. 教育与经济, 2017 (1): 75-80, 65.

[59] 卢洪友, 杜亦譓. 中国财政再分配与减贫效应的数量测度 [J]. 经济研究, 2019, 54 (2): 4-20.

[60] 卢盛峰, 陈思霞, 时良彦. 走向收入平衡增长: 中国转移支付系统"精准扶贫"了吗? [J]. 经济研究, 2018, 53 (11): 49-64.

[61] 鲁子箫, 王娜. "因教致贫"现象与农村教育扶贫的价值选择 [J]. 教育评论, 2017 (2): 33-35.

[62] 罗必良. 从贫困走向富饶 (现代化探索丛书) [M]. 重庆: 重庆出版社, 1991.

[63] 罗楚亮. 经济增长、收入差距与农村贫困 [J]. 经济研究, 2012, 47 (2): 15-27.

[64] 吕炜, 刘畅. 中国农村公共投资、社会性支出与贫困问题研究 [J]. 财贸经济, 2008 (5): 61-69, 128-129.

[65] 吕勇斌, 赵培培. 我国农村金融发展与反贫困绩效: 基于2003—2010年的经验证据 [J]. 农业经济问题, 2014, 35 (1): 54-60, 111.

[66] 缪尔达尔. 世界贫困的挑战——世界反贫困大纲 [M]. 北京: 北京经济学院出版社, 1992.

[67] 彭文慧, 王动. 社会资本、公共品供给与农村减贫——基于河南省微观调查数据的实证分析 [J]. 经济经纬, 2020, 37 (5): 54-62.

[68] 齐长安. 我国农村劳动力转移的减贫效应研究 [J]. 技术经济与管理研究, 2020 (9): 102-105.

[69] 祁志伟. 新时代贫困治理的预设图景及国外经验借鉴 [J]. 西南民族大学学报 (人文社科版), 2019, 40 (1): 123-130.

[70] 沈能, 赵增耀. 农业科研投资减贫效应的空间溢出与门槛特征 [J]. 中国农村经济, 2012 (1): 69-79, 96.

[71] 沈小波, 林擎国. 贫困范式的演变及其理论和政策意义 [J]. 经济学家, 2005 (6): 91-96.

[72] 沈扬扬. 收入增长与不平等对农村贫困的影响——基于不同经济活动类型农户的研究 [J]. 南开经济研究, 2012 (2): 131-150.

[73] 宋英杰, 曲静雅. 财政职业教育支出对城乡收入差距的影响 [J]. 公共财政研究, 2018 (3): 27-38.

[74] 苏静, 胡宗义, 唐李伟, 肖攀. 农村非正规金融发展减贫效应的门槛特征与地区差异——基于面板平滑转换模型的分析 [J]. 中国农村经济, 2013 (7): 58-71.

[75] 孙文中. 创新中国农村扶贫模式的路径选择——基于新发展主义的视角 [J]. 广东社会科学, 2013 (6): 207-213.

[76] 王海. 财政支出减贫: 机理分析与政策启示 [J]. 河南师范大学学报 (哲学社会科学版), 2013, 40 (3): 69-73.

[77] 王娟, 张克中. 公共支出结构与农村减贫——基于省级面板数据的证据 [J]. 中国农村经济, 2012 (1): 31-42.

[78] 王锴. 以相对贫困来看城市贫困: 理念辨析与中国实证 [J]. 北京社会科学, 2019 (7): 74-83.

[79] 王善迈, 孙玉萍. 50个国家三级教育投资结构变动分析 [J]. 北京师范大学学报, 1988 (6): 79-83.

[80] 王玮, 房国忠. 农村公共教育支出的减贫效果 [J]. 江汉论坛, 2015 (12): 16-21.

[81] 王小林, 冯贺霞. 2020年后中国多维相对贫困标准: 国际经验与政策取向 [J]. 中国农村经济, 2020 (3): 2-21.

[82] 王小林. 贫困测量: 理论与方法 [M]. 北京: 社会科学文献出版社, 2017.

[83] 王小林. 新中国成立70年减贫经验及其对2020年后缓解相对贫困的价值 [J]. 劳动经济研究, 2019, 7 (6): 3-10.

[84] 王小强, 白南风. 富饶的贫困——中国落后地区的经济考察 [M]. 成都: 四川人民出版社, 1986.

[85] 王奕俊, 胡慧琪, 吕栋翔. 教育收益率发生了变化吗——基于CFPS的中等职业教育招生下滑与升学热原因探析 [J]. 教育发展研究, 2019, 39 (11): 49-58.

[86] 王奕俊, 吕栋翔. 新型城镇化进程中教育对农业转移人口外在职业

价值影响的实证分析——基于 CFPS 数据的分析 [J]. 教育发展研究, 2018, 38 (3): 74 - 84.

[87] 魏向东. 关于教育扶贫若干问题的思考 [J]. 教育研究, 1997 (9): 62 - 66.

[88] 文宏, 谭学兰. 农村家庭"因教致贫"现象解读与政策建议——基于脆弱性理论视角 [J]. 西北农林科技大学学报(社会科学版), 2015, 15 (2): 113 - 120.

[89] 吴霓, 王学男. 教育扶贫政策体系的政策研究 [J]. 清华大学教育研究, 2017, 38 (3): 76 - 84.

[90] 吴晓蓉, 范小梅. 教育回报的反贫困作用模型及其实现机制 [J]. 教育研究, 2018, 39 (9): 80 - 88.

[91] 吴振球, 孙雪玉, 吴世杰. 我国高校扩招后高等教育对国民经济增长的贡献率 [J]. 高等教育评论, 2013, 1: 43 - 52.

[92] 西奥多·S·舒尔茨. 论人力资本投资 [M]. 北京: 北京经济学院出版社, 1990. 67.

[93] 夏庆杰, 宋丽娜, Simon Appleton. 经济增长与农村反贫困 [J]. 经济学 (季刊), 2010, 9 (3): 851 - 870.

[94] 谢君君. 教育扶贫研究述评 [J]. 复旦教育论坛, 2012, 10 (3): 66 - 71.

[95] 谢沁怡. 人力资本与社会资本: 谁更能缓解贫困? [J]. 上海经济研究, 2017 (5): 51 - 60.

[96] 谢申祥, 刘生龙, 李强. 基础设施的可获得性与农村减贫——来自中国微观数据的经验分析 [J]. 中国农村经济, 2018 (5): 112 - 131.

[97] 邢溦, 王国勇. 贫困地区加快实现城乡融合发展的优化路径 [J]. 农村经济, 2019 (8): 51 - 59.

[98] 徐爱燕, 沈坤荣. 财政支出减贫的收入效应——基于中国农村地区的分析 [J]. 财经科学, 2017 (1): 116 - 122.

[99] 薛二勇, 周秀平. 中国教育脱贫的政策设计与制度创新 [J]. 教育研究, 2017, 38 (12): 29 - 37.

[100] 杨小敏. "教育致贫"的形成机制、原因和对策 [J]. 复旦教育论坛, 2007 (3): 36 - 40, 48.

[101] 杨迎亚,汪为. 城乡基本公共服务均等化的减贫效应研究 [J]. 华中科技大学学报(社会科学版),2020,34(2):75-82,140.

[102] 叶初升,刘业飞,高考. 贫困陷阱的微观机制与实证研究述评 [J]. 经济学家,2012(4):21-28.

[103] 叶普万,王军. 世界反贫困战略演变述评 [J]. 山东社会科学,2005(10):77-81.

[104] 袁利平,张欣鑫. 教育扶贫何以可能——多学科视角下的教育扶贫及其实现 [J]. 教育与经济,2018(5):30-39.

[105] 袁连生,何婷婷. 中国教育财政体制改革四十年回顾与评价 [J]. 教育经济评论,2019,4(1):11-37.

[106] 詹国辉,张新文. 教育资本对城乡收入差距的外部效应 [J]. 财贸研究,2017,28(6):37-46.

[107] 詹宏毅,朱立成. 政府教育支出结构对人均GNI的影响——基于跨国非平衡面板数据的实证研究 [J]. 中国人民大学教育学刊,2018(4):23-39.

[108] 詹新宇,刘文彬. 中国财政性教育支出的经济增长质量效应研究——基于"五大发展理念"的视角 [J]. 教育与经济,2019(1):46-57.

[109] 张大鹏,陈池波. 旅游发展促进了连片特困地区的包容性增长吗——来自中部贫困县的证据 [J]. 农业技术经济,2020(4):107-116.

[110] 张桂文,王青,张荣. 中国农业劳动力转移的减贫效应研究 [J]. 中国人口科学,2018(4):18-29,126.

[111] 张俊良,张兴月,闫东东. 公共教育资源、家庭教育投资对教育贫困的缓解效应研究 [J]. 人口学刊,2019,41(2):17-29.

[112] 张克中,冯俊诚,鲁元平. 财政分权有利于贫困减少吗?——来自分税制改革后的省际证据 [J]. 数量经济技术经济研究,2010,27(12):3-15.

[113] 张楠,张栋浩,李建军,卢洪友. 长期减贫的未雨绸缪——来自扶贫改革试验区的证据 [J]. 财贸经济,2020,41(3):20-35.

[114] 赵国庆,周学琴,陈磊,翟坤. 非学历教育能够缓解农村家庭贫困吗?——基于中国居民家庭微观调查数据的分析 [J]. 教育与经济,2020,36(4):9-20.

[115] 赵磊, 张晨. 旅游减贫的门槛效应及其实证检验——基于中国西部地区省际面板数据的研究 [J]. 财贸经济, 2018, 39 (5): 130-145.

[116] 周彬彬. 人民公社时期的贫困问题. 经济研究参考, 1992 (Z1): 39-55.

[117] 周文通, 聂伟. 京津冀地方财政面临的溢出效应: 基于动态空间面板模型的实证研究 [J]. 北京邮电大学学报 (社会科学版), 2019, 21 (2): 40-48.

[118] 周艳, 侯石安, 胡联. 财政专项扶贫的减贫效应分析——基于农村居民收入分组数据的实证检验 [J] 财贸研究, 2018, 29 (7): 55-66.

[119] 朱晓, 段成荣. "生存-发展-风险"视角下离土又离乡农民工贫困状况研究 [J]. 人口研究, 2016, 40 (3): 30-44.

[120] 邹薇, 程波. 中国教育贫困"不降反升"现象研究 [J]. 中国人口科学, 2017 (5): 12-28, 126.

[121] 邹薇, 郑浩. 贫困家庭的孩子为什么不读书: 风险、人力资本代际传递和贫困陷阱 [J]. 经济学动态, 2014 (6): 16-31.

[122] 邹薇. 传统农业经济转型的路径选择: 对中国农村的能力贫困和转型路径多样性的研究 [J]. 世界经济, 2005 (2): 34-47, 80.

[123] 邹文杰, 黄浩, 朱鹏颐. 老龄化、城镇化与政府医疗卫生支出减贫效应——基于面板平滑转换模型的实证分析 [J]. 福建论坛 (人文社会科学版), 2018 (10): 52-58.

[124] 左停, 李卓, 赵梦媛. 少数民族地区贫困人口减贫与发展的内生动力研究——基于文化视角的分析 [J]. 贵州财经大学学报, 2019 (6): 85-91.

[125] A. Marin and G. Psacharopoulos, "Schooling and Income Distribution," Review of Economics and Statistics, 1976, 58 (3): 332-338.

[126] A. K. Sen, Poverty: An Ordinal Approach to Measurement, Econometric, 1976 (44): 219-231.

[127] Adelman, I. and Morris C. T. Economic Growth and Social Equity in Developing Countries [M]. Stanford University Press, 1973.

[128] Ahluwalia, M., Carter, N. and Chenery, H. Growth and poverty in developing countries [J]. Journal of development economics. 1979 (6): 299-341.

[129] Ahmed Raza ul MUSTAFA, Mohammad NISHAT. ROLE OF SOCIAL

PROTECTION IN POVERTY REDUCTION IN PAKISTAN: A Quantitative Approach [J]. pakistan journal of applied economics, 2017, 27.

[130] Anselin L. Spatial Econometrics: Methods and Models. Dordrecht, The Netherlands: Kluwer Academic Publishers: 1988.

[131] Anselin, L., R. Florax, and S. J. Rey, Advances in Spatial Econometrics: Methodology, Tools and Applications, 2004, Springer Verlag Press.

[132] Awan, Masood & Sarwar, Masood & Malik, Muhammad Nauman & Nouman, & Sarwar, & Awan, Haroon & Waqas, Muhammad & Yaqoob, Muhammad. Impact of education on poverty reduction. International Journal of Academic Research, 2011 (3): 659 – 664.

[133] Banerjee, A. & E. Duflo. The Economic Lives of the Poor. [J]. Journal of Economic Perspectives, 2007.

[134] Barro, R. J., Determinants of Economic Growth: A Cross – Country Empirical Study, Cambridge, MA: MIT Press, 1997.

[135] Beck, Thorsten, Asll Demirgü – Kunt and Ross Levine. Finance, Inequality and Poverty: Cross – Country Evidence [R]. World Bank Policy Research Working Paper, N0. 3388. 2004.

[136] Besley, Timothy and Robin Burgess. Halving Global Poverty [J]. Journal of Economic Perspectives. 2003 (17): 3 – 22.

[137] Bhalla, Surjit. Imagine There Is No Country: Globalization and Its Consequences for Poverty [R]. Washington, D.C.: Institute of International Economics. 2001.

[138] Burgess, R. and Pande, R. "Do Rural Banks Matter? Evidence from the Indian Social Banking Experiment." C CMPO Working Paper Series. 2003, No. 04 – 104.

[139] Caminada K, Wang J X, Goudswasrd K, et al. Relative income poverty rates and poverty alleviation via tax/benefit systems in 49 LIS – countries, 1967 – 2016 [R]. LIS Working Papers No. 761, 2019.

[140] Cao M, Xu D, Xie F, et al. The influence factors analysis of households' poverty vulnerability in southwest ethnic areas of China based on the hierarchical linear model: A case study of Liangshan Yi autonomous prefecture [J]. Applied Geogra-

phy, 2016, 66: 144 – 152.

[141] Case of Liangshan Yi Autonomous Prefecture. Applied Geography. 66 (1): 144 – 152.

[142] Chenery, H. et al. (Eds). Redistribution with Growth, 136 – 157. Oxford: Oxford University Press. 1974.

[143] Croes, R., &Vanegas, M. S., Cointegration and Causality between Tourism and Poverty Reduction. Journal of Travel Research, 2008, 47 (1): 94 – 103.

[144] Datzberger S, . Why education is not helping the poor. Findings from Uganda [J]. World Development, 2018, 110: 124 – 139.

[145] David Dollar and Aart Kraay. Growth Is Good for the Poor [J]. Journal of Economic Growth, 2002, 7 (3): 195 – 225.

[146] Demery, L. and Squire, L. Poverty in Africa: an emerging picture [R]. Washington, DC: World Bank (mimeo). 1995.

[147] E. F. Denison. Accounting for Slower Economic Growth: The United Statesinthe1970s [M]. Washington, D. C.: Brookings Institution, 1979: 64 – 66.

[148] Elhorst, J. P. "Unconditional Maximum Likelihood Estimation of Linear and Log – linear Dynamic Models for Spatial Panels." Geographical Analysis, 2005, 37 (1): 85 – 106.

[149] Fan S, Gulati A, Thorat S . Investment, subsidies, and pro – poor growth in rural India [J]. Agricultural Economics, 2008, 39.

[150] Ferreira, Francisco and Ricardo Paes de Barros. Climbing a Moving Mountain: Explaining the Decline of Income Inequality in Brazil from 1976 to 1996 [J], Inter – American Development Bank mimeo. 1998.

[151] Fields, G. S. Employment, income distribution and economic growth in 7 small opening countries [J]. Journal of Economics 1984 (3): 33.

[152] Foster, J. E., Greer, J. and Thorbecke, E. A Class of Decomposable Poverty Measures. Econometrica, 1984, 52, 761 – 766.

[153] Gachassin, Marie; Najman, Boris and Raballand, Gael: The Impact of Roads on Poverty Reduction: A Case Study of Cameroon, Policy Research Working Paper Series 5209, the World Bank, 2010.

[154] Geda, A., Shimeles, A. and Zerfu, D. Finance and poverty in Ethio-

pia. Research Paper No 51, United Nations University, 2006.

[155] Ghatak M. Theories of poverty traps and anti-poverty policies [J]. The World Bank Economic Review, 2015, 91 (1): 77-105.

[156] Glomm, G., & Ravikumar, B., Public versus Private Investment in Human Capital: Endogenous Growth and Income Inequality, Journal of Political Economy, 1992, 100 (4): 818-834.

[157] Gowayed, Heba. The Unnecessary Nudge: Education and Poverty Policy in a Cairo Slum [C] // 2018.

[158] HANSEN B E. Threshold effects in non-dynamic panels: Estimation, testing, and inference [J]. Journal of Econometrics, 1999, 93 (2): 345-368.

[159] Hussain J, Mahmood S, Scott J. Gender, Microcredit and Poverty Alleviation in a Developing Country: The Case of Women Entrepreneurs in Pakistan [J]. Journal of International Development, 2019, 31.

[160] Jung H S, Thorbecke E. The impact of public education expenditure on human capital, growth, and poverty in Tanzania and Zambia: a general equilibrium approach [J]. Journal of Policy Modeling, 2003, 25.

[161] Jung S, CHO S H, Roberts R T. The impact of government funding of poverty reduction programmes [J]. Papers in Regional Science, 2015, 94 (3): 653-675.

[162] Kai Kang, Xinfeng Luan, Wenjing Shen, Yanfang Ma, Xuguang Wei. The Strategies of the Poverty-Alleviation Supply Chain with Government Subsidies and Cost Sharing: Government-Led or Market-Oriented? [J]. Sustainability, 2020, 12 (10).

[163] Karen Meyer-Ferreira. Poverty Alleviation Pathways for Achieving Sustainable Development Goals in Africa, Thokozani Simelane, Lavhelesani R. Managa and Muchie Mammo (Eds.) [J]. Ubuntu: Journal of Conflict and Social Transformation, 2020, 9 (1).

[164] Kuznets, Simon. Economic Growth and Income Inequality [J]. American Economic Review, 1955 (1): 18.

[165] Kuznets, Simon. Quantitative Aspects of the Economic Growth of Nations: VIII, Distribution of Income by Size [J]. Economic Development and Cul-

tural Change (Part 2) 1963. (1): 1 - 80.

[166] LeSage JP, Pace RK. Spatial Econometric Modeling of Origin - Destination Flows. Journal of Regional Science. 2008, 48 (5): 941 - 967.

[167] Loayza N V, Raddatz C . The composition of growth matters for poverty alleviation [J]. Journal of Development Economics, 2010, 93 (1): 0 - 151.

[168] Mahmud, W, Asadullah, et al. Paths to Development: Is there a Bangladesh Surprise? [J]. World Development, 2014.

[169] Mejda Bouanani, Besma Belhadj. Does Zakat reduce poverty? Evidence from Tunisia using the Fuzzy Approach. 2020, 71 (4): 835 - 850.

[170] Miguel Carrera Troyano, Rafael Domínguez Martín. POVERTY REDUCTION IN BRAZIL AND MEXICO. GROWTH, INEQUALITY AND PUBLIC POLICIES [J]. Revista de Economía Mundial, 2017.

[171] Mohamed Arouri, Adel Ben Youssef, Cuong Nguyen. Does urbanization reduce rural poverty? Evidence from Vietnam. Economic Modelling, 2017, 60: 253 - 270.

[172] Mughal, Waris Hameed. Human Capital Investment and Poverty Reduction Strategy in Pakistan [J]. labour & management in development journal, 2009 (7).

[173] Myrdal, G, Economic Theory and Under - Regions [G], London: Methuen & Co. Ltd. , 1957.

[174] Nakamura Y. Poverty Alleviation and Correction of Income Disparity Through Fiscal Spending on Education [J]. Poverty & Public Policy, 2020.

[175] Nelson R R, Phelps E S . Investment in Humans, Technological Diffusion, and Economic Growth [J]. American EconomicReview, 1965, 56 (1 - 2): 69 - 75.

[176] Nurkse, R. , Problems of Capital Formation in Underdeveloped Countries. Oxford: Basil Blackwell, 1953.

[177] Oppenheim. Poverty: the Facts [M]. London: child Poverty Action Group, 1993.

[178] Parikh P, Fu K, Parikh H, et al. Infrastructure Provision, Gender, and Poverty in Indian Slums [J]. World Development, 2015, 66: 468 - 486.

[179] Peng C, Fang L, Wang S H, et al. Determinants of Poverty and Their Variation Across the Poverty Spectrum: Evidence from Hong Kong, a High-Income Society with a High Poverty Level [J]. Social Indicators Research, 2018.

[180] QIN Y, ZHANG X. The road to specialization in agricultural production: evidence from rural China [J]. World Development, 2016, 77 (1): 1-16.

[181] Raffo C, Dyson A, Gunter H, et al. Education and poverty: mapping the terrain and making the links to educational policy [J]. International Journal of Inclusive Education, 2009, 13 (4): 341-358.

[182] Ravallion M, Chen S, Sangraula P. New Evidence on the Urbanization of Global Poverty [J]. Population and Development Review, 2007 (4): 667-701.

[183] Ravallion. M. Why don't we see poverty convergence? [J]. American Economic Reviews, 2012, 102 (1): 504-523.

[184] Ravikumar G G. Public versus Private Investment in Human Capital: Endogenous Growth and Income Inequality [J]. Journal of Political Economy, 1992, 100 (4): 818-834.

[185] Simone D. Why education is not helping the poor. Findings from Uganda [J]. World Development, 2018, 110: 124-139.

[186] Sinyolo S, Mudhara M. Collective action and rural poverty reduction: Empirical evidence from KwaZulu-Natal, South Africa [J]. Agrekon, 2018, 57 (1): 1-13.

[187] Sun X, Guo Y. The Ways of Educational Targeted Poverty Alleviation for the Poor in Rural Areas in Chongqing [J]. Educational Sciences: Theory and Practice, 2018, 18 (6).

[188] Areas in Chongqing [J]. Educational ences: Theory and Practice, 2018, 18 (6).

[189] Tilak, J. B., Education and Poverty. Journal of Human Development, 2002, 3 (2): 191-207.

[190] Tobler, W. R. Smooth Pycnophylactic Interpolation for Geographical Regions. Journal of the American Statistical Association, 1979, 74, 519-530.

[191] Townsend. Poverty in the kingdom: a survey of the Household Resource and Living standard [M]. London: Allen Lane and Penguin Books, 1979.

[192] Tugcu C T. How to Escape the Middle Income Trap: International Evidence from A Binary Dependent Variable Model [J]. Theoretical and Applied Economics, 2015: 49 – 56.

[193] Wedgwood R, . Education and poverty reduction in Tanzania [J]. International Journal of Educational Development, 2007, 27 (4): 383 – 396.

[194] World Bank, "China Systematic Country Diagnostic: Towards a More Inclusive and Sustainable Development." 2018.

[195] Xiao – Ling Y, Qing D I, Zhao – Peng L I. Study on the Spatial Pattern and Influence Mechanism of Environmental Quality in China [J]. Resources and Environment in the Yangtze Basin, 2019.

[196] Yang Zhou, Yuanzhi Guo, Yansui Liu. Health, income and poverty: evidence from China's rural household survey [J]. International Journal for Equity in Health, 2020, 19 (6178).

[197] Yanling Yang. Research on Rural Vocational Education Based on Precision Poverty Alleviation [J]. Advances in Higher Education, 2020, 4 (1).

[198] Youqun R, Yangcun F, Feng X U. The Direction and Logic of Promoting Precise Poverty Alleviation by China's Educational Informatization [J]. Modern Distance Education Research, 2017.

[199] Yui Nakamura. Poverty Alleviation and Correction of Income Disparity Through Fiscal Spending on Education [J]. Poverty & Public Policy, 2020, 12 (1).

[200] Zhang J, Zhang Y, Cheng M, et al. Impact of Information Access on Poverty Alleviation Effectiveness: Evidence From China [J]. IEEE Access, 2019, 7: 149013 – 149025.